情绪地理学

QINGXU DILIXUE

新商业模式的国家叙事与县域经济觉醒

刘磊　贾云峰◎主编

黄蓉蓉◎副主编

中央党校出版集团

国家行政学院出版社

NATIONAL ACADEMY OF GOVERNANCE PRESS

图书在版编目（CIP）数据

情绪地理学：新商业模式的国家叙事与县域经济觉醒 / 刘磊，贾云峰主编；黄蓉蓉副主编. -- 北京：国家行政学院出版社，2025.8（2025.9重印）. --

ISBN 978-7-5150-3089-0

Ⅰ. F127

中国国家版本馆CIP数据核字第2025QJ1276号

书　　名　情绪地理学——新商业模式的国家叙事与县域经济觉醒

QINGXU DILIXUE——XIN SHANGYE MOSHI DE GUOJIA XUSHI YU XIANYU JINGJI JUEXING

作　　者　刘　磊　贾云峰　主编　　黄蓉蓉　副主编

责任编辑　陈　科

责任校对　许海利

责任印制　吴　霞

出版发行　国家行政学院出版社

（北京市海淀区长春桥路6号　100089）

综 合 办　（010）68928887

发 行 部　（010）68928866

经　　销　新华书店

印　　刷　中煤（北京）印务有限公司

版　　次　2025年8月北京第1版

印　　次　2025年9月北京第2次印刷

开　　本　170毫米 ×240毫米　16开

印　　张　21

字　　数　290千字

定　　价　68.00元

《情绪地理学》编委会

主　编：刘　磊　贾云峰
副主编：黄蓉蓉
编　审：刘向梅　邓　涛　刘　旭
编　委：林　琳　梅慧姗　杜　航

序一

共情是县域社会可持续发展的最强黏合剂

被行业称为“语言的冒险家”的著名品牌策划人贾云峰先生和“轻资产不夜城”创造者刘磊先生嘱我为他们的新作《情绪地理学》作序，乍一看认为是写不同地域的人的情绪特点的，这方面我是外行，打开一看，原来写的是县域经济，我就欣然命笔了，因为世界进入了跨界为王的时代了，我也来客串一下。

情绪与地理之间的关系是一个跨学科的课题，涉及心理学、人文地理学、经济学、社会学和环境科学等多个领域。地理环境（包括自然和人文因素）会深刻影响人的情绪体验，而人类的情感也会通过经济等行为塑造地理空间。

情绪激励与地域发展联动是塑造人文经济的关键，越来越成为推动地方经济社会转型的重要动力机制。行为经济学已证明，社会偏好等情绪显著影响消费、投资与决策。希望指数每提高1%，民间投资意愿增强0.8%。麦克利兰的成就需要理论在县域场景的应用表明，建立可视化县域发展排名坐标系可使干部工作效能提升40%。

社会认同理论显示，当县域居民形成“我们都是同县老乡”的集体身份认知时，能产生2～3倍于普通群体的协作意愿，例如，浙江安吉通过“中国竹乡”文化符号及实体的打造，2022年至今，全县新增青年就业创业人数近2.4万。[①]

从良渚的考古发现来看，中国具有长达近万年的农业文明发展历史，中华民族上下五千年的传承将怀旧情绪深深根植于文化基因，怀旧情绪（nostalgia）是一种对过去时光、文化符号或生活方式的怀念，常通过音乐、气味、视觉、地标记忆等感官记忆被触发。心理学研究表明，怀旧能缓解焦虑、增强社会联结感，需超越表面符号、挖掘精神内核，是文化传承和文明赓续的关键载体。中国或将在以情绪基因为底色的新型现代化道路上，走出一条兼具人文温度与发展效率的融合之路。

情绪治理是平稳实现现代化的关键抓手，县域经济发展是实现现代化的决定性场域和最大攻坚主战场，可以说，没有县域的现代化就没有中国的现代化。

情绪治理同县域经济发展的深度融合是破除传统治理效能瓶颈、激活县域经济发展新动能的关键路径。在情绪治理与经济发展之间建立动态耦合机制，需要超越单纯的技术赋能或制度移植，通过情绪治理的经济转化机制重构区域价值观，形成具有中国特色的县域治理新模式。

在中国，县域经济是中国式现代化制度创新的最大实验室和实践基地，近万年的农业文明，使得地域关系往往血缘化。

当前，中国城乡转型已进入情绪深水区。地理情绪化是一个涉及社会结构、文化心理与经济转型的复杂命题，既非简单的线性发展停滞，也不是传统与现代的二元对立，而是需要在情感治理维度

---

① 青年入乡发展的安吉探索［EB/OL］.（2024-07-05）［2025-07-10］.http://www.anji.gov.cn/art/2024/7/5/art_1229211475_58926672.html.

既体现人们对情感价值的追求，也反映产业通过创新挖掘新增长点的策略，进而构建新的操作系统。这就需要从现象解析、互动机制与转型路径的动态变迁中把握其多重张力，将乡愁焦虑转化为发展智慧，使土地情结升维为创新动能。

情绪怀旧与产业创新是中国现代化面临的关键问题，它以情感共鸣为入口，以技术或模式创新为核心，通过对“过去”的重新诠释，创造面向未来的价值，最终实现文化传承与商业增长的双赢。

叠罗汉式的迭代叠加的数字技术井喷的快速变迁时代，如何让情绪怀旧成为产业创新的桥梁而非枷锁？产业创新并非单纯的技术突破，而是通过重新定义需求、整合资源来创造价值。怀旧与创新的结合将是个人、企业和区域持续探索的命题。情绪不仅是驱动个体行为的核心要素，也是塑造社会价值、文化认同和经济模式的重要力量，关键在于将情感价值转化为可持续的商业模式。

传统经济学以理性人假设为基础，而人文经济学强调将人的情感、文化、伦理等纳入分析框架。情绪与人文经济学的融合，强调从最大化效率到最优化情绪福祉，从“物质交换”到“情感共鸣”，从“冰冷市场”到“有情生态”。这一转向不仅需要技术创新，更需要哲学层面的价值重构，正如诺贝尔奖获得者阿玛蒂亚·森所言，“发展是扩展人们真实自由的过程”，而情绪自由，或许正是下一个发展领域。

当前县域经济竞争已进入情绪治理能力比拼新阶段。未来需要构建情绪资源评估—治理工具创新—经济价值转化的闭环系统，着力于将群体焦虑转化为创新动能的炼金术、使传统文化情感对接现代产业体系的转换器、让短期情绪亢奋变为持久发展定力的稳压阀。这要求县域治理者既要有社会心理学家的洞察力，又需具备经济学家的资源配置智慧，最终在情感治理与经济发展间走出中国式现代化的县域路径。

新时代呼唤对情绪资本的重视与开发，这不仅关乎经济持续增长，更关乎社会和谐稳定与人的全面发展。

从经济视角看，社会整体情绪态势会影响消费、投资、就业等经济行为。经济繁荣时期，民众普遍乐观积极，消费意愿高涨、投资热情充沛，形成正向经济循环。政府宏观经济政策的实施效果，也受社会情绪反馈影响，刺激消费政策唤起民众消费信心与欲望，产业扶持政策激发出企业投资热情与创新勇气，一切政策的落地生根均绕不开情绪资本的培育与引导。情绪资本如同经济社会运行的血液，流淌于微观个体至宏观系统各层级，其价值亟待深度挖掘与科学运用。

当前，在传统走向现代的激荡关键期，我们不能忽视中国五千年农业文明对情感、血缘及地域文化的影响。尤其在中国独特的郡县制背景下，“县”这一单位自春秋时期起，历经楚与秦的发展与推广，至今仍然是中国社会结构中一个基本且稳定的单元。这种稳定性不仅体现在行政区划上，更深深嵌入了文化、经济和社会生活的各个方面。

每个县都有自己独特的历史背景和文化传统，这些元素共同构成了当地居民的身份认同感。例如，《情绪地理学》中提到的南宁之夜项目，通过融合壮族、瑶族等少数民族的文化符号，成功打造了一个充满活力和魅力的文化叙事体系。游客在这里不仅可以欣赏到精美的建筑和灯光设计，还能体验到丰富多彩的地方美食和民俗表演，从而产生强烈的情感共鸣。

在情绪地理学中，供给端不再局限于物理产品，而是通过合理的场景设计和业态组合，有效激发游客的情绪共鸣，进而转化为可观的经济效益。书中的轻资产模式不仅降低了投资风险，还提高了就业带动效率，为县域经济注入新的活力。

这种情绪与地理的耦合关系，形成非物质形态的资本积累，正在重构区域发展的竞争力，并创造出情感共振—价值增值—空间重构的新型生产函数和经济创新生态。

随着经济全球化和数字技术的迅猛发展，县域不再是封闭的地方单位，而是日益走向全域化、网络化，甚至成为全球价值链中具备自我表达能力、价值转化能力和文化输出能力的新型发展主体。县域之间的竞争不再局限于本地资源的争夺，而是在更广阔的空间里展开合作与协同，实现从区域孤立到全域联动的跨越。

《情绪地理学》一书，正是对这一转型路径的敏锐洞察与理论思考。它提醒我们，未来的县域发展，不应只看GDP增长，更要关注共情价值；不应只看重物质投入，更要看重情绪价值；不应只讲效率逻辑，还要兼顾人文温度。

认识这本书的主编贾云峰先生多年，深知他是一位极具思想敏锐度与语言表达张力的探索者。“老家河南”“好客山东”等都是他对区域情绪价值开发的佐证。将“情绪”作为一种空间变量、文化变量，进而上升为一种生产要素。这在当前数字文明初降、人文价值重塑的关键时段，具有经济开发和理论创新的价值。

如果过去的发展主要依靠土地、劳动力、资本等硬资源，那么未来的发展，将越来越依赖文化、体验、感情等软资源。而这正是《情绪地理学》试图告诉我们的一点：情绪不是非理性的附属品，而是一种可识别、可测量、可转化的人文经济。

我特别推荐此书，更因为它敢于点题、勇于创新。在这个理性与感性交织的范式跃迁时代，我们需要更多这样的作品来唤醒我们内心深处的情感力量，让县域不再只是地图上的一个点，而是亿万中国人精神归宿与价值共创的热土。

许正中

2025年4月29日

序二

不但要锦上添花，更要雪中送炭

20世纪法国小说家马塞尔·普鲁斯特所著的《追忆似水年华》有个现象级情节：用一块玛德琳蛋糕撬动起整个情绪宇宙。

近年来，“王婆说媒”“天水麻辣烫”“我的阿勒泰”等IP爆火，贵州村BA、淄博烧烤、哈尔滨冰雪大世界等网红文旅产品层出不穷，这些新玩法、新场景之间看似毫无逻辑，背后却有一个共同内核——向游客提供丰富的情绪价值。

马斯洛需求层次理论揭示，当物质需要被满足之后，人们倾向于去追求自我实现、受尊重、社交等与情绪有关的更高层次需求。进入文旅高质量发展新时代，在情绪旅游的浪潮下，文旅行业的核心竞争力已经不再是单纯的景点资源，而是能够提供情感价值的旅游产品和服务。

全新的情绪算法

在城市化与现代化的浪潮中，地理空间早已超越物理边界的桎梏，成为情感、欲望与记忆的容器。在行为经济学与人文地理学的交叉地带，“情绪价值”正从边缘概念跃升为解码现代社会经济的核心密钥，能否提供“情绪价值”成为衡量一个旅游项目成功与否的关键要素。

作为不依赖物理实体形态，却能创造经济价值的非物质化生产要素，情绪价值既非传统效用的情感附庸，亦非资本叙事的温柔点缀，而是重塑消费秩序、重构空间权力、重启社会联结的底层操作系统。其本质是人类在物质丰裕时代对意义感的高度提纯，即当功能性需求趋于饱和，情绪便成为稀缺资源，从而催生出“体验经济3.0”的范式革命。情绪地理学所探讨的，正是人类如何在旅游过程中编织情绪的经纬，又如何通过体验一个个项目促进自身的感知与认同。

轻资产不夜城的崛起，本质是一场关于“情绪生产力”的觉醒。从“东北不夜城”的初次实践到“青岛明月·山海间”的灯火阑珊，从“平湖山海几千重？”的沉浸式体验到祖国边陲“象州梦幻夜”的虚实共生，从开封万岁山的“王婆说媒”到武汉黄陂的“木兰传奇”，这些项目以轻资产运营为核心，将地方文化符号提炼为可复制的情绪配方，向游客提供了一次又一次尖叫场景和情绪共鸣。

对于大多数成年人来说，白天是生存，晚上才是生活。去一次轻资产不夜城，看一轮演出，做一回真正的自我，烦恼可以暂时抛之脑后，工作可以短暂忘却，唯有尽兴地融入这美丽的夜色之中，才是对当下最好的尊重。

县域经济之困

当一二线城市的发展高度被不断刷新时，中国2000多个县域正陷入更深层的空间焦虑。传统“土地财政+高能耗制造业”的发展方式遭遇瓶颈，产业空心化导致青壮年人口持续外流，便捷的高铁网络和完善的物流体系让线下商业零售消费遭到暴击，商业综合体空置率持续攀升。

2025年，政府工作报告提出要进一步刺激消费，激发居民消费潜力。文化旅游活动作为重要的消费方式，受到了前所未有的重视。习近平总书记曾在多种场合提出要把文化旅游业培育成支柱产业，但对于多数县域而言，文旅开发长期困于“重投资、低回报、长周期”的怪圈，在市场信心不足和消费分级的大环境下，动辄数十亿元的文旅投资已不可行。

县域更深层的危机在于情绪地理的塌陷——老街巷在推土机下消失，地方戏台被广场舞音响取代，原本承载集体记忆的空间沦为情感荒漠。当年轻人用拼多多购买“北上广氛围感”家居装饰时，县城的精神坐标正在被电商平台的算法消解。

当下，如何找到发展新动能，成为每个县域日夜思考的问题。如何重构县域精神坐标和情感丰碑，让县域治理具有更高质量和更高水平，成为每个执政者必须面对的问题。

轻资产不夜城

有人说，夜经济是对白天的补充，围绕夜经济兴起的轻资产不夜城也是对日间旅游的再延伸，唯有过硬的日间项目吸引游客，才能够利用轻资产不夜城吸引游客在夜间继续消费，轻资产不夜城是典型的“锦上添花”项目。

历经岁月沉浮，轻资产不夜城设计方在总结发展经验的基础上，相继研发出了“城市文化乐园”“沉浸式不夜村”“海外中国之夜”等新产品，旨在形成一套贯穿白天与黑夜、打通城镇与乡村、连接国际与国内的产品网络。

迪士尼是所有孩子童年时代的梦想，但高昂的游玩成本让很多工薪家庭望而却步，更不要说广大农村的家庭。家长们在孩子的迪士尼游玩梦想和银行卡余额之间难以抉择。

“城市文化乐园”项目采用了类主题公园的运营模式，实现了“白+黑”的完美结合，其多样化的游玩项目、平价的消费模式不仅能让更多的城市孩子们去得起主题公园，也要让广大农村孩子玩得起娱乐项目，实现城乡青少年在游玩方式和见识资本上的均等化。

乡村作为县域经济的重要根基，承载着地方文化、生态保护与民生保障的多重使命，其振兴是破解城乡发展不平衡的关键。“沉浸式不夜村”模式通过“白+黑”时间经济学重构乡村价值链条，以轻资产运营激活沉睡资源。这种模式不仅将乡村从“空心化”困境中解放出来，更通过文化IP赋能、产业协同与数字技术应用，构建了“文旅引流—消费增值—文化反哺”的闭环，使乡村从县域经济的“短板”转型为“特色高地”。

从县域沃土到全球场域，让“海外中国之夜”成为跨文化增长引擎。“海外中国之夜”以创新形式搭建跨文化对话桥梁，将静态文化展示升级为多维互动场域。通过“365天春节主题街区”“杂技餐秀剧场”“龙舟主题宴”等沉浸式场景，中国传统文化符号突破“他者”身份，转化为可感知、可参与的跨文化媒介，也成为中国县域对外传播、中国产品对外销售的重要窗口与阵地。

“轻资产不夜城”“城市文化乐园”“沉浸式不夜村”“海外中国之夜”这四大产品均以县域文化IP为底色，以演艺科技为笔触，以消费场景为画布，既重塑了城市的文化肌理，也在县域经济的困局中掀起涟漪。这种模式不再是都市繁华的锦上添花，而是县域转型的雪中送炭。

情绪地理学提醒我们，任何空间经济的实践都是希望与现实的共振。当轻资产不夜城的霓虹照亮县城夜空时，我们既要为县域空间注入情感活力，又要抑制信息对集体记忆的收编。

或许真正的答案在于——让每一座轻资产不夜城都成为“情绪枢纽”，缝合都市与县域的发展断层，重建人与故土的深情契约。

刘磊

轻资产不夜城创造者

目 录
CONTENTS

PA. 第一部分 田野镜像

PA. 第二部分 理论图谱

PA. 第三部分 破局未来

情绪地理学

DI YI BUFEN

第一部分

田野镜像

第一章

CHAPTER ONE

情绪场景的县域经济实验

在传统文旅赛道竞争白热化的当下，县域经济如何突破资源与流量的双重桎梏？河南开封龙亭区的万岁山武侠城以一场关于“情绪场景”的县域经济实验，给出了破局答案。

这座曾因同质化困境导致年游客量不足30万的AAAA级景区，2025年初与轻资产不夜城运营方签订对赌倍增协议，7月1日万岁山武侠城公布2025年上半年经营数据，实现综合营收6.04亿元，同比增加162%。这一现象不仅颠覆了“非知名景区难突围”的行业认知，更揭示了情绪价值驱动的场景重构对文旅的颠覆性意义。

第一节　改名后的武侠城一路开挂

SECTION

2024年在抖音《2024年春节消费数据报告》中，万岁山武侠城处于全国“热门景区”第一名。其实在这之前，万岁山武侠城还经历了三次改名。

万岁山武侠城位于开封市的西北部，其前身为2003年依托国家森林公园建设的国家AAAA级景区“万岁山森林度假区”。景区以北宋时期著名的皇家园林“万岁山”为蓝本，真实再现了当年皇家园林的风采风貌。历史上的万岁山，兴建于北宋政和七年（1117年），历时6年建成。园林巧妙利用了天然山水以及独特的人文景观，囊括了江南园林的秀美，也集中了北方建筑的宏伟，是当时北宋都城汴梁最有名的一座皇家园林。

万岁山旅游集团在2003年开始动工，2012年完成了景区的整体工程，同年也正式将景区定名为“万岁山·大宋武侠城”，以北宋武侠文化为核心，主打实景演出和民俗体验。

为强化武侠主题，景区曾于2018—2020年短暂简化名称为“大宋武侠城”，但未完全舍弃“万岁山”前缀，仍保留与开封宋文化的关联性。

2023年11月15日，景区官方公众号完成名称变更认证，正式更名为“万岁山武侠城”，同时注册商标保护新品牌。此次改名由“轻资产不夜城”设计方主导设计，旨在聚焦武侠文化、简化传播标签。

万岁山武侠城五年内历经三次改名引起了行业内的热议。有观点认为，频繁改名削弱了长期积累的“大宋武侠”心智认知，可能割裂品牌连续性。品牌的行为应当始终服务于品牌资产积累，只要始终如一，必然能带来品牌的资产积累；相反，频繁改名与其说是品牌升级，不如说是品牌资产流失。

还有观点认为，“大宋”是整个开封，尤其各类文旅项目开发成功的最大文化母体源泉，也是打败其他地区同类或潜在竞争对手的最大王牌，更是万岁山景区自身近年来之所以能够在清明上河园的强大攻势下实现逆袭的关键。去除“大宋”后，景区与开封宋文化母体的关联性减弱，需通过内容创新平衡传统与新兴文化元素。这种观点主要是出于对文化稀释的担忧。

经历改名风波后，万岁山武侠城于2024年春节期间迎来第一波流量热潮。景区登上抖音全国热门景区榜首，同年国庆接待量达59.67万人次，超越清明上河园成为河南热门景区榜首。门票定价策略以高性价比吸引客群，人均二次消费占比提升至40%。

景区依托“武侠+仙侠”双主题，推出夜经济项目“仙侠奇境”，形成“白+黑”全时段运营模式，延长了游客停留时间。景区周边形成“武侠主题夜市”“仙侠主题民宿”等衍生业态，带动超过5000个就业岗位。例如，“王婆说媒”IP与开封文旅集团签约文创开发协议，推动剧本杀、影视衍生品等跨界合作。同时因为改名引发行业热议，以零成本实现全网曝光，成为文旅品牌营销典型案例。

一、传统观光型景区转型为沉浸式文旅目的地

2015年之前，大宋武侠城陷入了所谓的“历史复刻陷阱”。在那个时期，景区的产品设计主要依赖于静态的历史场景再现，占总展示内容的80%以上。然而，这种方式并未能吸引游客长时间停留，平均每位游客的停留时间仅为2.1小时。更为糟糕的是，二次消费占比不足10%，这表明大多数游客仅仅是匆匆过客，并未产生深度的消费行为。

与此同时，洛阳龙门石窟和郑州方特等旅游景点对开封及其周边地区的文旅市场形成了强大的虹吸效应，进一步压缩了大宋武侠城的发展空间。此外，由于“大宋”与“武侠”两个标签的存在，使得该景区的品牌形象变得模糊不清。

2023年景区更名为“万岁山武侠城”，设计方采取了一系列创新举措。首先，他们决定精简内容，削减不必要场景，通过去宋文化标签聚焦武侠主题，并淘汰部分与武侠无关的业态，强化武侠这一核心IP，以此来突显品牌形象。其次，将原本静态的历史场景转变为可以参与的社交活动，例如著名的“王婆说媒”，让游客不仅是旁观者，而是成为故事的一部分。最后，通过增加日间演出数量至百余场，实现了全天候运营模式，不仅延长了游客停留时间，还丰富了他们的游玩体验。

这些变革带来了显著的变化。2024年万岁山武侠城入选全省“2024成长性文化企业30强”，全市全年游客接待量超1亿人次，文旅综合收入780亿元，分别增长5.2%、7.1%。①这些都证明了万岁山武侠城成功地完成了从传统观光型景区向沉浸式文化旅游目的地的转型。

二、“万岁山武侠城”品牌再造工程

万岁山武侠城通过精准的品牌定位调整、战略的全面升级以及对传统文化的创新演绎，在短时间内完成了从传统观光型景区向沉浸式文化旅游目的地的成功转型。

（一）命名学考据：历史基因的解码与重构

名称简化的传播效率革命。万岁山武侠城原名称“大宋武侠城”包含“大宋”与“武侠”双重文化标签，但重复指向开封宋文化导致传播冗长。“轻资产不夜城”设计方认为大部分消费者记不住复杂名称，于2023年更

① 文旅融合首在产业——开封文旅观察之一［EB/OL］.（2025-06-21）［2025-07-10］.https://www.henan.gov.cn/2025/06/21/3172288.html.

名为“万岁山武侠城”后，消费者记忆成本降低。游客自发传播时多简称“武侠城”，顺应了市场认知习惯。这一调整直接推动品牌曝光量激增：2024年春节期间，景区登上抖音全国热门景区榜首，相关短视频播放量突破十几亿次。

差异化定位避开同质化竞争。虽然开封已有以“宋文化”为核心的清明上河园（AAAAA级景区），但武侠城通过“武侠＋仙侠”垂直赛道打造“对立品类”，与清明上河图形成差异化吸引力。例如，2024年推出的“仙侠奇境”夜游项目，与清明上河园形成“白天宋文化、夜晚江湖梦”的互补格局，吸引年轻客群和二次元文化爱好者。

品牌资产向轻量化转型。原名称中“大宋”虽强化了历史厚重感，但也限制了场景创新（如仙侠主题无法与北宋历史强绑定）。更名后，景区以“武侠”为核心兼容更广泛的文化IP，形成“中国武侠文化乐园”定位。

“去大宋化”并非抛弃历史，而是拓展文化边界，展现了武侠文化的泛化兼容。“仙侠奇境”引入《山海经》神兽、御剑飞行等元素，吸引汉服圈、Cosplay群体；与腾讯《天涯明月刀》手游合作推出限定剧情，玩家完成游戏任务可兑换景区福利，实现线上线下流量互导。

在品牌再造过程中，命名学成为关键的一环。北宋万岁山不仅是一个皇家园林，还是《水浒传》中梁山泊的原型地，这一双重身份为景区带来了丰富的文化背景和故事资源。通过将这些元素融入新名称中，景区既保留了其作为历史IP的独特魅力，又聚焦于“武侠”这一垂直赛道，实现了对历史基因的深度解读与重构。

（二）VI系统重构：武侠浓度的可视化编码

视觉识别系统（VI系统）的更新也是品牌再造的重要组成部分。旧标识以宋代建筑为主体，虽然具有浓厚的历史气息，但缺乏对武侠文化的直接体现。新的标识设计采用了刀剑剪影，使得武侠元素占比大幅提升，更直观地传达出武侠主题。为了增强游客体验，园区内的触点都植入了武侠符号，动线设计也进行了革新，采用“回”字形动线串联起各个爆款场景，有效延长了游客的停留时间至10小时以上。

（三）文化兼容性设计：传统IP的破圈方程式

为了让传统文化焕发新生，景区采取了一系列创新举措。首先，将非遗技艺融入互动体验，对非物质文化遗产进行活化利用，例如《武松打虎》皮影戏结合声光电技术，打造沉浸式光影剧场；其次，为了吸引Z世代群体（1995—2009年出生的一代人），“仙侠奇境”夜游项目以仙侠主题剧本杀、非玩家角色（NPC）互动，形成“白天武侠+夜晚仙侠”的全时段体验；培训本地村民参与演出，如“王婆说媒”“丐帮长老”等，增强文化真实性与社区参与感。

为了平衡创新带来的风险，景区保留《三打祝家庄》《宋都鼓韵》等传统剧目，推出《仙侠穿越快闪》《天女散花》等新式演出，日均演出超200场，并通过设立文化委员会来处理创新过程中可能出现的争议问题。

品牌再造后的万岁山武侠城取得成功，显示出极高的市场关注度。武侠主题服饰租赁供不应求，衍生消费溢价显著，文创产品销量大幅增长，证明了消费者对于新颖且富有创意的文化产品有着强烈需求。更重要的是，这一系列的品牌再造措施带动了开封市文旅产业的发展，彰显了品牌再造工程在促进地方经济发展方面的巨大潜力。

三、流量实现裂变的关键机制

（一）抖音传播矩阵：爆款工业化生产模型

短视频引爆传播，抖音成为核心流量入口。《王婆说媒》单条视频播放量破亿次，演员粉丝飙升至500万人，带动景区搜索量同比增长3200%。游客自行发布“御剑飞行”“NPC互动”等内容可获“江湖勋章”，带动日均用户原创内容（UGC）产出超10万条。

为了最大化地利用抖音平台的优势，万岁山武侠城建立了一套高效的抖音传播矩阵，通过“内容公式”“矩阵运营”“冷启动策略”三管齐下，实现了爆款内容的工业化生产。

内容公式方面，景区巧妙地结合了冲突（如王婆吐槽）、互动（观众投票）和颜值（汉服NPC）三大元素，单条视频播放量突破了亿次大关。这种公式应用不仅吸引了大量观众目光，也极大地提升了用户的参与感和互动性。

矩阵运营是实现持续高流量的关键。景区发布了多个百万播放量级的视频，夜游项目相关视频（如“御剑飞行”“仙侠NPC互动”）日均播放量超500万次。其中景区官方仅发布20%的头部内容（如剧情预告、演出精华），而80%的传播内容由游客自发创作，由官方通过算法筛选优质UGC进行流量扶持。通过激励机制，短视频平台日均UGC超5万条，全平台互动内容总量超10万条，形成了一个良性循环的内容生态系统。

冷启动策略同样不容忽视。新账号采用“千川投流”与DOU+加热相结合的方式，在短短7天内便积累了10万粉丝。这不仅为后续内容推广打下了坚实的基础，也为品牌知名度的快速提升提供了有力支持。

（二）用户共创生态：从流量收割到关系共建

为了进一步增强用户的黏性和参与度，万岁山武侠城还建立了用户共创生态，通过分成模型、培训体系和社群裂变等措施，将单纯的流量收割转变为深度的关系共建。

分成模型中，对于播放量超过10万次的内容创作者，给予现金等奖励。这种激励机制有效激发了用户的创作热情，促进了优质内容的不断涌现。

培训体系是提高内容质量的重要保障。景区开设了运镜、剧情设计等课程，帮助村民转型为美食博主。通过专业化的培训，景区不仅提高了用户的创作能力，也带来了实际的经济效益。

社群裂变则是扩大影响力的有效途径。通过建立“江湖任务群”，完成隐藏任务即可兑换道具，参赛视频播放量累计超过2亿次。这种方式不仅增强了用户的参与感，也在无形中推动了品牌的广泛传播。

（三）数据印证：流量转化闭环

数据是最直观的证明。通过对渠道结构、消费升级以及长尾效应的分析，可以清晰地看到流量转化为实际收益的过程。

抖音渠道的线上流量转化占比超过60%，通过“头部达人品宣+腰部达人种草+尾部达人带货”的矩阵策略，营销效率显著提升。达人创作的爆款视频，单条获133万点赞，带动景区春节期间抖音GMV（商品交易总额）超1700万元，核销后占全年业绩的70%以上。

消费升级体现在多个方面，特别是文化创意产品的开发，二次消费占比提升，其中汉服租赁、跟拍服务等业态贡献显著。这说明市场对富有创意的文化产品有着强烈需求。此外，UGC间接带动20%~30%客流，展现了强大的商业潜力。

长尾效应显示了用户生成内容的重要性。这些内容不仅为景区带来了额外流量，还形成了良好的口碑传播效果，使得更多潜在游客了解并选择来到这里体验独特的文化氛围。

（四）底层逻辑：流量裂变的四大引擎

流量裂变背后的底层逻辑，主要包括低门槛参与、情绪锚定、虚实融合和数据驱动四大引擎。

低门槛参与（准入条件或标准较低）是吸引广大用户的第一步。游戏化机制如“拍视频送勋章”的设置，使得用户参与率大幅提升至68%，让更多人愿意参与到内容创作中来，形成规模效应。

情绪锚定（某些特定的刺激唤起用户强烈的情绪反应）则是抓住用户心理的关键。比如万岁山武侠城可以设计武侠MBTI（迈尔斯布里格斯类型指标）测试生成专属人格，并直接跳转至购票链接，既满足了用户的娱乐需求，又促进了实际消费行为的发生。

虚实融合为用户提供了一种全新的沉浸式体验。AR寻宝游戏允许用户在线下兑换奖品，形成体验—消费—再生产的完整闭环，增强了用户的参与感和满意度。

数据驱动则是指导决策的重要依据。通过AI技术分析评论中的关键词（如“武侠”“相亲”），可以精准把握用户偏好，从而优化内容生产策略，确保每一条内容都能最大限度地吸引目标受众。

万岁山武侠城通过抖音传播矩阵、用户共创生态、数据印证及流量裂变的四大引擎，构建了一个从算法驱动到全民共创的完整生态系统。这不仅有效地提升了品牌的知名度和美誉度，也为地方文旅产业发展注入了新的活力。

四、一子落而满盘皆活——文旅融合及业态创新

（一）文旅融合，打造区域名片

万岁山武侠城的成功首先得益于其对传统文化资源的深度挖掘与现代演绎。作为中国武侠文化的集中展示区，这里不仅有精美的古建筑、逼真的江湖场景再现，还有丰富的文化活动和体验项目。这些元素共同构成了一个充满魅力的文化旅游综合体，吸引了来自全国各地乃至海外的游客。武侠城的存在，使得传统旅游城市成为具有全国影响力的旅游胜地，极大地提升了该地区的知名度和美誉度。

（二）带动相关产业发展，形成产业链条

随着游客数量的增长，万岁山武侠城周边的服务业也得到快速发展。餐饮、住宿、交通等行业纷纷受益于这一趋势。酒店和民宿如雨后春笋般涌现，为游客提供了多样化的选择；特色餐馆利用当地食材制作出一道道美食，让游客在享受视觉盛宴的同时也能品味舌尖上的美好。此外，手工艺品店、纪念品商店等也应运而生，既满足了游客购买纪念品的需求，又促进了本地传统工艺的传承与发展。

更为重要的是，这种旅游业的发展带动了上下游产业的协同发展，形成了以武侠城为核心的完整产业链条。例如，为了满足景区不断增长的人力需求，当地开设了专门的职业培训课程，培养了一大批服务行业人才；农业部门也开始调整种植结构，增加对旅游景区所需农产品的供应量，实现了农业与旅游业的良性互动。

（三）创新营销模式，扩大影响力

万岁山武侠城还善于运用新媒体平台进行宣传推广，通过短视频、直播等形式向外界展示其独特的魅力。这不仅吸引了更多年轻一代的关注，也为景区带来了持续的流量增长。此外，景区定期举办的各类主题活动，如武侠文化节、夜间灯光秀等，都成为吸引游客前来的重要因素。这些活动不仅丰富了游客的体验内容，还进一步增强了景区的品牌形象和社会影响力。

（四）社会效益显著，促进城乡协调发展

除了经济效益外，万岁山武侠城的发展还带来了显著的社会效益。一方面，它为当地居民创造了大量就业机会，尤其是对于那些因地理位置偏远而难以找到工作的年轻人来说，提供了一个在家门口实现自我价值的机会。另一方面，随着外来人口的流入以及文化交流的增多，当地的教育水平、医疗条件等社会事业也得到了不同程度的改善，促进了城乡之间的协调发展。

从“万岁山大宋武侠城”到“万岁山武侠城”的更名，不仅是品牌符号的调整，更是开封文旅产业从“地域文化依附”向“垂直品类深耕”的战略转型。这一调整通过品牌再造、流量裂变、文旅融合、业态创新四大维度，推动景区从地方性景点跃升为全国文旅顶流。

性价比策略驱动口碑。景区通过“高性价比+反宰客”策略建立信任。80元通票含百余场演出，3日内无限次入园，对比同类景区形成价格碾压。10元羊肉汤、15元灌汤包等平价餐饮，配合允许自带食物的政策，能够大大提高游客满意度。

政策与流量红利相结合。当地税务部门为景区减免税收，资金用于升级设施与增加演出场次，形成“政策支持—体验升级—客流增长”的良性循环。同时，抓住抖音流量向“人文互动”倾斜的趋势，通过“王婆说媒”等社交型内容实现零成本破圈。

宋文化基因的现代表达。景区保留《大宋奇兵》《宋都鼓韵》等传统剧目，但通过年轻化改编吸引新时代消费者。如《宋都鼓韵》加入电音元素，在B站获百万播放量;《三打祝家庄》增设“观众投票决定剧情走向”环节，使历史故事与当代价值观融合。

武侠城与开封城墙、清明上河园联动，打造“宋文化体验链”，白天逛清明上河园、夜晚穿汉服游武侠城，形成“24小时文化消费闭环。2024年开封旅游收入达779.6亿元，文旅产业贡献率超50%，武侠城成为核心引擎，这也是城市文旅的协同效应。

万岁山武侠城的逆袭，本质是“情绪价值商业模型”的成功：通过改名重构品牌符号，通过沉浸体验创造社交货币，通过性价比建立信任纽带。其核心启示在于——文旅产业的未来竞争，不再是景观的堆砌，而是“可体验的故事、可参与的艺术、可传播的颜值”三位一体的情绪价值争夺战。

第二节　王婆说媒："有点急事去趟开封"

SECTION

2024年3月，河南开封万岁山武侠城景区推出的"王婆说媒"相亲节目意外走红网络。主持人赵梅以61岁高龄通过幽默诙谐的表演和"无托儿、无剧本"的真实相亲模式，迅速成为现象级文化符号。节目现场随机邀请素不相识的青年男女上台自我介绍，通过即兴互动促成姻缘，单日参与人数超500人。

据统计，在活动期间，"王婆说媒"单日最高撮合了93对情侣，现场视频在抖音平台上的播放量突破了60亿次，话题"有点急事去趟开封"迅速登顶热搜榜首，百度指数中关于"开封脱单"的搜索量激增。这一现象不仅展示了该项目的巨大影响力，也揭示了当代年轻人婚恋观念的新趋势。

一、当代年轻人的社交需求破圈王婆现象

跨城参与：数据显示，68%的参与者来自河南省外，其中山东、江苏、安徽等地的参与者占比较高，形成了一个独特的"为爱奔赴开封"的集体迁徙现象。这表明，尽管地理位置上存在距离，但人们对寻找爱情的热情并未因此减弱，反而激发了一种跨越地域限制的集体行动力。

即时互动："王婆说媒"每场直播平均吸引超5万人在线观看，如2024年3月28日的直播中，每分钟新增观众1万人，10分钟后在线人数突

破10万+。[①]此外，用户自发创作的“王婆神回复”表情包也获得了巨大传播量，体现了当代年轻人对于即时互动内容的高参与度以及他们利用数字工具表达自我情感的独特方式。

情感沉淀：一些参与者在活动结束后加入了官方相亲群，并在接下来的3个月内产生了复购，形成了“线下体验+线上维系”的闭环模式。这种线上线下相结合的方式，有效地增强了用户之间的情感联系，也为景区带来了持续的经济收益。

（一）从B站搞笑视频到小红书攻略的破圈路径

成功的背后往往有着复杂的传播机制。“王婆说媒”的火爆并非偶然，而是经过了一系列精心策划的传播策略。

种子传播。最初，是景区工作人员上传的一段名为“王婆怼网红”的现场视频（播放量1.2亿次），这段视频以幽默风趣的内容吸引了大量观众。随后，这段视频被B站UP主们进行二次创作，衍生出了诸如《当代媒婆语录》等搞笑视频合集，这些合集的播放量累计超过了5000万次，进一步扩大了项目的知名度。

垂类扩散。在小红书“脱单攻略”类笔记中，“王婆话术模板”的收藏量超50万次，形成了一种“相亲话术库”的知识付费产品。这种通过社交媒体分享经验的方式，极大地促进了信息的快速扩散，同时也为用户提供了一个学习和交流的平台。

跨平台共振。#反向旅行#（微博）与#为爱特种兵#（抖音）挑战赛联动，带动了开封酒店预订量增长，景区周边民宿均价上涨。这种跨平台的合作，不仅提升了项目的曝光度，也为当地旅游业带来了实质性的经济效益。

---

① 王婆让青年关注婚恋［LEB/OL］.（2024-04-15）［2025-07-10］. https://baijiahao.baidu.com/s?id=1796388065733554940&wfr=spider&for=pc.

（二）Z世代对“传统媒介+现代社交”的复合需求

“王婆说媒”的成功还反映了Z世代对传统文化与现代社交相结合的需求。

仪式感重构：调查显示，73.9%的受访者表示周围有青年尝试过兴趣互动式的“轻相亲”活动。[①]古装场景触发了他们对水浒文化IP的情感投射，形成了一种穿越式的社交体验。这种将传统元素融入现代生活的方式，既满足了年轻人对文化传承的渴望，又提供了新颖有趣的社交场合。

社交货币化：相亲成功者将“王婆认证”作为自己的社交身份标签，在朋友圈晒图获得的点赞量是普通内容的5倍之多，形成了一种“情感成就可视化”的效应。这种现象表明，成功的相亲经历已经成为一种重要的社交资本，有助于提升个人的社会形象。

情绪价值供给：主持人运用如“你值得被爱”等共情话术，精准地击中了Z世代对于情感疗愈的需求。在单场活动中，“破防了”这一词汇出现在弹幕中的频次超过2000次，显示出参与者在过程中感受到了强烈的情绪共鸣。这证明了在快节奏的时代，人们对于真诚情感联结的渴望从未减少。

“王婆说媒”之所以能够在短时间内成为现象级事件，不仅是因为它提供了一个与众不同的相亲平台，更重要的是它准确把握住了当下社会尤其是年轻一代的心理需求和社会趋势。

二、传统文化IP的现代产品设计

（一）场景搭建：水浒文化IP的现代化表达

在当代社会中，传统文化的现代化转译成为了一种趋势。“王婆说媒”

---

① “轻相亲”为何有更好体验？[EB/OL].（2025-04-01）[2025-07-10]. http://www.xinhuanet.com/comments/20250401/be4323e6e3524437a2023c1ebf7b31eb/c.html.

项目成功地将《水浒传》这一经典文学作品中的元素与现代相亲活动相结合，为游客提供了一个既充满文化底蕴又极具互动性的体验。

人设迭代。在传统的《水浒传》故事中，“王婆”是一个负面角色，但在“王婆说媒”的设定中，她被重新定义为月老手下的销售冠军，并赋予了新的价值观。这个新形象不仅保留了原有角色的幽默风趣，还增加了“反PUA（情感控制）话术库”和“情感急救包”功能，旨在帮助参与者建立健康的恋爱观和自我保护意识。这种转变不仅是对传统角色的一次大胆创新，也反映了现代社会对于性别平等和个人尊严的重视。

空间叙事。舞台的设计融合了宋代勾栏瓦肆等传统元素，同时设置了诸如“比武招亲擂台”“姻缘签筒”等多种互动装置，使整个场景充满了浓厚的文化氛围。例如，在“比武招亲擂台”上，参与者可以通过肢体互动来测试彼此间的默契度，极大地增强了用户的沉浸感和参与感。

（二）游戏化机制设计

为了让相亲活动更加有趣且有效，“王婆说媒”引入了一系列游戏化的机制设计，打造了抖音小游戏《王婆说媒》，旨在提高参与者的积极性和互动性。

姻缘签。这是一个基于随机抽取的方式来进行CP匹配的游戏。每位参与者可以从“天罡地煞”签文中抽取一支，这些签文内容是根据用户社交平台上的数据生成的个性化描述，以此增加匹配的趣味性和精准度。

武林大会。在这个环节中，参与者需要通过一系列肢体互动来测试彼此之间的默契度。系统会自动生成一个“CP契合度雷达图”，展示双方在不同维度上的匹配程度，如沟通能力、兴趣爱好等。

宋词接龙。为了筛选出价值观更为契合的对象，活动设置了一个以宋词接龙为基础的文化门槛。如果一方的错误率超过30%，则会触发一个“惩罚任务”，比如现场对唱《水调歌头》。这不仅考验了参与者的文化素养，也促进了他们之间的交流与了解。

“王婆说媒”的成功在于它创造了一个既有深度又有温度的产品。通过对传统IP的人设迭代和空间叙事的精心构建，以及设计多种游戏化机制，该项目不仅吸引了大量游客前来体验，还在一定程度上改变了人们对于相亲的传统观念，既能满足当代年轻人对于新颖相亲方式的需求，又能弘扬中华优秀传统文化。

三、青年情绪价值重构消费业态

在当今社会，青年群体的消费习惯和生活方式正在经历深刻变革。特别是在24～30岁这一核心年龄段，他们不仅构成了社会消费的重要力量，同时也引领着文化潮流的发展方向。

例如，随着年轻人对传统文化的兴趣日益增长，“汉服租赁”成为了一种新兴的消费方式。“汉服+相亲”的新消费链应运而生，将传统文化元素融入现代生活场景之中。例如，针对相亲过程中的短视频付费剪辑服务，上线仅3天销售额就突破了百万元大关，顶尖的剪辑师甚至可以为一条视频报价超过5000元。这种现象不仅展示了年轻人对于个性化表达的需求，同时也反映了社交媒体时代下内容创作的巨大潜力。

同时，情绪价值也成为社交市场的“隐形货币”。情绪价值指的是个体在社交过程中影响他人情绪的能力，包括愉悦、共情、认同等多个维度。例如，网络热梗的流行实际上是个体通过情绪共鸣来构建身份认同的一种方式。同时，虚拟偶像、AI聊天机器人等新型形态通过感官刺激提供即时的情绪满足，成为年轻人缓解焦虑的新选择。

开封作为一座历史文化名城，近年来通过一系列创新举措成功吸引了大量游客的关注。同程旅行平台数据显示，2024年4月2日，因“王婆说媒”现象引发关注的开封万岁山武侠城景区，在过去一个月内其旅游搜索热度呈现出爆炸性增长，环比涨幅超过7倍。开封旅游搜索热度一周环比上涨94%，酒店预订量较去年同期增长44%，[①]前往开封的火车票预订量也出现明显提升。

“王婆说媒”不仅带火了景区，更提升了开封文旅品牌知名度，带动了开封旅游热度上涨。为了抓住即将到来的小长假带来的流量红利，开封各部门也在不断升级“宠客”服务。2024年4月1日，“开封王婆”所在的开封市龙亭区发布六项举措，包括：住宿餐饮“明标价”，共享单车“随心骑”，便民服务“一张图”，游客诉求“帮到底”，外地车辆辖区公共单位“免费停”，外地车辆轻微交通违法“免处罚”。

此外，节目还促进了“宋式婚恋观”话题的传播，《中国青年报》对此进行了专题报道，将其视为传统文化创新的一个典型案例。受此启发，开封文旅局推出了“大宋婚恋文化周”，进一步深化了地方文化的影响力和社会认知度。

为了保障游客的体验，开封移动、联通、电信等均通过技术创新、重点区域部署基站设备等方式，提升通信效率。目前，万岁山景区及周边每日可承载33.6万用户同时上网。

在中国，社交媒体用户已经超过10亿人，其中97%的网民使用即时通信工具，社交媒体市场规模从2015年的421.7亿元增长到2023年的2785.5亿元，年复合增长率达到了26.62%。[②]预计到2030年，全球社交媒体市场规模将超过3000亿美元，年增长率约为26.2%。2025年的数据显示，青年群体日均使用社交软件的时间超过2小时，线上社交已经成为日常生活的一部分。

然而，尽管线上社交极大地降低了人们结识新朋友的成本，但其局

---

① “王婆说媒”火了，开封呢？[EB/OL](2024-03-27)[2025-07-10]. https://baijiahao.baidu.com/s?id=1794659137535550099&wfr=spider&for=pc.

② 2030年全球社交网络市场规模有望达3103.7亿美元，全球情绪价值赛道红利持续[N/OL].(2025-05-09)[2025-07-10]. https://baijiahao.baidu.com/s?id=1831621064526422367&wfr=spider&for=pc.

限性也不容忽视。约58%的用户曾遭遇虚假信息，64.6%的人担心隐私泄露问题。[①]更重要的是，线上社交带来的便捷性并未能完全解决人们的孤独感——49.8%的青年认为线上社交反而加剧了他们的孤独感，75.4%的人设置了朋友圈“仅部分可见”以控制自我呈现的内容。这种现象揭示了线上社交深层次的问题所在：技术虽然能够连接人群，但却难以替代真实的情感联结。

面对线上社交带来的种种挑战，越来越多的年轻人开始重新审视线下社交的价值。数据显示，尽管青年线下社交的频率较低，但他们更倾向于选择剧本杀、密室逃脱等沉浸式活动，或者徒步、登山等户外运动。城市通过打造“青年活力商圈”和文旅融合场景，正在重构线下社交生态。这种低压力、高归属感的“附近社交”，与线上社交形成了良好的互补关系。

“王婆说媒”的爆火并非偶然，其背后折射出当代青年在婚恋与社交领域的多重矛盾与需求。

首先，是对“真实社交”的强烈渴望。青年群体长期饱受网络虚假信息困扰，64.6%的用户曾遭遇线上相亲欺诈。而“王婆说媒”通过线下随机匹配、即时互动的方式，构建了低风险的信任场景。

其次，是传统与现代婚恋观的冲突与融合。青年拒绝传统“人情社会”中的功利化相亲，如彩礼、家庭背景等硬性条件在节目中极少被提及，“王婆”更强调“眼缘”与“三观契合”。节目复刻了《水浒传》中王婆的形象，却赋予其现代性内涵——从破坏婚姻的负面角色转变为促成姻缘的“情感中介”，体现传统文化符号的创造性转化。

最后，也是最重要的是社交模式的代际变迁。从“工具性社交”到“情感化社交”，青年更倾向通过“搭子文化”（如饭搭子、旅游搭子）建立

---

① 线上交友流行背后：超六成用户担心个人隐私泄露.[N/OL].(2022-02-24)[2025-07-10].https://m.gmw.cn/baijia/2022-02/24/1302818500.html.

浅层关系，但在婚恋领域仍渴望深度情感联结。从“被动相亲”到“主动参与”，00后接受相亲的年龄提前至20岁，且更愿通过景区、剧本杀等场景化活动主动社交，而非依赖婚恋平台算法匹配。

“说媒拉纤”在王婆这里只是一种互动方式，吸引力在于娱乐性。她与观众互动的方式就是一个字——玩，而这正是当前年轻人喜欢的方式——松弛感、有意思。王婆以接地气的方式，为游客营造了轻松愉快的氛围，人们即使不为相亲而来，也能在欢笑中释放压力。

随着“王婆说媒”现象在网络上的持续火爆，越来越多的年轻人被吸引前往体验这一独特的社交活动，“有点急事去趟开封”话题也迅速成为了网络热梗。

很多人最初只是抱着“去看看热闹”“打发时间”的心态参加活动，然而，在实际互动过程中，他们逐渐建立起真实联系，有的甚至发展为长期交往的朋友或恋人关系，这种从“急事”到“长情”其实是社交的本质回归。

王婆的“急事”是传统社交的仓促与功利，而当代青年的社交焦虑则源于技术狂欢下的意义缺失。“有点急事去趟开封”，恰如其分地映射出当代青年社交市场的某种悖论。当传统媒婆的吆喝声逐渐消散，取而代之的是算法驱动的社交平台、虚拟偶像的陪伴，以及“零糖社交”的新主张，青年群体的社交需求与情绪价值正在经历前所未有的重构。王婆的“急事”展现出了青年社交市场的变迁。

未来的社交生态需平衡效率与温度，让情绪价值回归真实联结。唯有当线上线下的社交场景共同构建起“有意义的关系网络”，青年才能在“急事”与“长情”之间找到属于自己的节奏。

第三节 SECTION 表演界的“拼多多”：80元看百余场秀

2024年3月，万岁山武侠城推出“80元无限次入园票”，覆盖全年365天全时段演出；同时建立了智能排片系统，动态调整热门节目场次，如《打铁花》旺季增至每日3场。2025年开始，万岁山武侠城日均演出稳定在百场以上，门票收入占比降至67%。

这里没有刺客式物价，没有敷衍式表演，评论区清一色是“建议涨价怕它倒闭”“演员工资够吗”的操心式安利。当其他景区在搞“刺客营销”时，万岁山却把游客宠成“武林萌主”——80块门票包3天通玩，还能串场开封其他景点。

在这里，没有塑料感的人造景观，只有刀光剑影里的烟火气。沉浸式角色扮演，从旁观者到江湖人。景区通过“全员入戏”设计强化参与感：卖糖葫芦的小贩以宋式方言吆喝“客官，来串糖葫芦闯江湖”，游客可随机触发“县太爷审案”“林冲雪夜对决”等剧情。门票设计为“江湖令”，游客凭此解锁隐藏任务，完成任务可兑换限定文创礼品，二次消费转化率提升至42%。当你在《七侠五义》现场被大侠塞了把瓜子，在茶水摊听到保洁阿姨哼《沧海一声笑》，就会明白为什么连景区停电都能上热搜——因为这群“戏精”，把武侠梦种进了现实。

网友普遍认为，80元门票的“高密度演出”颠覆了传统景区消费逻辑。抖音用户表示："80元看百场表演，平均每场不到5毛钱，比刷短视频还便宜！"对比其他景区来说，迪士尼单日门票约500元，而万岁山武侠城门票仅为迪士尼的1/6，且演出场次是迪士尼的3倍以上。景区内餐饮价格亲民（矿泉水2元、灌汤包5元），网友调侃"景区刺客在这里不存在"。万岁山武侠城也被戏称为"武侠版霍格沃茨"。

一、供给侧改革：从"稀缺供给"到"超量覆盖"

如何在满足游客日益增长的娱乐需求的同时，实现高效运营和成本控制成为一个亟待解决的问题。万岁山武侠城以其创新性的供给侧改革策略——从"稀缺供给"到"超量覆盖"，提供了一种全新的解决方案。

万岁山武侠城通过"时段热力图+情绪波动曲线"的双模型驱动排片系统，实现了演出供给的精准匹配。不仅考虑了不同时段游客的行为习惯，还结合了他们的心理状态变化，确保每个时间段都能为游客提供最佳体验。

时段分布：

晨间（8：00—10：00）：低密度文化展演，如《宋都鼓韵》鼓乐表演，单场时长15分钟，加上其他节目日均8场。这类活动以轻松愉悦为主，适合早晨游客放松心情。

午间（11：00—14：00）：高密度轻互动，如《王婆说媒》相亲秀，单场时长1小时，加上其他节目日均24场。午间是游客活跃度较高的时段，互动性强的节目可以增强游客参与感。

晚间（18：00—22：00）：沉浸式重体验，如《三打祝家庄》马战，单场时长40分钟，加上其他节目日均24场。夜晚是游客最为集中的时间，沉浸式的体验能够带来深刻的记忆点。

深夜（22：00—24：00）：情绪化小剧场，如《仙侠夜话》NPC互动，单场时长10分钟，加上其他节目日均28场。深夜时段的节目设计注重情感共鸣，营造温馨氛围。

为了有效控制成本，万岁山武侠城建立了一套完善的三级培训体系，被戏称为“武侠黄埔军校”。这套体系不仅提高了演员的专业素质，也大幅降低了人力成本。

三级培训体系：

基础层：以招收项目本地居民为主，他们接受为期3个月的标准化培训，掌握5类基础动作，如武术招式、古装仪态等。这不仅解决了当地就业问题，也为景区提供了稳定的演员来源。

进阶层：选拔优秀学员进入“武侠特训营”，学习即兴表演与情绪管理技巧，进一步提升表演水平。

核心层：顶级演员参与IP共创，如《三打祝家庄》主角需通过导演组试镜。这种方式激发了演员的创作热情，提升了整体演出质量。

在技术创新方面，万岁山武侠城引入了AR增强现实技术，显著提升了游客体验。特别是在《三打祝家庄》这一经典节目中，AR技术的应用带来了前所未有的视觉盛宴。通过AR眼镜，观众可以看到虚拟战马从城墙跃下冲锋，增强了现场的真实感。爆破场景则采用激光投影替代实体炸药，不仅使成本降低了80%，还大大提高了安全性。

通过对节目清单的精心设计、群演培养模式的创新以及先进技术的应用，游客停留时长提升了42%，二次消费转化率提高了27%。

二、需求端洞察：从“被动观看”到“主动共创”

从最初简单的观光游览，到现在追求深度体验和参与感，这种转变对景区提出了新的挑战与机遇。万岁山武侠城通过一系列创新措施，成功地将游客的体验从“被动观看”升级为“主动共创”，实现了游客平均停留时长从2.1小时延长至6.8小时的多倍提升。

（一）观众行为研究

为了更好地理解游客行为，万岁山武侠城进行了深入研究，发现不同类型的游客在景区内的活动模式存在明显差异。

初级游客。这类游客通常选择直线游览路线，平均停留时间为2.1小时，消费主要集中在门票上（占比85%）。他们往往只关注景点的核心区域，较少涉足其他互动环节。

深度玩家。相比之下，深度玩家更倾向于采取环形动线，平均停留时间达到了6.8小时。他们的消费更加多元化，除了门票外，还包括剧本杀游戏、汉服租赁以及餐饮等衍生活动及服务。其中，衍生消费占比达62%。

为了增强游客的沉浸感，万岁山武侠城巧妙地设置了多个“情绪爆点”。例如，“王婆说媒”中的相亲冲突和AR寻宝解谜等活动，每15分钟就会有一个新的刺激点出现，激发游客的多巴胺分泌，从而延长他们的停留时间。此外，夜间采用光污染控制技术，将光污染强度降至国家标准的1/5，确保了游客视觉上的舒适度，进一步增强了夜游体验。

（二）注意力经济

为了抓住游客的注意力，万岁山武侠城设计了一套精密的内容编排逻辑，确保每个时间段都能提供丰富的体验。

前5分钟：强冲突开场，如《水浒传》中的武打场面，迅速吸引游客的注意。

6—15分钟：悬念铺设，NPC抛出任务线索，引发游客的好奇心。

16—30分钟：互动参与，游客参与剧情发展中，其决策会影响故事走向。

31—45分钟：情感共鸣，如《大宋奇兵》中的家国叙事，触动游客情感。

46—60分钟：社交货币生成，鼓励游客创作并分享自己的UGC，形成口碑传播。

（三）体验设计

为了让每位游客都能获得满意的体验，万岁山武侠城建立了一个四层次的沉浸体系，满足不同游客的需求。

L1观望层：静态场景展示，如十里洋场复刻街景，占比15%。这类场景适合那些希望轻松漫步的游客。

L2触碰层：可交互装置，如《神舟船奇》水幕互动，占比30%。这些设施增加了互动性，使游客能更直观地感受到科技的魅力。

L3共演层：游客可以参与剧情，如《三打祝家庄》马战协演，占比40%。这种深层次的互动极大地提升了游玩的乐趣。

L4共创层：UGC反哺内容，如粉丝投稿的《江湖秘籍》被选入NPC台词，占比15%。这种方式不仅丰富了景区的内容库，也增强了游客的归属感。

为了优化游客的游览体验，万岁山武侠城采用了“莫比乌斯环”设计理念，避免游客走回头路，并在关键节点设置“武侠驿站”，既作为休憩之所，也为游客提供道具补给，保证整个动线的流畅度和连贯性。

三、商业模式迭代：景区营收倍增对赌

万岁山武侠城凭借“文化IP重塑＋场景化体验＋生态闭环”策略，成功实现从“门票依赖”到“体验经济”的转型。2024年其推出的“三日通票＋全时段演出"模式，自然而然把游客平均停留时间从2.1小时拉长至6.8小时，门票和演出票销售额占万岁山武侠城销售总额的份额降至67%。其核心策略包括以下几方面。

IP驱动与场景升级：以“武侠文化”为核心，打造全天候沉浸式体验，如《王婆说媒》《仙侠奇境》等上百场高频演出，覆盖全年龄段客群。夜间“仙侠奇境”项目通过NPC互动、灯光秀等方式延长游客停留时间，推动夜经济收入倍增。

生态闭环构建：通过“门票+二次消费”联动，将餐饮、文创、演艺衍生品等深度植入消费场景。例如，“王婆说媒”IP开发大文创产品，实现流量变现；数字化技术（VR/AR）探索线上虚拟体验与线下消费闭环。

资源整合与政策协同：引入开封文投集团（国资背景），整合周边景区（城墙、汴河等），形成“宋文化体验带”，推动创建5A景区及上市路径。政策支持反哺设施升级，形成“政策—体验—客流”良性循环。

当前，万岁山武侠城通过80元通票策略进一步扩大市场份额，以低价优势（对比清明上河园120元门票）吸引增量客群，并通过二次消费提升客单价。2025年轻资产不夜城设计方对赌万岁山武侠城年收入从5.5亿元倍增至11亿元，[①]需依赖客流量增长及二次消费占比突破40%。挑战包括维持高密度演出成本、应对竞争景区价格战，以及数字化技术的持续投入。

其实早在2023年10月轻资产不夜城设计方就与万岁山武侠城签署“景区倍增”合作协议，由轻资产不夜城设计方负责全面战略升级、场景设计、一人兴一城网红再造，以及夜轻济“仙侠奇境”的全案设计打造。

以“新、奇、特、幻”为基本原则,通过艺术化呈现和场景化构建与真人情景演艺相结合，打造仙侠主题景区，景区中穿插演绎,美陈打卡装置等立体构筑物,以仙侠世界为母体，古风玄幻为风格，营造有趣、好玩、好看、别具一格的新型社交消费空间。

2024年4月4日清明当日，升级改造的万岁山武侠城“仙侠奇境”开业。三天假期，超20万人次游客涌入，万岁山武侠城景区一举成为全国清明假日人气最旺的景区之一。

2025年7月1日万岁山武侠城公布2025年上半年经营数据，其中，实现入园1024.2万人次（含3日无限次），比2024年上半年的301.8万人次增长239.33%；实现综合营收6.04亿元,比2024年上半年的2.3亿元增长

---

① 河南这家景区，半年狂揽6个亿［EB/OL］.（2025-07-03）［2025-07-10］. https://baijiahao.baidu.com/s?id=1836601225293896132&wfr=spider&for=pc.

162%。如今，轻资产不夜城设计方已完成年度目标的54.91%，进度领先于时间线，阶段性目标已完成。

四、行业范式革命：从“观看经济”到“参与经济”

张艺谋团队打造的“印象系列”以壮观的自然景观和精湛的艺术表演著称，主要依赖于观众的视觉享受。相比之下，万岁山武侠城则通过提供高度互动的游戏化体验，让游客成为故事的一部分。这种差异不仅体现在成本结构上——“印象系列”单场制作成本高昂，而万岁山武侠城实现了低边际成本运营；还反映在盈利模式中，“印象系列”依赖门票和赞助收入，而万岁山武侠城则通过多元化的收益渠道（包括门票、衍生品销售以及数据分析服务）来增加收入。此外，万岁山武侠城的用户黏性明显高于“印象系列”，这得益于其高频次、强互动的特点。

万岁山武侠城的成功并非孤立现象，它对整个产业链产生了深远影响，促进了多个相关领域的繁荣发展。

随着对武侠道具需求的增长，催生了“武侠道具制造集群”；为满足不断变化的市场需求，“沉浸式编剧工作室”应运而生；汉服租赁服务迅速扩展，形成了覆盖全国68个城市的“汉服租赁服务联盟”。

这些变化不仅丰富了文化旅游的内容供给，也为当地经济发展注入了新的活力。据估算，万岁山武侠城直接带动就业人数达到了上万人，包括NPC演员、手工艺人等职业群体；间接促进了餐饮、住宿等相关服务业的增长。

万岁山武侠城高性价比的产品矩阵核心逻辑是情绪价值的规模化供给。通过“低价高频”策略，以海量演出覆盖全时段、全场景，满足游客对多样化情绪体验的需求，同时降低消费门槛，形成流量虹吸效应。单日人均票价低至不足1元/场，精准对标下沉市场游客的性价比需求，形成“情绪消费普惠化”的标签。

高密度演出本质上是“情绪场景的工业化生产”，通过规模化供给降低边际成本，形成县域文旅的“薄利多销”模式。万岁山武侠城将打铁花、皮影戏等非遗技艺融入演出，通过声光电技术升级实现“传统技艺—现代审美”的嫁接，动态场景与非遗活化将静态文化资源转化为可感知、可参与的情绪触点，既保留文化根脉，又满足年轻人对“国潮美学”的追捧，形成小城经济的良性循环。

万岁山武侠城的“拼多多模式”证明，县域文旅的突围关键在于情绪场景的规模化供给与精细化运营。通过“低价高频”策略降低消费门槛，以技术赋能提升体验真实感，最终实现“小景区—大产业”的跃迁。

第四节 SECTION 武侠版“迪士尼”：侠之大者，真诚为客

在中国文化中，武侠不仅是一种文学类型或影视题材，更是一种深深植根于人们心中的理想和信念。在文旅行业高度同质化的今天，河南开封的万岁山武侠城以“武侠文化”为核心，凭借独特的运营理念和极致的游客体验，成为近年中国文旅市场的一匹黑马。其成功不仅在于将武侠IP与宋文化深度融合，更在于以“真诚为客”为内核，通过超值的服务、沉浸式的互动、持续迭代的内容创新，为游客提供了一种兼具文化共鸣与情绪价值的独特体验。这座被称为迪士尼“武侠版”的景区，以“侠义精神”为底色，在商业逻辑中注入人文关怀，为文旅行业提供了一份值得深究的样本。

一、文化内核的真诚表达：从“武侠情怀”到“宋风侠骨”

武侠文化是中国传统文化中极具吸引力的符号，但如何将其转化为可感知的体验，考验着景区的诚意与智慧。万岁山武侠城的成功，离不开其对武侠文化内核的深度挖掘与真诚表达。

1.“真武侠”的场景还原

景区以北宋武侠文化为背景，通过建筑、演艺、场景设计构建了一个完整的“江湖世界”。例如，《三打祝家庄》等实景剧采用真刀真枪的表

演形式，演员与游客零距离互动，让观众仿佛置身于金庸笔下的武林纷争中。这种对武侠场景的极致还原，不仅满足了游客对“侠客梦”的想象，更传递出景区对文化真实性的尊重。

2. 文化基因的传承与创新

作为古都开封的文化地标，景区并未止步于简单的文化符号堆砌，而是将宋文化、民俗文化与武侠精神深度融合。例如，园区内的中原民俗博物馆、活字印刷博物馆等文化展馆，通过动态展示与互动体验，让游客在游玩中感知历史厚度。同时，景区将传统相亲文化与武侠元素结合，推出《王婆说媒》节目，既保留《水浒传》中“王婆”的市井智慧，又以现代婚恋社交的形式赋予其新意，成为现象级爆款。

3.“侠义精神”的价值观输出

景区创始人李孝杰家族的故事，本身就是一部“现代侠义传奇”。其父李公涛为创建翰园碑林，倾尽家财、历经磨难，甚至立下“子孙不得从碑林牟利”的家训，这种“为国为民”的奉献精神与武侠文化中的“侠之大者”一脉相承。这种精神内核通过景区的运营理念传递给游客，使商业行为升华为文化价值的共鸣。

二、产品设计的真诚奉献：超值体验与快速迭代

在文旅行业普遍追求高票价的背景下，万岁山武侠城以“低价高质”的产品颠覆传统商业模式，通过极致的性价比与持续的内容创新，构建了游客信任的基石。

1.“80元看百场演出”的性价比革命

景区门票长期维持在80元区间以内，却包含每日百场免费演出，涵盖实景剧、马戏、民俗表演等多种形式。这种“门票即通票”的模式，打破了文旅行业“二次消费陷阱”的惯例，让游客感受到“物超所值”的诚意。正如游客评价：“这里没有隐形消费，每一分钱都花得明明白白。”

2.“全园演艺”的产品思维

景区将整个空间视为舞台，通过“时间线、客群线、文化线、演艺线、运营线”五线合一的规划，实现“一步一景、移步换戏”。例如，《神舟船奇》演出以水上舞台为核心，白天展示特技表演，夜晚结合光影科技呈现大型奇幻秀，极大提升了空间利用率。这种设计既降低了边际成本，又为游客创造了密集的体验触点。

3.快速迭代的用户导向机制

从早期森林公园的吊床、晃板，到如今的仙侠主题夜游，景区始终以游客反馈为迭代依据。例如，2023年打造的“仙侠奇境”项目，采用环形动线设计，通过NPC互动、场景化演艺等方式延长游客停留时间，仅清明假期三天即吸引20万人次。这种“轻资产、快更新”的模式，确保了内容的新鲜感与吸引力。

三、服务体验的真诚联结：从“旁观者”到“参与者”

万岁山武侠城通过沉浸式互动与细节服务，将游客从被动观赏者转化为主动参与者，构建了情感联结的深层纽带。

1.沉浸式角色扮演的社交赋能

景区引入数百名身着古装的NPC，游客可与其对话、完成任务，甚至参与剧情推进。例如，在“仙侠奇境”中，游客可扮演侠客参与“门派争夺”，或通过“法宝收集”解锁隐藏剧情。这种设计不仅增强体验感，更激发游客的分享欲，成为社交媒体的传播素材。

2.全龄段覆盖的包容性设计

景区打破“武侠＝男性向”的刻板印象，通过儿童乐园、萌宠互动、音乐狂欢等多元业态，满足家庭客群的差异化需求。例如，国际大马戏、萌宠动物园等项目，既保留武侠主题的硬核体验，又通过“软性内容”吸引亲子游客。这种“老少皆宜”的设计，体现了对游客群体多样性的尊重。

3. 危机应对中的责任担当

2025年清明假期，景区因预约系统崩溃导致游客聚集退票，第一时间致歉并升级服务器，次日即恢复运营。这种快速响应与透明沟通，反而强化了游客对品牌的信任。正如管理学中的“服务补救悖论”，真诚地处理失误可能比完美服务更能赢得口碑。

四、情绪价值的真诚创造：从“文化消费”到“情感共鸣”

在物质需求饱和的当下，文旅消费的核心已转向情绪价值的获取。万岁山武侠城通过三大策略，将游客的“短暂快乐”升华为“持久记忆”。

1.“逃离现实”的治愈力

景区通过武侠场景的沉浸营造，为都市人提供了短暂脱离现实压力的“避世空间”。云雾缭绕的仙侠街区、刀光剑影的江湖剧场，让游客在角色扮演中释放自我，重获心灵自由。这种体验契合了当代年轻人对“诗意栖居”的精神追求。

2. 社交破冰的情感联结

《王婆说媒》节目的爆火，本质在于其解决了现代社交中的“破冰难题”。通过轻松幽默的互动，单身游客在公共场合自然建立联系，甚至促成真实姻缘。景区由此从“旅游目的地”进化为“社交发生地”，赋予游客超越观光的情感收获。

3. 文化自信的唤醒与传递

景区对宋文化、武侠精神的现代化表达，激发了游客的文化认同感。例如，活字印刷、古兵器制作等体验项目，让年轻一代在动手实践中感知传统技艺的魅力。这种“可触摸的历史”比教科书更具感染力，成为文化自信的生动载体。

五、文旅行业的“真诚经济学”

万岁山武侠城的案例证明，在流量为王的时代，“真诚”仍是文旅品牌的核心竞争力。这里的“真诚”，不仅是指态度上的真实与诚恳，更是一种深层次的品牌价值观和运营逻辑，是对游客体验的尊重、对文化内核的坚守、对地方特色的尊重与还原。其经验可总结为三点：

文化IP的深度运营：避免符号化消费，通过细节设计与价值观输出，让文化真正“活起来”。

用户思维的极致贯彻：从定价策略到内容迭代，始终以游客需求为出发点。

情绪价值的系统化设计：将情感共鸣嵌入产品全链条，从单一观光升级为多维体验。

万岁山武侠城的成功印证了“情绪价值”在文旅经济中的核心地位：通过文化IP的情感共鸣、高密度互动场景、极致性价比与真诚服务，将流量转化为“留量”。

万岁山武侠城的实践验证了情绪经济时代文旅场景创新的底层逻辑——4E模型，为行业提供了可复制的转型框架：

参与（engage）：通过高密度、强互动的演出编排，如日均百场表演，将游客从旁观者转化为“江湖参与者”；又如《王婆说媒》的开放式相亲剧情，让游客通过选择影响故事走向，参与度提升至76%。

体验（experience）：以“五感沉浸”重构游览动线，如AR技术还原《三打祝家庄》马战爆破场景，结合动态舞台与嗅觉装置（硝烟味扩散系统），使游客多维感官同步激活。

情感（emotion）：挖掘武侠文化中的集体记忆符号，如“侠客”“红颜”，通过NPC互动，如“扫地僧”保洁员背诵《水浒传》典故，唤醒情感共鸣。

经济（economy）：将情绪价值转化为商业溢价，如2024年景区二次消费占比达41%，验证了“情感—消费”正相关模型。

以人文温度重塑商业逻辑，以情感价值重构增长曲线。在消费升级与文化复兴的双重浪潮下，万岁山的经验，或将成为中国文旅产业从“流量收割”到“情感经营”转型的里程碑。

万岁山武侠城不仅是一个旅游景区，它更通过创造独特且真实的体验来提升产品价值，从而实现经济效益的最大化。随着“体验经济”的深化，文旅行业需更关注游客的深层心理需求。万岁山武侠城的实践提示我们：唯有以真诚为舟，以文化为桨，方能在文旅经济这片红海中开辟出一条通向人心的航道。

研究万岁山武侠城这一案例的价值，在于破解“非资源禀赋型景区”的逆袭密码：当县域文旅跳出“拼资源”的存量博弈，转向“造情绪”的增量创造，便能以场景为杠杆撬动Z世代的情感经济。

情绪场景不仅是流量入口，更是县域经济转型的支点——通过情感联结重塑消费链路，小城市亦能书写“以小搏大”的文旅传奇。

第二章
CHAPTER TWO

轻资产不夜城的点状图谱

当传统文旅深陷“重资产依赖症”，县域经济如何在资源与资金的夹缝中另辟蹊径？一场以“轻资产 + 情绪场景”为内核的变革浪潮，正在中国县域悄然掀起。

轻资产不夜城项目，投资少，见效快——这不仅宣告了“文旅必须大投资”的认知破产，更揭示了情绪价值的商业能量：用文化符号的精准投射替代钢筋水泥的粗暴堆砌，以情感共鸣的效率革命重构消费链路。

本章解剖的九大案例，恰似一幅中国县域经济的“情绪光谱”，其本质是一场“非标化突围”：当标准化景区陷入同质化泥潭，县域文旅正通过“一地一情绪”的定制化场景，将文化基因转化为情感货币。

第一节　古今映照的情绪多元载点

SECTION

在当今快速发展的旅游市场中，如何实现地方经济的增长，成为众多城市探索的重要课题，而地方经济增长的核心在于将文化资源转化为“可感知、可参与、可消费”的情绪价值载体。通过文化IP的深度开发、数字技术的场景创新、非遗活化的产业延伸，以及数据驱动的精准运营，城市不仅能实现短期流量爆发，更能构建长期的文化认同与经济韧性。

一、南宁之夜：多民族符号的“烟火叙事”与流量裂变

南宁，作为中国少数民族聚居最为集中的地区之一，以其独特的地理位置和丰富的民族文化资源，成功打造了一个名为“南宁之夜”的夜生活品牌。这一项目不仅实现了文化的传承与发展，还通过精准的市场定位和有效的推广策略，引发了广泛的流量裂变效应。

（一）融合多元民族元素

南宁之夜以其独特的“民族符号的沉浸式转译”，构建了一个充满活力和魅力的文化叙事体系。它不仅重现了广西地区多元文化的精髓，还通过创新手段实现了传统文化与现代科技的完美结合。

2024年，南宁之夜项目先后开展“龙重登场 · 大集大利”“嘉年逢盛世 · 赏非遗大戏”“潮玩三月三 · 壮见非遗”“乐享五一 · 嗨玩不夜城”“端午‘粽’头戏 · 非遗来开场”“月揽中秋 · 华彩盛宴”“国庆嘉年华　非遗

来炫技”等34场大型主题活动，对演绎节目进行全面升级，全年累计更新舞台演绎节目36个，从动作编排、化妆造型以及服装搭配等方面进行显著提升，赢得游客广泛好评。

1. 民族文化的符号化表达

南宁之夜以广西的多民族特色为底色，通过具象化符号构建文化认同。街区以“盛唐复古风”为基底，融入壮族铜鼓、壮锦纹样、刘三姐山歌等元素，形成独特的视觉与听觉标识。例如：

空间符号：入口处的“南宁之夜”logo以壮锦纹样和花山岩画为灵感，搭配大象、铜鼓等图腾，强化地域文化辨识度。

表演符号：《刘三姐飞天秀》通过威亚技术让演员化身“刘三姐”腾空20米，结合冷焰火与凤凰图腾，将壮族传说转化为震撼的视觉符号；非遗项目“马山会鼓”以雄浑鼓声传递民族精神，成为游客必看节目。

饮食符号：老友粉、五色糯米饭、酸嘢等广西特色小吃被赋予文化叙事，如“刘三姐主题套餐”将山歌明信片与美食结合，让游客在味觉中感受文化。

2. 沉浸式场景的叙事建构

南宁之夜通过多维度场景将文化符号转化为体验故事，形成“一步一景，一文一故事”的沉浸感：

动态叙事：街区设置16个行为艺术舞台，全天上演《阿牛哥刘三姐不倒翁》等百余场演出，游客在游走中“偶遇”历史人物的互动投壶游戏，触发文化探索欲。

节庆叙事：在“三月三”等民族节日期间，推出“篝火歌圩晚会”“武宣婆对歌”等活动，将非遗展演、民俗互动与现代舞台技术结合，如全息投影的“数字刘三姐”与游客实时对唱，强化节日仪式感。

烟火叙事：通过“电动车装置艺术”“邕果神兽”等本土化设计，将南宁的城市符号转化为艺术表达，让游客在趣味打卡中感受城市文化基因。

3. 情感共鸣的流量密码

南宁之夜的叙事策略精准捕捉了游客的情感需求。

乡愁与归属感：对广西本地游客而言，老友粉的酸辣、五色糯米饭的清香、壮族山歌的旋律，唤醒了地域文化记忆；对区外游客，则通过“猜山歌赢伴手礼”“投壶答题”等互动，降低文化理解门槛，构建“参与式乡愁”。

社交货币的生产：非遗文创（如壮锦箱包）、国潮美食（如“可穿戴史诗”系列）等衍生品，成为游客分享的“文化符号载体”，推动社交裂变。例如，75类非遗文创中，售价千元的壮锦纹样单品仍被抢购，印证了文化消费的溢价能力。

南宁之夜将味觉与听觉体验融为一体，创造出一种全新的感官享受。街区每50米设置一个民族快闪剧场，游客一边品尝老友粉，一边被壮族山歌、马山会鼓等民族音乐环绕。天琴Live剧场则每晚8点上演壮族天琴与电子音乐跨界演出，琴弦震动频率实时转化为灯光色彩变化，形成了“声光共舞”的沉浸体验。

（二）利用社交媒体引爆话题

2024年，南宁之夜官方自媒体矩阵平台曝光量超6875万人次，南宁之夜抖音单个话题量突破5.5亿人次，抖音线上推出的VIP现场门票套餐供不应求。[①]2024年春节期间，南宁之夜非遗“打铁花”登上央视CCTV-4中文国际频道，总台央视“甲辰春来　福暖四季”除夕特别节目连线广旅·南宁之夜，对南宁之夜街区进行了报道，将壮乡美食、非遗技艺和民俗文化表演向全国观众呈现，项目的线上宣传再创新高。

---

① 广旅·南宁之夜：以“文旅＋”全产业链赋能片区文旅多元化发展［EB/OL］.（2025-01-09）［2025-07-10］. http://gx.people.com.cn/n2/2025/0109/c390645-41102833.html.

（三）激活区域经济发展

南宁之夜的爆发不仅带来直接经济效益，更重构了城市商业生态，形成“文商旅地”（文旅、商业、旅游、地产）的良性循环。

1. 文旅消费的乘数激活

2024年“五一”期间南宁之夜接待游客31万人次，同时景区截至2024年“五一”假期，累计总客流量突破1200万人次！“五一”假期各项精彩活动，让“夜经济”的“烟火气”持续激发假日旅游活力。

2. 夜市摊位的价值跃迁

项目带动周边夜市摊位完成“三升级”：产品升级、场景升级、服务升级。“这里每天晚上都很热闹，生意红红火火，每到周末和节假日，我们都忙不过来。”经营臭豆腐摊位的老板说，自开街以来，他每天的营业额近7000元。

3. 灵活就业的生态培育

街区150余家商铺涵盖餐饮、手工艺品、文创产品等业态。项目为灵活就业者、大学生创业者提供逾400个摊位，这种“低门槛、高弹性”的就业模式，成为南宁稳就业的重要抓手。

南宁之夜的成功，本质是一场多民族符号的现代化转译。它将广西的民族文化转化为可感知的体验、可传播的内容、可变现的IP，通过“烟火气”降低文化门槛，以“科技感”提升参与深度，最终实现流量的裂变与文化的传承。

这种“在地性文化与现代性商业并存”的模式，为文旅融合提供了新范式——当文化符号成为流量入口，当烟火叙事化作情感纽带，传统与现代的碰撞，终将点燃城市的文化基因，构建一个“美美与共”的文旅生态。

二、天山明月城：丝路汉唐美学下的边疆治理新范式

“天山明月城”夜街区，一座融合了历史记忆与现代创意的文化地标，

以其独特的汉唐建筑风貌和丰富的文化活动，成为新疆地区文化治理的新典范。它不仅重现了古代丝绸之路的辉煌，更通过一系列创新举措促进了各民族间的和谐共处。

（一）文化治理样板：以美学重构促进民族交融

1. 汉唐建筑群复原与沉浸式文化表达

天山明月城以唐风古韵建筑风格为核心，结合新疆特色文化元素（如雪莲花灯、汉唐西域风情街区等），通过“文化+科技”手段实现沉浸式场景还原。例如，A2馆的《清明上河图》3D光影秀利用数字化技术动态呈现汴京盛景，让游客仿佛置身其中，体验到前所未有的视觉震撼和历史沉浸感。这种还原度与体验深度远超传统文旅项目，为游客提供了更加丰富和深刻的文化体验。

街区布局采用“T”字形结构，融合招亲广场、篝火广场等互动场景，通过“舞台+表演+灯光”多维度展现汉唐文化与边疆民族文化的交融。游客不仅可以在这些场景中欣赏到精彩纷呈的演出，还能亲身参与互动活动，进一步加深对文化的理解和认同。

2. 双语沉浸式戏剧与民族情绪疏导

天山明月城推出了汉语/维吾尔语双轨演绎的剧目，如《丝路和鸣》，通过“抛绣球招亲”“胡旋舞体验”等互动环节，打破了语言壁垒，促进了不同民族之间的交流与理解。例如，“馕饼工坊”不仅展示了传统的非遗技艺，更通过“共同劳作”的场景促进跨民族情感联结，游客在参与过程中自然形成了文化认同。此类设计将文化符号转化为情感纽带，实现了“情绪维稳”的隐性治理目标。

（二）产业振兴路径：非遗活化与税收杠杆的协同效应

天山明月城不仅是一个文化旅游景点，还是一个集传统技艺保护与现代市场运作于一体的综合性平台。它通过引入非物质文化遗产工坊和实施税收优惠政策，成功推动了地方经济的发展。

1. 非遗工坊与高附加值产品开发

天山明月城引入了新疆玉雕、艾德莱丝绸等非遗工坊，并结合现代设计理念推出了一系列文创产品，如“唐猫脸谱”“丝绣扇面”等。这些产品不仅保留了传统技艺的精髓，还通过创新设计吸引了年轻消费群体。例如，布艺老虎、木模戳印花等非遗商品的溢价率大大提升，既保护了传统技艺，又通过其独特的“网红属性”带动了销售增长。街区78家商铺中，非遗与文创占比超过40%，形成了“文化+消费”双轮驱动的产业模式。

2. 税收优惠与商户生态激活

为了吸引更多商户入驻，天山明月城实施了“联营扣点”的政策，商户入驻率从31%跃升至89%。这一政策吸引了众多知名品牌，如八卦炉烤肉、嫦娥云吞等网红品牌的入驻。2024年升级后，商铺数量从87家增至300家，涵盖了餐饮、娱乐、研学等多种业态，日均客流量突破2万人次。制度撬动的规模效应显著，为地方经济注入了新的活力。

（三）文旅经济与边疆治理：从流量到留量的转型

天山明月城的成功，本质上是文旅经济驱动边疆治理的典型案例。自2023年6月开城以来，其客流量屡创新高：首日突破4.9万人次，至2023年10月累计客流量达210万人次，日均超2万人次。2024年5月升级重启后，单日客流量更飙升至5.3万人次，商户从88家扩容至300家，涵盖餐饮、非遗、研学等多业态。①这一数据背后，是文旅产业对边疆经济的强力拉动——通过“夜经济”延长消费时间，依托“吃住行游购娱”全链条服务，将游客的短暂停留转化为持续消费。

更深层的治理逻辑在于“流量转化”与“人才集聚”。航天科技馆入驻天山明月城进一步拓展了景点项目内涵。这一占地4743.88平方米的科普场馆，利用AR交互、数字艺术等技术展示航天成就，并设有研学区与

① 水磨沟区：开街迎客！天山明月城升级重启［EB/OL］.（2024-05-03）［2025-07-10］. http://xj.cnr.cn/xjfw_1/dzxw/20240503/t20240503_526692461.shtml.

科技企业孵化空间，旨在吸引科研机构与人才向边疆集聚。文旅与科技的“双轮驱动”，不仅提升了区域文化软实力，更通过产业升级为边疆治理注入可持续动力。

传统边疆治理多依赖行政手段与安全管控，而天山明月城则探索了一条“以文化促融合”的柔性路径，其核心在于通过场景营造与互动体验，消解族群边界，构建共有精神家园。例如，冬季的“天山明月冰雪城”将冰雪运动与非遗文化结合，游客可参与打铁花、篝火晚会等活动；夏季的“古风喜乐会”则通过诗词对答、传统服饰体验，让青少年在游戏中感知中华文化。这种“无痕”的文化渗透，比单向宣传更具亲和力。

项目还通过“主客共享”模式促进社会融合。本地居民既是服务提供者，也是文化传播者：的哥马强成为天山的“活地图”，汉服店员化身“唐风向导”，甚至10岁孩童也能在台上背诵《将进酒》并收获满堂喝彩。这种双向互动，让边疆治理从“他者管理”转向“共同参与”，增强了各族群众的主体性与归属感。

天山明月城的另一突破在于科技与文化的深度融合。航天科技馆的“火箭森林”展区模拟太空场景，通过AR技术让青少年直观感受航天魅力；街区内的“奇幻剧场”利用全息投影重现历史事件，而“封门密室”“水幕秋千”等科技游乐项目则吸引了年轻群体。这种创新不仅提升了文旅产品的吸引力，更通过科普教育为边疆地区培育未来的科技人才，响应了国家“科教兴边”的战略需求。

此外，项目借助新媒体传播放大影响力。中外博主通过换装打卡、互动直播等方式，将边疆文化推向全球。例如，一些外国博主扮演胡商、体验新疆美食的视频，在海外社交平台获得数百万播放量。这种“民间外交”打破了西方对新疆的刻板印象，为边疆治理赢得了国际话语权。

天山明月城的实践表明，边疆治理不仅需要硬性的制度保障，更需要软性的文化纽带。通过汉唐美学的当代诠释、文旅经济的产业驱动、科技创新的持续赋能，项目成功将边疆从“地理边缘”转化为“文化枢纽”，为新时代的边疆治理提供了可复制的范式。

其经验启示在于：以文化认同凝聚人心，以经济活力夯实基础，以科技创新引领未来，方能实现边疆的长治久安与繁荣发展。

三、“平湖山海几千重？”：西游记文化里的赛博场景叙事

2024年1月开街的“平湖山海几千重？”，作为长三角首个轻资产不夜城项目，以《山海经》《西游记》神话为基底，融合平湖本土白龙传说与非遗文化，构建了一个“神话剧场”式的沉浸式文旅空间。这一项目不仅是对传统文化的当代转译，更通过“情绪多元载点”，实现了时空叙事的重构。

从国潮灯光到电音广场，从非遗打铁花到无人机表演，它用赛博场景消解了神话与现实的边界，让游客在跨越千年的文化符号中，体验多重情感的交织与碰撞。

（一）神话原型的解构与重组：从《山海经》到“赛博山海”

1. 文化基因的提取与符号再造

“平湖山海几千重？”的核心叙事源于《山海经》与《西游记》的奇幻世界，但并非简单复刻，而是通过“在地化”策略重组神话元素。例如，以平湖白龙传说为引，将《西游记》中白龙马形象与东海龙宫传说结合，形成“白龙生阳山”的在地化叙事。这种解构与重组既保留了神话的神秘性，又赋予其地方文化认同感。

2. 场景叙事的空间并置

项目以“回”字形布局构建“一环六场”，外街为国潮美食街区，内环为神话主题游乐区。这种设计借鉴了宋代《东京梦华录》中“马行街”的市井烟火气与神话场景的奇幻感。例如，“饕餮”神兽雕塑与电音舞台的并置，将上古神兽的威严与现代娱乐的狂欢形成戏剧性对比，触发游客

对“神圣与世俗”的辩证思考。

3. 符号的赛博化转译

项目中，传统符号通过科技手段被赋予新形态。如48组国潮彩光灯柱以平湖非遗西瓜灯为原型，结合LED光影技术，将“一盏瓜灯”升华为“千重山海”的视觉奇观。这种转译既保留了非遗工艺的在地记忆，又以科技重塑了富有感官冲击力的文化符号。

（二）情绪载点的多元构建：时空绾合下的情感触发

1. 视觉场域：光影叙事中的时空折叠

项目的灯光设计堪称“情绪引擎”。48组彩光灯柱与13处行为艺术舞台，通过明暗节奏与色彩变化，模拟神话中的昼夜交替。例如，“惊鸿破晓”舞蹈表演中，火把旋转的光影与裸眼3D投影结合，重现《山海经》中“十日并出”的壮丽景象。这种视觉叙事让游客在“神话时间”和“现实时间”中穿梭，触发对远古洪荒的敬畏与对科技美学的赞叹。

2. 听觉体验：从非遗声景到电音共振

声音设计上，项目巧妙融合传统与先锋。非遗打铁花的铿锵声、篝火晚会的民谣吟唱，与电音派对的低频震动形成“声音蒙太奇”。在电音广场区，《西游记》角色唐僧与孙悟空的“情景对话”被改编为rap对唱，传统戏曲念白与电子音效的混搭，让游客在听觉冲突中感受文化碰撞的张力。

3. 互动仪式：行为艺术中的情感参与

项目通过百余场日间演绎，将游客纳入叙事主体。例如，“怀橘遗亲”舞台以“二十四孝”故事为蓝本，邀请游客共跳手势舞，将伦理教化转化为参与式娱乐。在篝火广场区，游客与“孙悟空”互动攀爬“五指山”，神话角色的“降维”互动消解了文化符号的疏离感，触发集体狂欢情绪。

（三）县域经济的激活路径：从流量入口到产业生态

1. 夜经济与消费场景重构

项目80%的消费集中在夜间，电音派对、无人机秀等“夜游标配”成为情绪消费爆点，日均客流量高达5万人次。通过“餐饮+娱乐+打卡”的复合业态，项目带动周边餐饮、住宿、交通等消费链增长，例如毗邻的华湖航空飞行营地、旧埭村花卉产业园通过联动形成“夜游—日游”互补线路，延长游客停留时间。

2. 文旅IP与在地文化赋能

项目以平湖白龙传说为IP主线，融入西瓜灯、平湖派琵琶等非遗元素，并通过“浙沪民生议事堂”平台整合上海金山区资源，推动长三角客群引流。例如，非遗工坊与“陆子家风课堂”结合的研学旅游，2024年“五一”期间联动景区明月山塘实现旅游收入256万元，将文化体验转化为消费力。这种“借势不借壳”的策略既保留了在地文化独特性，又通过普世神话扩大了受众基础。

3. 轻资产模式与就业拉动

作为长三角首个轻资产不夜城，项目通过模块化场景快速迭代文化内容（如万圣节赛博朋克版“孟涂断案”、AR红包雨活动），以低成本维持游客新鲜感。项目运营195天即突破400万客流，直接创造上千个就业岗位，并带动周边村民参与餐饮、手工艺品销售等配套产业。[①]

4. 区域协同与品牌溢出效应

项目通过“平湖好City”国际传播路线，将本地文旅资源纳入长三角一体化发展格局。例如，与上海枫泾镇共建“浙沪毗邻文旅带”，串联华湖飞行营地、花卉电商产业园等节点，形成跨省域文旅产业集群。2024年国庆期间，平湖全域接待游客89万人次，旅游收入同比增长31%，[②]印证了“平湖山海几千重？”对县域文旅的引擎作用。

---

① 平湖山海几千重？浙江平湖政协助力浙沪毗邻文旅产业“热辣滚烫”[EB/OL].（2024-08-06）[2025-07-10]. https://www.rmzxw.com.cn/c/2024-08-06/3588231.shtml.

② 在平湖，诗与远方不期而遇[EB/OL].（2024-12-12）[2025-07-10]. http://www.pinghu.gov.cn/art/2024/12/12/art_1528160_59860020.html.

“平湖山海几千重？”的实践表明，情绪文旅的成功需以文化共情为内核、以科技赋能为手段、以产业融合为路径。其经验为县域经济提供了一条可复制的路径：通过“神话IP+在地文化+轻资产运营”构建情绪消费场景，再以“文旅+体育+农业”延伸产业链，最终实现从“网红打卡”到“文化生态”的跃迁。县域文旅的革新，恰在于以情感共鸣激活文明基因，以流量经济重塑乡村活力。

第二节 白黑联动的情绪经济链条

SECTION

一、青岛明月·山海间：山海经IP与三产融合的“夜间GDP”

作为全国首个以《山海经》为核心IP的文旅综合体，青岛明月·山海间不仅通过文化IP的创新演绎激活了夜间消费活力，更以“情绪经济”为纽带，串联起文化体验、产业联动与经济增长的闭环。截至2024年10月26日，该项目累计接待游客突破1600万人次，[①]城阳区文旅夜间经济大幅提升成为全国文旅产业转型的标杆案例。

（一）山海经IP的构建：文化基因与情绪共鸣的底层逻辑

1. 神话IP的现代转译

青岛明月·山海间以《山海经》中“青龙、白虎、朱雀、玄武”四大神兽为核心符号，通过3D灯光、雕塑艺术与沉浸式演艺将古籍中的奇幻世界具象化。例如，街区内设置的“幻音奇景”“如梦泡影”等舞台，以现代声光电技术复现《山海经》中的神话场景，触发游客对传统文化的集体记忆与情感认同。这种文化符号的现代化转译，满足了Z世代对“国潮

---

① 【古风今韵美城池，明月山海绽华姿】——青岛明月·山海间点亮文旅夜经济！[EB/OL].(2024-10-30)[2025-07-10]. https://www.thepaper.cn/newsDetail_forward_29193014.

美学”的追捧，成为情绪共鸣的起点。

2. 情感价值与消费场景的绑定

青岛明月·山海间通过“四大主题场景+17个行为演艺装置”，将游客的情感需求嵌入消费场景。例如，“青岛美人鱼”表演结合海洋文化，以唯美叙事强化游客的代入感；而“熔岩海浆”等场景则通过视觉冲击激发猎奇心理。这种“文化+科技+互动”的模式，将游客从被动观赏者转变为情感参与者，推动情绪价值向消费行为转化。

（二）三产融合的闭环：情绪驱动的产业链重构

1. 一产赋能：在地文化的资源活化

青岛明月·山海间以《山海经》IP为纽带，整合青岛本地渔业、民俗等资源。例如，“渔灯火把节”“泡泡渔灯节”等活动，将胶州湾小海鲜、传统手工艺与现代节庆结合，既传承了地域文化，又通过游客的体验式消费带动农渔产品销售。数据显示，项目直接带动周边上万余人就业，其中河套街道居民通过餐饮摊位、手工艺制作等实现增收。

2. 二产升级：轻资产模式的商业创新

青岛明月·山海间采用“不收取商户房租，仅收保证金”的运营策略，降低入驻门槛，吸引中小微企业参与。例如，街区内的“青岛佳酿”啤酒工坊，将本土啤酒品牌与山海经IP结合，推出限定包装产品，形成“文化溢价”。这种轻资产模式既保障了商户的盈利能力，又通过差异化商品强化了IP的商业价值。

3. 三产扩容：夜间消费的多元业态

通过“食住行游购娱”闭环设计，青岛明月·山海间将夜间经济从单一餐饮拓展至全时段消费。例如，街区内设置的20组娱乐设施（如主题游乐场）延长了游客停留时间，而“泼水节”“奇趣玩偶节”等主题活动则通过情绪峰值体验刺激二次消费。据统计，截至2024年10月26日，累计接待游客超过1600万人次，单日最高消费额突破百万元。

（三）情绪经济链条的运作机制：从触发到裂变

1. 情绪触发：五感联动的沉浸式设计

青岛明月·山海间以“高维占位”思维打造极致体验：视觉上，美轮美奂的灯光秀与神兽雕塑形成视觉奇观；听觉上，原创音乐与神话叙事营造氛围；触觉上，互动装置（如“秋千物语”）增强参与感。这种多感官刺激触发游客的愉悦情绪，为消费行为提供心理动因。

2. 情绪深化：社交货币的创造与传播

青岛明月·山海间通过“网红打卡点”设计，将游客转化为内容生产者。例如，“美人鱼表演”视频在抖音等平台单条播放量超百万，成为自带流量的社交货币。景区还推出“夜间摄影大赛”等活动，激励UGC分享，进一步放大传播效应。截至2024年，项目相关话题在社交媒体曝光量超20亿次，形成“线上种草—线下打卡—二次传播”的裂变链条。

3. 情绪裂变：文化认同与品牌消费

当越来越多的人看到“青岛明月·山海间”这些UGC分享，并因此产生兴趣、决定前来打卡时，就形成了“价值裂变”的效应。原本只是一个游客的个体体验，最终演变为多个家庭、朋友群体甚至整个社群的共同参与。这种裂变不仅提升了项目的知名度和客流量，还进一步增强了消费者的归属感和品牌忠诚度。他们愿意为了更好的体验再次光临，也愿意为周边产品（如文创商品、餐饮套餐、定制服务等）买单，从而实现了从一次性的门票收入向多元化消费结构的转变。

情绪经济并非简单的“情感营销”，而是通过文化IP的情感共鸣、场景体验的情绪触发、社交传播的价值裂变，重构“文化—产业—消费”的生态闭环。这一模式不仅为夜间GDP注入新动能，更探索了传统文化与现代商业的融合路径。

二、象州梦幻夜：非遗手作、民宿集群与税收增长模型

（一）非遗手作的沉浸式体验与活化传承

象州梦幻夜以“国风科技文旅街区”为核心定位，将非遗手作融入现代消费场景，形成“可触摸、可体验、可消费”的文化产业链。

1. 非遗元素的场景化创新

街区通过“神兽图腾”“壮乡花纹”等主题设计，结合象州本土的打铁花、壮锦、竹编、木雕等非遗技艺，打造非遗手作工坊和互动体验区。例如，游客可参与竹编制作，或在文创商铺购买融入壮族纹样的非遗衍生品，如雪糕、灯笼等。这种“非遗+科技+潮玩”的模式，既保留了传统工艺的文化内核，又通过年轻化表达吸引游客。

2. 非遗传承与经济效益的双向驱动

非遗传承人通过入驻街区获得稳定展示平台，例如街区与非遗传承人签订长期合作协议，提供固定演出时段和场地支持。例如，彩调、壮欢等非遗项目通过“非遗展演+创新运营”模式，形成常态化演出。

（二）民宿集群的共生式发展与经济辐射

象州梦幻夜的客流虹吸效应催生了“民宿—文旅—配套产业”的集群化发展模式。

1. 从“过路客”到“过夜客”的转化

街区开业后，周边民宿数量激增，甚至出现建材店转型为宾馆的现象。以象州为例，节假日周边酒店入住率接近100%，仍供不应求。这种“核心景区+民宿集群”的布局，延长了游客停留时间，拉动了餐饮、交通等关联消费。税务部门通过规范行业经营、落实小微企业税收优惠，既减轻企业负担又保障税收合规。

2. 产业链协同与乡村振兴

象州梦幻夜以“国风科技文旅街区”为核心，整合本地农业资源，通

过“公司+基地+村集体+农户”模式，将农产品销售、民俗体验与旅游消费相结合。例如，街区内的农特产品展厅直接链接象州县万亩水稻示范区、设施蔬菜基地等农业项目，实现“从田间到餐桌”的产业链延伸。

（三）税收增长的复合型驱动模型

象州梦幻夜的税收增长源于“流量经济—产业联动—品牌溢价”三重机制：

1. 直接税收贡献

象州梦幻夜日均客流量超1.5万人次，商铺平均日营收数据（按单店统计）位于2万~4万元，带动商业活动税收；街区年接待量突破450万人次，门票、演艺等文旅消费进一步扩大税基。

2. 关联产业税收溢出

象州梦幻夜运营直接提供超2000个就业岗位，涵盖演艺、服务、管理等领域，间接带动物流、保洁等关联就业，提升居民工资性收入及个人所得税贡献。夜市经济吸引灵活就业人员及创业群体，税务部门有针对性地宣传“六税两费”减免政策，既激发创业活力又保障税收增量。

3. 品牌效应与长效税源

象州梦幻夜7次登陆央视报道，成为城市文化IP，带动区域知名度提升和投资吸引力。例如，象州通过“轻资产不夜城”模式吸引十多个城市商户签约，形成招商溢价和品牌授权收益。

（四）财税创新：构建文旅发展的“飞轮效应”

1. 文旅税收贡献返还政策的杠杆作用

象州县对文旅企业实施税收减免和返还政策，例如增值税、企业所得税优惠等。象州梦幻夜运营企业享受税收返还后，将资金投入设施升级（如灯光秀、演艺项目）和营销推广，吸引更多游客，形成“政策支持—企业投入—游客增长—税收增加”的良性循环。

象州县推出“数智消费券”，通过政府补贴和商户让利相结合，定向用于梦幻夜街区消费，激活夜间经济。2024年国庆假期期间象州县启动“全民大消费”暨“金秋暖冬”促消费系列活动，发放3000多张消费代金券。[①]

2. 税收数据背后的经济图谱

象州梦幻夜项目总投资近亿元，资金来源包括政府专项债、县级国资平台与社会资本合作，通过混合所有制模式降低财政直接投入压力，同时吸引社会资本参与文旅基建。

自项目启动以来，象州梦幻夜吸引了大量游客前来观赏体验，年接待游客量达30万人次以上，带动旅游综合收入超1500万元。[②]体验类项目的客单价和复购率更高，这种结构变化印证了“体验经济”对区域经济的带动作用。

围绕梦幻夜项目，象州布局“2+3”产业生态链（文旅、大健康、智能制造等），通过数智产业园（如江滨 · AI+灵境产业园）吸引上下游企业，形成集群化税收贡献。

象州模式证明，文旅产业的税收增长不应仅依赖资源开发，更要通过业态创新培育新增长极。象州梦幻夜通过“非遗活化提升客单价，体验类集群降低运营成本，财税政策形成正向激励”的三重创新，构建起文旅高质量发展的新范式。

象州实践正在引发行业关注，2024年“象州梦幻夜”项目入选“广西文化旅游企业改革创新优秀案例”。更值得关注的是，其财税创新政策正在形成可复制的“象州指数”：通过建立税收返还比例与非遗保护

---

① 好消息！国庆长假象州投放三千多张消费代金券［EB/OL］.（2024-09-29）［2025-07-10］. https://mp.weixin.qq.com/s?__biz=MzU1NTA2MTkwMQ==&mid=2247538596&idx=3&sn=a90753ba85b1152bde65c167e0509dbc&chksm=fa63d6bc80566ac020135b53f8b80b9367775114d20e92e1cf2916dbe2df7df80d907c08286b&scene=27.

② 以特色产业为依托 凝聚民族向心力——象州县乡村振兴与民族团结共奋进之路［EB/OL］.（2025-03-10）［2025-07-10］. http://mzw.gxzf.gov.cn/gzyw/sxxx/t19707994.shtml.

投入的动态挂钩机制，将文旅产业的经济效益转化为文化传承的持续动能。

以非遗为魂、民宿为体、税收为果，构建县域经济高质量发展的闭环模型。在文旅产业进入“存量竞争”的新阶段，象州的探索为县域经济发展提供了新思路：当非遗不再是博物馆里的展品，当夜市超越简单的观光空间，当税收政策成为创新的催化剂，文化传承与经济发展就实现了真正的共生共荣。

三、武汉木兰不夜城：乡村旅游的“白＋黑”时间经济学

在乡村振兴与文旅融合的背景下，“夜经济”正成为乡村发展的重要引擎。传统乡村旅游受限于对自然景观的依赖性与时间碎片化，往往陷入“半日游”困境。游客停留时间短、消费场景单一，导致产业链条短、经济附加值低。

木兰不夜城的崛起，不仅打破了传统乡村旅游“白天热、夜间冷”的局限，更通过“白＋黑”模式重构了时间资源的经济价值，为乡村文旅产业提供了可复制的创新样本。而“白＋黑”模式的核心在于延长游客停留时间，通过昼夜互补的体验设计，将时间资源转化为经济价值。

（一）重构传统与现代的昼夜叙事

1. 日间经济：从单一观光到沉浸式体验

木兰不夜城所在的木兰花乡景区，白天以“花海观光＋亲子微度假”为主轴，1500亩的生态基底，将农业观光、亲子互动与轻探险项目结合。引入动物王国、热带植物园、智慧农业采摘等40余种体验项目活动，覆盖全龄层游客需求。例如，亲子家庭可参与动物互动、蔬果采摘、动物王国、泥沙亲子部落等40余项游乐设施，通过“萌宠互动＋无动力设备”延长家庭游客停留时间，而年轻群体则偏好野奢露营、水乐园等场景。

2024年农耕体验区日均接待游客1.2万人次。这种形式不仅让游客亲身感受传统的农耕生活，还让游客在日间即可沉浸于历史氛围中，为夜间消费奠定情感联结。

2. 夜间经济：文化IP与情绪价值的双重引爆

夜间是木兰不夜城的核心战场，其成功源于文化场景化与情绪经济链的构建。2023年春节假期，木兰不夜城10天吸引26万人次入园，日均客流量突破2万人次；夜间消费占比达60%，[①]远超传统景区30%的平均水平。

IP活化与沉浸式叙事：以《木兰辞》为蓝本，打造“东市买骏马，西市买鞍鞯”的北魏市井场景，结合3D灯光，实景演艺《木兰传奇》，将传统文化转化为可感知的“穿越体验”。

情绪峰值与社交传播：非遗打铁花、火壶表演等“高光时刻”设计，触发游客的惊叹与分享欲，形成“线上种草—线下打卡—二次传播”的裂变效应。

轻资产运营与业态闭环：采用“零租金+营业额提成”模式，许多市民来到木兰不夜城投资商铺，开街吸引了186家商户首批入驻，涵盖小吃、文创、非遗等品类，实现“一店一品”的消费闭环。“西市里”开街试营业期间，木兰不夜城内单个商铺的日均营业额均突破1万元。

（二）文化IP赋能：时间经济的精神内核

木兰不夜城的成功，本质是对“花木兰”这一超级IP的深度挖掘与活化。其通过“文化叙事—科技赋能—情感共鸣”三重策略，将IP价值转化为时间消费的驱动力。

1. IP叙事体系构建

故事提炼：围绕“忠、孝、勇、智”精神内核，提取代父从军、征战

---

① 10天26.46万人次，木兰不夜城成现象级夜游地标［N/OL］.（2023-02-02）［2025-07-10］. https://baijiahao.baidu.com/s?id=1756675264349998206&wfr=spider&for=pc.

沙场等六大经典故事，并通过街头巡演、情景剧等形式动态呈现，使游客在游览中自然代入木兰传奇。

场景还原：东市与西市的布局复刻《木兰辞》中的市井交易场景，商铺命名、商品设计均融入北魏元素，如“战马驿站”“铠甲工坊”等，强化文化沉浸感。

2. 科技与传统的融合

数字交互：引入飞行影院《飞越湖北》，以4D技术呈现木兰征战与荆楚风光，将静态文化转化为动态体验，延长游客停留时间。

线上线下联动：花木兰扮演者通过抖音账号与粉丝互动，线下演出与线上内容形成闭环，增强IP的具象化与传播力。

效果评估：2024年木兰不夜城通过举办大型活动（如首届交友节、非遗表演等），结合传统文化与科技体验，抖音平台相关话题的总曝光量达到3.25亿次。

3. 情感共鸣的深度联络

花木兰是根植于中华文化的超级英雄IP。木兰的勇敢、担当、孝顺、突破性别限制等品质，具有普世价值。项目让游客有机会近距离“接触”英雄，体验她的故事，满足对英雄的敬仰和对勇气、成长等精神的向往。

项目通过具象化的场景和故事，让游客暂时脱离现实，代入到木兰的世界，成为故事的一部分，产生强烈的情感投射和情绪波动（激动、感动、振奋），唤醒游客（尤其是本土游客）对传统文化的认同感和民族自豪感，形成深层情感连接。这是区别于普通主题乐园的关键。

（三）从“流量入口”到“乡村共富”

杜堂村曾因土地贫瘠、人口外流而沦为“空心村”。通过整村土地流转、闲置房屋入股合作社，村民以“保底分红+经营收益”模式参与旅游开发，户均年收入超7万元，彻底脱贫。

木兰不夜城的底层逻辑在于文化IP的产业化运营，其通过“IP—场景—产业”的三级跳，激活乡村内生动力：

1.IP赋能：在地文化的现代转译

提炼“忠、孝、勇、智”的木兰精神内核，通过科技手段将IP转化为可体验的“文化符号”，吸引年轻客群。

演员与游客的线上线下互动（如抖音账号@花木兰），增强IP的具象性与情感联结，使重游率达25%，远超国内主题乐园平均水平。

2.场景营造：沉浸式空间的情感共振

“木兰不夜城”并非简单复制传统景区的布景逻辑，而是以“叙事化空间”重构游客体验，实现从“观看”到“参与”的转变。“木兰不夜城”以“木兰从军”为主线，打造“替父从军”“边塞夜巡”“凯旋归乡”等十大主题街区，通过光影艺术、建筑美学与环境音效，构建具有电影质感的沉浸式场域。

扮演花木兰及其他角色的演员不仅是表演者，更是“情感引导者”。他们身着定制战甲，在固定动线与随机点位与游客互动，如“战前誓师”“密令传递”“解谜寻宝”，让游客成为故事的一部分。

3.产业链延伸：三产融合的乡村经济模型

一产增值：景区与周边农户合作，将本地食材（如黄陂豆丝、小海鲜等）纳入餐饮供应链，带动农副产品销售增长。

二产创新：开发木兰主题文创产品（如限定包装啤酒、非遗手工艺品等），形成“文化溢价”。

三产扩容：夜间经济拉动周边民宿、酒店入住率提升，村民通过土地流转、景区务工、自主经营等途径，户均年收入增加，村集体年收入实现突破。

木兰不夜城的“轻资产逻辑”体现为低成本、高迭代、强共生：杜堂村从“空心村”蜕变为“网红村”，600余名村民实现家门口就业，文旅产业为全村贡献70%的经济收入。[①]景区通过“湖泊战略”整合区域资源，成为黄陂区乡村振兴的核心引擎，带动周边2万余人就业，形成“一城兴百业”的共生生态。

木兰不夜城的“白+黑”模式，本质是通过时间资源的高效配置与文化IP的价值重构，打破乡村文旅的时空边界，实现“游客停留时间延长—消费场景扩容—产业链升级”的良性循环。其不仅为夜间GDP注入新动能，更探索出一条“文化赋能—轻资产运营—共同富裕”的乡村振兴路径。

① 农文旅融出乡村好“丰”景[EB/OL].(2024-03-14)[2025-07-10]. https://www.mct.gov.cn/whzx/qgwhxxlb/hb_7730/202403/t20240314_951674.htm.

第三节 虚实结合的情绪解决方案

SECTION

一、东北不夜城：从工业衰退到“国潮流量之城”的逆袭

在东北老工业基地转型的浪潮中，吉林省梅河口市以一场“夜经济”的革新实验，完成了从工业衰退到文旅新地标的华丽转身。曾经的梅河口，因传统工业式微而陷入沉寂；如今的梅河口，却因“东北不夜城”的崛起，成为东北地区乃至全国的文旅现象级标杆。

这座小城以“轻资产、重文化、强体验”的运营逻辑，不仅激活了城市经济，而且重塑了东北文旅的想象空间。其逆袭之路，既是城市发展模式转型的缩影，也为中国县域经济的突围提供了创新范本。

东北不夜城的崛起，不仅是一个城市更新的成功案例，更是对工业遗产进行创新利用、实现经济转型和文化复兴的重要尝试。通过废墟美学重构、新工人叙事以及城市更新范式的实施，东北不夜城成功地将一个曾经的工业衰退区转变为一个充满活力的“国潮流量之城”。

（一）工业小城的困境与破局

1. 传统工业衰退下的城市困局

梅河口曾是东北工业版图上的重要节点，但随着钢铁、煤炭等传统产业式微，城市陷入人口外流、消费动能不足的困境。2019年，梅河口被定位为省级直管县级市，但文旅资源尚未被挖掘，夜晚的街道“少有人知，

不温不火”。这一困境在东北工业城市中颇具代表性——单一产业结构与年轻人口流失形成恶性循环。

2.差异化定位与闪电战式破局

2021年，梅河口市政府与轻资产不夜城达成合作，以“点亮东北，从梅河口开始”为战略定位，仅用17天就将一条“干巴巴的马路”改造为东北不夜城。项目摒弃传统文旅重资产模式，聚焦“方圆200公里内独一无二的产品”，通过高维商业模式穿透区域消费市场，开业首日便吸引38万人次客流，“五一”假期累计突破133万人次。

（二）轻资产模式的创新逻辑

1.低成本高回报的运营逻辑

东北不夜城首创“轻资产不夜城”模式，初期仅以47个创意集装箱构建国潮街区，创意集装箱顶部的三角梅装饰与关东文化涂装形成视觉冲击，投资成本仅为传统文旅项目的20%。项目通过“运营前置”策略，精准规划业态配比，聚焦美食、演艺、互动体验三大核心，开业首年即实现盈利。

2.时间与空间的极致算法

东北不夜城在533米的主街区内，通过56座牌楼灯柱、37组舞台、26个娱乐设施密集布局，将游客步行时间从10分钟延长至2小时以上。云南街的飞檐民居、月亮湾的元宇宙科技、陕西街的地道美食形成“一街一主题”的时空穿越体验，创造“短动线、长停留”的消费闭环。

3.快速迭代的“网红基因”

东北不夜城每年迭代60%以上内容，如2024年新增威亚空中演艺、龙年主题场景，策划“梅府招婿”“东北小龙女”等IP活动，通过抖音等平台的裂变传播，形成“游客即演员、打卡即传播”的社交货币效应，单条短视频播放量超千万次。

（三）文化赋能的深度实践

1. 在地文化的沉浸式表达

东北不夜城以“回家文化”为核心，将东北生活场景转化为文旅体验。街区采风梅河口的建筑与风物，推出“长白墨客”“剪纸少女”等文化符号，让本地人感受乡愁，外地人体验东北风情。2022年升级的“城市舞台”概念，更将东北人的休闲生活融入街区设计，复游率提升至40%。

2. 国潮美学的场景重构

精致国潮风与关东元素碰撞，古风牌楼与智能灯光秀交织，汉服儒生巡游与元宇宙集市并存。陕西街引入肉夹馍、云南街打造酒吧群落，形成“文化场景＋商业场景”的平衡。2024年新增的160米高空威亚演艺“龙游梅河”，将传统文化与现代科技深度融合。

3. 超级IP的裂变效应

通过常态化演艺（如“不倒翁”“篝火晚会”）与节庆活动（如泼水节、丝路文化节等）双轮驱动，将短期流量转化为长期品牌资产。2023年策划的簪花节、打歌节，单日吸引5万游客，带动周边酒店入住率飙升200%。[①]

（四）数据背后的经济振兴

1. 客流与经济的双重跃升

在2024年，梅河口东北不夜城历经3年的滋养、蝶变、成长，495天的运营，接待游客已达到1340万人次，政务考察学习500余批次。项目运营后，梅河口市GDP增速达12.8%，间接带动40亿元经济增长，[②]成为东北地区文旅带动城市发展的标杆案例。

---

① 求新求变 东北小城梅河口巧抓文旅破圈“密码”[EB/OL].(2023-09-28)[2025-07-10]. http://www.ce.cn/cysc/newmain/yc/jsxw/202309/28/t20230928_38734131.shtml.

② 梅河口东北不夜城盛大开街[N/OL].(2024-04-27)[2025-07-10]. http://www.jl.gov.cn/yaowen/202404/t20240427_3150777.html.

2.城市能级的重构

东北不夜城助力梅河口获评“国家全域旅游示范区”“国家级夜间文旅消费集聚区”等称号，并收获中国旅游投资行业最高荣誉“ITIA艾蒂亚奖”等国字招牌。推动城市从五线小城升级为省域文旅枢纽。关联产业中，当地酒店均价上涨120%，出租车日均接单量翻倍。

3.就业与人才的回流

东北不夜城创造2000余个就业岗位，吸引本地青年返乡。文旅经济的人口虹吸效应为东北“人才外流”困境提供破解样本。

东北不夜城的逆袭验证了三大创新路径：

轻资产的可复制性：此种模式已在全国落地20多个项目，如南宁之夜、大宋不夜城等，平均投资回报周期缩短至3～4年；

文化驱动的长期主义：拒绝“拼凑式开发”，聚焦核心IP的情感联结；

敏捷迭代的生存智慧：疫情期间通过“周周有活动、月月有节庆”保持生命力，东北不夜城在2022年逆势实现420万客流。

未来，东北不夜城计划打通“昼+夜”全时消费链，深化文旅与科技、生态融合。但其更大价值在于为东北振兴提供方法论——用文化唤醒土地，以创新重燃希望。

从工业锈带到国潮流量之城，梅河口的蜕变不仅是物理空间的焕新，更是发展逻辑的颠覆。这条533米的街区证明：小城市无须盲目追求“高大上”，只需深挖文化根脉、拥抱轻资产思维，便能以“四两拨千斤”之势撬动产业变革。东北不夜城的光辉，既照亮了东北振兴的新路径，也为中国县域经济转型写下生动注脚。

二、新疆八卦城之夜：民族融合与边疆稳定的情绪空间实践

在伊犁河谷的群山环抱之中，新疆特克斯八卦城以其独特的城市布局和深厚的文化底蕴吸引着众多游客。这座古城以《周易》后天八卦图为设

计蓝本，贯彻了“天地交而万物通”的核心理念。城市的街道布局以太极坛为中心，八条主干道分别对应八卦方位，四环六十四巷则巧妙地暗合了六十四卦象。这种独特的空间符号系统不仅体现出中华文化的哲学智慧，同时也将其转化为边疆地域的具体符号。

位于八卦城乾街与坎街之间的“八卦城之夜”项目，作为当地的一大爆款文旅亮点，通过灯光装置、雕塑艺术与数字投影技术，将“乾为天”“坤为地”等传统卦象转化为游客可以亲身感受和体验的视觉奇观。例如，在街区内的“三石立天”舞台上，表演者们以乌孙传说为蓝本，结合烟雾特效与舞蹈演绎，将《周易》中“天人合一”的理念与草原史诗完美融合。

这样的表现形式不仅丰富了游客的文化体验，还促进了不同民族间的文化认同感，对边疆地区的软性治理起到重要借鉴作用。

（一）边疆文旅的体验机制

1. 五感联动的情绪触发

八卦城之夜通过声光电技术的极致运用，构建了多层次的情绪刺激网络：视觉上，400架无人机组成的“世界喀拉峻　中国八卦城”天幕秀，以科技美学重塑地域自豪感；听觉上，融合冬不拉与电子音乐的主题曲《特克斯欢迎你》，在传统与现代的碰撞中激活文化归属；触觉上，“公平秤”互动装置让游客亲身参与民族贸易的情景剧，通过角色扮演深化历史记忆。这种多感官协同的沉浸式设计，使游客日均停留时间从2小时延长至6小时，情绪价值直接转化为消费行为。

2. 社交传播中的情绪裂变

八卦城之夜深谙“打卡经济”的逻辑，设置27个演艺舞台、19个网红装置，打造“易寻学道”“乌孙迎宾”等20余个短视频爆点。开街当日，“美人鱼互动”“国潮演绎”等内容在抖音单条播放量破百万，话题#八卦城之夜总曝光量达59亿次。

游客自发生产的UGC（如民族服饰变装、馕坑烤肉体验）不仅成为社交货币，更通过算法推荐突破地理边界，将边疆小城的文化形象传递至全国。这种“线上种草—线下打卡—二次传播”的裂变链条，使项目开业一年内接待游客超169万人次，其中70%为疆外客源。

3.消费场景的情绪转化

“零租金+营业额提成”的轻资产模式，吸引119家商户入驻，形成“一店一品”的民族经济微生态。哈萨克牧民的马奶酒工坊、维吾尔族匠人的手工铜器店、回族家庭的椒麻鸡摊档，通过“场景化销售”将土特产转化为文化符号。

例如，“八卦馕”不仅是一款食品，更被赋予“天地调和”的IP寓意，售价较普通馕提高3倍仍供不应求。八卦城之夜开街初期日客流量就已达2万人次，日营业额20万元左右，实现了文化价值与经济收益的双向增值。

（二）边疆治理的“心灵基建”

1.就业驱动的社会稳定

八卦城之夜作为特克斯文旅新业态产品标杆、文化展示新窗口，巨量“引流驻流”，相关数据显示项目带动全县700余家民宿、2800余家商超、700余辆客运车辆、1500余家餐饮等旅游相关产业，辐射带动上万人就近就地就业，让更多群众吃上“旅游饭”，激发县域经济活力。①这种“家门口就业”模式，将经济发展与边疆稳定绑定，使情绪价值转化为实实在在的民生福祉。

2.文化认同的情感沉淀

每晚在八卦城之夜太极坛举行的“我们的中国梦——文化进万家”歌舞汇演，以汉哈双语演绎《绽放》等剧目，吸引各族群众即兴加入。这种

---

① 新疆维吾尔自治区特克斯县委组织部，党员教育中心．新疆特克斯：“党建红”点亮八卦城“夜经济”［EB/OL］．（2023-10-11）［2025-07-10］．https://tougao.12371.cn/gaojian.php?tid=5438217.

“广场舞式”的日常互动，将文化认同融入生活场景，形成持续的情感留存。2023年，特克斯县群众文化活动参与率达92%，印证了情绪空间对社区凝聚力的长效塑造。

3. 安全感知的情绪防线

八卦城之夜通过“神圣—世俗”的时空设计强化边疆安全感：日间的易经文化园传递历史厚重感，夜间的灯光市集则营造繁荣活力。数据显示，项目运营后涉旅治安案件大幅下降，游客对新疆安全满意度也大大提高。情绪空间通过“繁荣景象”与“秩序体验”的双重输出，成为边疆治理的隐形防线。

八卦城之夜的实践表明，边疆治理不仅需要政策与基础设施的“硬支撑”，更离不开情绪空间的“软连接”。通过将《周易》的“和合”哲学转化为灯光奇观、将多民族差异转化为共享节庆、将边疆地理转化为传播符号，该项目构建了一个“情绪共同体”——在这里，游客的每一次惊叹、每一段短视频、每一口把子肉的咀嚼，都在无形中编织着民族团结的情感网络。这种“以文化场景塑形情绪空间”的创新，不仅为新疆的长治久安提供了实践样本，更为全球多元文化共融的社会治理贡献了中国智慧。

三、张家界七十二奇楼：AR技术重构山城二元空间感知

张家界七十二奇楼是一座土家族吊脚楼风格的建筑，高达109.9米，已被吉尼斯世界纪录认定为“世界最高吊脚楼形态建筑”，2020年6月，轻资产不夜城设计方参与七十二奇楼景区文旅项目筹建。

作为全球首个沉浸式土风国潮主题景区，其核心运营逻辑建立在AR高科技与情绪地理学的双重维度上。通过7D全息影像技术打造的72种主题灯光秀，将建筑实体转化为动态数字画布，实现物理空间与虚拟场景的叠加。

这种技术应用突破了传统景观的静态叙事，通过光影变幻（如每小时

切换的《土家织锦》《天门狐仙》主题秀）激活游客的感官体验，重构了“场所精神”——物理空间的吊脚楼形态与数字内容共同构成“情感触发器”，使游客在虚实交织中完成对湘西文化的情绪投射。

AR技术的介入更深化了空间的情感层次，赋能场所从文化容器升级为情绪发生器；空间通过技术媒介生成流动的情感氛围，推动游客从旁观者转变为文化叙事的共构者。

（一）城市空间的再编码：运营逻辑的多维解构

时间经济重塑：张家界七十二奇楼通过“白+黑”运营模式突破山岳型旅游的时间局限。白天利用AR导览系统构建文化认知场域，夜间则以109.9米高的天宫奇楼为载体，用光影技术创造情绪峰值体验。这种时空重组使游客停留时间延长3.2小时，推动夜间消费占比达全天营收的67%。

地方认同再生产：七十二奇楼采用“拆旧还旧”建筑手法悬挂18栋湘西吊脚楼，AR技术则通过扫描建筑构件触发历史场景重现（如土司战争全息演绎）。这种物质遗产与数字技术的双重锚定，强化了“城市之眼”的文化象征意义——既是对天门洞自然奇观的镜像呼应，更是通过技术手段将边缘化的少数民族文化重新置入城市中心叙事。

情绪资本转化链：景区构建“感官刺激—情感共鸣—消费转化”的情绪价值链。街区内，新疆、西安、长沙、澳门等各色小吃，让四方吃货垂涎；油染铺、银器锻造坊等非遗技艺，引得游客驻足观摩；20多个精心编排的360° 沉浸式实景演艺节目，充满感染力。跟随演员的口令，数千人手牵手，围着篝火唱起民歌跳起舞；当劲爆的节奏响起，游客纷纷举起手机闪光灯，蹦着最有土家族味的“土”迪，开启了肆意狂欢。

（二）技术介入下的城市关系重构

空间生产范式转型：项目突破“山城二元”的传统格局，通过AR技术将武陵山区文化符号（如西兰卡普纹样、茅古斯舞蹈等）数字化后植入城市建筑界面，形成“山—城—数字”三维互动的新空间生产模式。这种转型使张家界从自然景观容器升级为文化科技综合体，旅游收入构成中二次消费占比从2019年的28%提升至2024年的53%。

城市品牌情绪化塑造：七十二奇楼通过“72变”灯光主题对应不同节气情绪（如清明时节的“烟雨吊脚”模式），将城市形象具象为可感知的情绪符号。

在地文化的本真调和：在技术狂飙中，项目通过“非遗AR活化工程”保持文化本真性。银器锻造等非遗技艺通过AR分步演示实现技艺传承，同时设置“情绪缓冲区”——烟火老街保留未数字化的传统摊贩，形成快慢体验节奏，避免技术对地方文化的过度侵蚀。

当AR技术不再仅是工具理性层面的增效手段，而是成为重组空间、生产情感、重构地方性的核心介质。这种“技术地理学”范式将情绪价值量化纳入城市评估体系，为后现代城市的文旅转型提供了可复制的情绪—空间—技术三元模型。

未来随着元宇宙技术的深入，城市或将演变为虚实共生的“情感操作系统”，而七十二奇楼的探索正为这场空间革命提供先行样本。

轻资产不夜城的燎原之势，绝非偶然的经济现象，而是一场县域经济突围的“三原色革命”。通过对九大样本的解构，其底层逻辑可提炼为文化原真性、情绪原生力、产业原子化的协同共振。

1. 文化原真性——基因编码的在地表达

南宁之夜以多民族符号叙事、天山明月城借汉唐建筑群缝合丝路记忆、东北不夜城用工业废墟重构国潮叙事——这些项目证明，文化原真性并非对历史的简单复刻，而是以当代需求为筛网，萃取最具传播力的文化片段。当七十二奇楼用AR重现湘西民俗场景，传统文化在虚实交融中完成了“基因突变”，成为了可交互、可传播、可变现的情绪载体。

2. 情绪原生力——非标场景的精准供给

游客情绪峰值的出现得益于“情绪触点密度 × 场景反差度”的乘积效应。这些非标化设计，本质是通过制造“记忆锚点”抢占用户心智。当文旅消费从“看过”升级为“记住”，情绪价值便转化为可量化的经济指标。

3. 产业原子化——轻资产重构生产关系

轻资产不夜城的真正革命性，在于将文旅产业拆解为可组合、可迁移、可复制的“经济原子”。这种“去重资产化”的产业逻辑，让县域经济得以突破资源桎梏。

当一线城市文旅陷入“迪士尼与环球影城”的巨头绞杀，县域经济的破局点恰在于“轻资产造境”的敏捷性：用情绪算法替代钢筋水泥，以文化模块置换重资产包袱。这场静默的革命，正在重塑中国县域经济的底层代码——当文化成为可编程的情绪变量，当场景进化为可量产的产业单元，乡村振兴便不再是资源禀赋的比拼，而是想象力与执行力的终极较量。

第三章
CHAPTER THREE

情绪地理学理论的提出

在人类文明演进的漫漫长河中，“地方”始终承载着超越地理坐标的精神内涵。从古希腊德尔斐神庙镌刻的“认识你自己”箴言，到敦煌莫高窟壁画中流传千年的飞天乐舞，空间与情感的共生关系始终潜藏在文明肌理之中。当现代社会步入体验经济时代，这种隐性的情感联结正以空前显性的方式重塑文旅产业图景——情绪地理学理论在此背景下应运而生，成为解码当代文旅空间价值重构的核心密钥。

情绪地理学理论体系，本质上是人文主义地理学在数字时代的一次范式跃迁。它突破了传统地理学对物质空间的静态描摹，转而聚焦于情绪如何作为“空间生产的催化剂”，在物理场域与精神世界的交界面构建起新型互动关系。这种理论转向既植根于哲学史中绵延千年的情感认知传统，也得益于消费社会从“物质占有”向“情感体验”的深层转型。

第一节 情绪文旅的兴起

SECTION

一、哲学与人文地理学的早期铺垫

（一）西方哲学的情感研究传统

西方哲学对情感的探讨贯穿了从古希腊到后现代的思想史，其核心矛盾始终围绕理性与感性、主体与客体的关系展开。这一传统为现代情绪地理学的跨学科性提供了哲学根基，也揭示了情感从私人领域走向社会空间的理论路径。

1. 理性主义与经验主义的早期分野

古希腊哲学奠定了情感研究的基调。亚里士多德在《尼各马可伦理学》中提出，情感（pathos）是灵魂的非理性部分，需要通过理性（logos）的规训来实现德性。这种将情感视为需要被理性驯服的观念，在中世纪经院哲学中进一步强化，如托马斯·阿奎那将情感归类为“动物性冲动”，需通过神学理性升华。

至17世纪，笛卡尔的身心二元论（mind–body dualism）将情感彻底客体化。他认为情感是身体机械运动的产物，而理性是独立于肉体的纯粹精神存在。这种割裂导致情感长期被排除在哲学核心议题之外，成为心理学或生理学的研究对象。与之相对，经验主义代表洛克提出“白板说”，强调情感源于感官对环境的经验积累，为情感与空间的关系埋下伏笔。

2. 20世纪哲学的结构主义与解构主义转向

20世纪哲学对情感认知的颠覆性重构，为情绪地理学的跨学科性奠定基础。

结构主义语言学的影响：索绪尔的语言符号系统理论揭示，情感表达并非自然产物，而是由社会文化编码的符号体系建构。例如，列维·斯特劳斯《神话的结构》中指出，原始部落的仪式情感（如恐惧、敬畏）实则是维系社会结构的象征系统。

解构主义的突破：德里达通过消解"逻各斯中心主义"，批判传统哲学对情感的边缘化。他在《论文字学》中提出，情感与理性并非对立，而是共同构成意义的"延异"网络，情感体验本身即是社会关系的空间化表达。福柯进一步将情感纳入权力分析，揭示监狱、医院等空间如何通过规训机制生产特定情感（如羞耻、服从等）。

这一转向推动情感研究从个体心理层面转向社会建构视角，为地理学引入情感维度提供了哲学合法性。

（二）人本主义地理学的启蒙

20世纪70年代，人文地理学突破实证主义的量化传统，转向关注人类经验、意义与情感的空间性，形成"情感转向"（affective turn）的理论浪潮。这一进程由两大脉络交织推进：

1. 现象学与存在主义：个体经验的觉醒

20世纪中期，地理学曾一度被简称为"空间科学"，其研究方法以数量革命为核心，试图通过统计模型和逻辑实证主义解析人类活动的空间规律。然而，这种对理性的过度崇拜，使得地理学逐渐沦为冰冷的抽象空间分析工具，忽视了人类与空间之间复杂的情感纽带。20世纪70年代，受现象学与存在主义哲学的影响，人本主义地理学应运而生。

段义孚（Yi-Fu Tuan）作为这一学派的核心人物，提出了地理学必须回归"人的主体性"的主张。他在《人文主义地理学》中强调，地理学不应仅关注空间的分布规律，更应探究人类如何感知、体验并赋予空间以意义。他指出：“人对环境的反应可以来自触觉，即触摸到风、水、土地时感受到的快乐。”

人本主义地理学的核心在于对“地方感”的重新发现。学者们开始关注个体与空间之间的情感联系，例如老年人对熟悉环境的依恋、影像收藏者通过物品构建的地方记忆，以及对“恐惧景观”的分析。这些研究揭示了空间并非中立的容器，而是承载着人类情感、记忆与身份认同的“生活世界”。

段义孚深受德国地理学家亚历山大·冯·洪堡的影响，后者主张“自然也必须借由人的感受来体察”。洪堡的探险精神与情感驱动，启发了段义孚将地理学从纯粹的科学分析转向对人类情感与自然关系的哲学思考。正如苏珊·朗格（Susanne Langer）在《情感与形式》中提出的观点，情感并非非理性冲动，而是具有逻辑结构的存在。人本主义地理学正是通过这一视角，将情感视为理解人地关系的关键维度。

2. 社会建构理论：社会整体的诠释

与现象学路径并行的另一条脉络，则是符号互动论、后结构主义与马克思主义的融合。这一路径关注的是社会结构如何通过文化、权力和历史实践塑造地方的意义。

代表人物如大卫·莱（David Ley）和詹姆斯·邓肯（James Duncan），他们强调地方不仅是个体经验的表征，更是社会关系的产物。例如，莱在研究少数族裔社区时指出，地方认同往往与族群的历史记忆、文化资本和社会排斥交织在一起。而邓肯则通过分析女性对家庭空间的体验，揭示了性别角色如何在空间中被建构与再生产。

这一路径的理论贡献在于，它超越了现象学对个体经验的单一聚焦，将地方视为社会行动者与结构性力量共同作用的场域。例如，在讨论城市空间时，人文主义地理学家不再仅仅描述个体的感知，而是分析阶级、种族、性别等社会差异如何通过空间实践得以固化。这种视角使地理学能够更深入地介入社会批判，回应贫困、不平等和边缘化等现实问题。

情感转向的理论研究推动了地理学与哲学、心理学、社会学的跨学科融合，并为后续“地方哲学”和“具身化空间”理论奠定了基础。

（三）哲学与地理学的理论交融

早期哲学与人文地理学的互动，形成了情绪文旅研究的三大基本范式：

1. 现象学的“地方性”认知

受海德格尔“在世存在”（Being-in-the-world）理论影响，人文地理学将地方视为“意义的储存库”。挪威学者诺伯舒尔兹（Christian Norberg-Schulz）提出“场所精神”（Genius Loci），强调地方情感由物质环境（如建筑材料）、文化活动（如节庆仪式）与集体记忆共同构成。这一理论直接指导了文旅场景的沉浸式设计，如洛阳“飞鱼服帅哥互动”项目，通过服饰材质（丝绸触感）、行为展演（古代礼仪）与历史叙事（盛唐想象）的三重叠加，激活游客的情感共鸣。

2. 后现代主义的空间批判

列斐伏尔的“空间生产”理论揭示，情感体验是资本与权力运作的产物。例如，迪士尼乐园通过“快乐工业”将情感商品化，游客的愉悦感被精确计算的动线设计、色彩心理学与IP叙事所操控。这种批判视角解释了“情绪价值商业化”的内在矛盾：天水麻辣烫的爆火依赖短视频平台的算法推送，但符号化消费（如“网红打卡”）难以维系地方情感的真实性，最终导致热潮消退。

3. 非表征理论的具身实践

受德勒兹“情动”（Affect）概念启发，地理学家奈格里提出“情感强度”理论，强调情感是身体与环境互动的即时能量流动，无法被语言完全表征。这一理论支撑了AR/VR技术在文旅场景中的应用。例如，曲阜尼山圣境的夜游项目，通过光影投射与声场模拟，使游客在未接触历史文本的情况下，直接感知“儒家文化”的庄重氛围。

（四）理论演进的当代启示

哲学与人文地理学的早期铺垫，为情绪文旅研究提供了三重启示：

方法论层面：需打破学科壁垒，融合现象学的经验描述、结构主义的符号分析与解构主义的权力批判，建立“情感—空间—权力”的三维分析框架。

实践层面：文旅设计应从“视觉奇观”转向“多感官沉浸”，例如通过触觉装置、嗅觉引导等方式增强情感记忆的锚定效应。

伦理层面：警惕情感价值的过度商业化，需平衡资本逻辑与地方真实性。如《黑神话：悟空》对山西古建的IP化改造，既要挖掘游戏叙事的文化认同，也需避免历史语境的情感消解。

这一理论脉络表明，情绪文旅不仅是消费升级的产物，更是哲学认知论与地理学空间观范式革命的具象化表达。

二、情绪视角下的文旅新形态

（一）情感共鸣优先：从符号消费到精神共振

情绪文旅的核心在于通过情感联结实现游客与目的地之间的深度互动，其首要特征表现为对文化符号的情感共鸣设计。这种共鸣并非简单的景观复刻，而是通过在地文化的叙事重构、身份认同的符号化表达，触发游客的集体记忆或情感投射。

1. 文化认同型体验的崛起

以游戏IP与在地文化融合为例，国产3A游戏《黑神话：悟空》通过将山西古建筑（如佛光寺、应县木塔等）融入游戏场景，激活了玩家对中华传统文化的情感认同。游戏中的“天命人”角色设定与山西文旅部门推出的“西游文化之旅”形成联动，游客在悬空寺、云冈石窟等实景中代入角色叙事，实现了虚拟想象与现实体验的叠加共振。数据显示，2024年国庆期间山西游客量同比增长85%，其中超过60%为《黑神话：悟空》玩家群体。这种文化IP的在地转化，不仅突破了传统文旅的“观光逻辑”，更通过情感代入实现了文化价值的深度传递。

2. 情感宣泄型场景的构建

当前，压力释放成为情绪文旅的重要驱动力。成都REGULAR源野的“苔藓墙”设计，通过触觉（湿润苔藓的柔软质感）、嗅觉（泥土与植物的自然气息）与AR技术（虚拟蝴蝶随触摸飞舞）的多维交互，构建了一个都市压力释放的“疗愈绿洲”。此类场景通过“去功能化”设计（如无明确消费指引的休憩空间），让游客在非结构化体验中完成情绪纾解。类似案例还包括上海teamLab无相艺术空间的“情绪共振墙”，游客的肢体动作触发光影变化，形成个体情绪与群体感知的即时互动。

3. 身份符号的圈层归属被强化

亚文化社群通过消费符号争夺情感归属，形成独特的文旅圈层经济。例如“谷子经济”（二次元周边）里粉丝在“扭蛋墙”前交换限定徽章、在主题咖啡厅参与角色生日会，通过物质消费完成身份认同的符号编码。这种圈层化体验已从亚文化向主流延伸，如洛阳“飞鱼服帅哥互动”项目，通过汉服穿戴、古礼教学与沉浸式剧本游，使游客在“穿越者”身份中重构历史归属感。

（二）场景沉浸主导：从空间叙事到具身感知

情绪文旅突破传统“视觉中心主义”，转向多感官联动的沉浸式场景构建。其核心在于通过技术赋能与空间重组，将游客从“旁观者”转化为“参与者”，形成身体与环境的深度交互。

1. 数字技术的沉浸化应用

AR/VR技术从工具升级为情感媒介：苏州甪直古镇的“锦夜·青靛甪直”项目，通过光影投射重现陆龟蒙、许自昌等历史人物的生活场景，游客手持AR设备可触发“文人对话”剧情，实现文化具身化学习，更前沿的实践如上海天文馆的“元宇宙时光机”，游客佩戴VR设备后，可同时感知春季花开与冬季落雪的时空折叠，在天体物理的宏大叙事中唤醒对生命本质的情感思考。

2. 多感官体验的精细化设计

情绪文旅强调感官协同的“锚定效应”：哈尔滨冰雪大世界通过冰雕材质的透光性（视觉）、踩雪时的咯吱声（听觉）、零下30℃的体感（触觉）三重复合，强化“极寒浪漫”的情感记忆。

西安《赳赳大秦》演出则突破传统剧场边界，观众入场时需触摸仿制青铜器（触觉激活历史联想），观看中配合战鼓震动地板（体感模拟战场氛围），离场时获赠秦篆字帖（行为延续文化认同）。此类设计将单向观赏转化为“身体档案”的生成过程。

3. 沉浸式叙事的空间重构

传统景区通过动线改造实现情绪引导：山西普救寺的《梦境·西厢记》夜游项目，拆除固定观演座位，游客跟随“小和尚”穿梭于佛塔、回廊与月夜庭院，在行走中解锁张生与崔莺莺的爱情片段。更极致的实践如河北《再回太行》红色主题剧，观众需攀爬模拟太行山道的斜坡、触摸仿制抗战书信，通过身体劳顿深化对革命精神的情感共鸣。此类沉浸式设计模糊了游客与演员的界限，使情绪体验成为空间生产的核心动力。

（三）社交传播驱动：从打卡消费到情绪裂变

情绪文旅的爆发力高度依赖社交媒体的传播裂变，其本质是通过UGC完成情绪符号的二次编码与扩散。

1. 短视频的情绪符号生产

情绪文旅的价值往往诞生于短视频的“情感模因”：哈尔滨文旅通过“南方小土豆”宠溺称呼、地铁免费接驳、广场热气球告白等事件，将城市形象从“冰城”重构为“情感供给站”。游客发布的“冻梨摆盘”“人造月亮”等短视频，通过“反差萌”叙事（硬核东北与细腻服务）触发全网情感共鸣，仅2024年冰雪季相关话题播放量超120亿次。类似案例包括天水麻辣烫的“辣哭挑战”直播、淄博烧烤的“大学生特种兵攻略”，均通过情绪化标签实现流量裂变。

2. 圈层社群的共情传播

亚文化社群通过专属符号强化传播势能：二次元群体购买“谷子”后，会自发组织“晒谷”摄影赛、设计IP联名打卡路线，将消费行为升华为社群身份展演。更垂直的实践如“黑神话·山西”玩家社群，通过制作古建对比图、发起“寻访游戏原型地”挑战赛，推动小众文化破圈。这类传播不仅扩大文旅影响力，更通过社群反馈倒逼景区优化体验设计（如增加游戏角色COS互动点）。

3. 情绪价值的裂变式转化

情绪文旅的终极目标是实现“情感—流量—消费”的闭环：沈阳方城旅游区通过“能闻到味道的手机”营销（游客拍摄麻辣烫蒸汽特效视频），将地方美食转化为情感记忆载体，带动周边餐饮消费增长。这种情绪价值的变现逻辑，标志着文旅产业从“资源驱动”向“情感资本驱动”的范式转型。

（四）范式革命的深层意义

情绪文旅的兴起不仅是一种业态创新，更揭示了后现代消费社会的本质转向。

体验经济的深化：从《体验经济》[①]预言的“服务增值”升级为“情感定价”，游客愿为情绪共鸣支付溢价（如Z世代72%的情绪消费意愿）。

地方性的重构：传统地理空间（如哈尔滨）通过情感符号（“尔滨”）重塑文化身份，实现从“物理地标”到“情感共同体”的转化。

① B. 约瑟夫·派恩，詹姆斯 H. 吉尔摩. 体验经济[M]. 毕崇毅，译. 北京：机械工业出版社，2016.

技术伦理的挑战：AR/VR营造的“超真实”体验可能消解地方真实性，需在情感制造与文化本真间寻求平衡。

三、社会心理与消费需求的迭代

（一）社会压力与心理健康危机

新生代职场人面临经济环境波动、高强度工作压力，传统“打卡式旅游”无法满足深层心理需求。疗愈旅行通过“能量补充”概念（如寺庙禅修、自然冥想等）帮助用户短暂逃离压力场域，成为职场人缓解焦虑的刚需。

根据世界卫生组织的一项全球性调查表明：全球亚健康人数占有75%。[①]在中国的健康调查发现，处于亚健康的人群约占70%，疗愈旅行成为身心平衡的出口。2024年国内旅游人次达42.37亿，同比增长15.3%，其中“情绪疗愈型”旅行占比超60%。[②]

（二）Z世代主导的消费范式革命

作为数字原住民的Z世代，其消费行为呈现“物质降级”与“情绪升级”的悖论式特征。麦肯锡《2024中国消费趋势调研》指出，64%的消费者更加看重精神消费，并且年轻消费者对精神消费的重视程度更高。

1.从“拥有”到“体验”的价值迁移

Z世代的消费决策链中，商品功能价值权重下降至39%，而“情感共鸣度”“社交货币属性”分别占比51%与47%。这一趋势催生了文旅市场的两大现象：

亚文化圈层经济：上海百联ZX造趣场的“谷子经济”日均销售额突

---

① 世卫组织.“亚健康状态”约占人群总数的75%[EB/OL].（2007-11-16）[2025-07-10].https://www.chinanews.com.cn/jk/kong/news/2007/11-16/1079145.shtml.

② Z时代崛起！情绪价值激活文旅消费新潜能[EB/OL].（2024-12-24）[2025-07-10].https://www.chinatimes.net.cn/article/141982.html.

破200万元，消费者通过购买动漫徽章、立牌等“情感载体”，完成社群身份认同的符号编码。

瞬时体验消费：洛阳“唐宫乐宴”项目提供2小时限时妆造服务，尽管单价高达588元，但复购率仍达35%，消费者坦言“花钱买的是穿越千年的情感沉浸”。

2. 自我疗愈的消费主义表达

“重新养自己一遍”成为Z世代的核心消费口号。数据显示，2024年与“自我疗愈”相关的文旅产品搜索量增长240%，典型实践包括：成都“小时光农场”复原90后童年场景，提供滚铁环、拍画片等怀旧游戏，其客单价158元仍周均接待超5000人次。长白山“沉默山谷”项目禁止游客使用电子设备，通过森林徒步、手工陶艺等“低科技体验”，实现日均焦虑指数下降42%的疗愈效果。

（三）从物质到情感：消费升级的内在逻辑

传统消费升级聚焦于产品品质提升，而情绪文旅时代的需求迭代，本质是“情感资本化”进程。

经典需求金字塔正在发生“顶层下沉”现象，例如，在生理需求方面，从“吃饱住暖”升级为“感官愉悦”；在社交需求方面，演化出“弱连接社交”新形态；在自我实现方面，转化为“瞬时英雄叙事”。

同时情绪消费已形成完整的价值链闭环，比如，从情感生产要素分析，景德镇“陶溪川”文创园将陶艺师傅的制陶过程剧场化，游客支付198元即可获得“匠人情感投射”观摩权。情绪资产评估方面，阿那亚通过打造“孤独”这一情感标签，结合建筑美学与自然场景，构建游客与自我对话的沉浸式体验。通过场景共鸣实现了情绪价值的量化转化（如年均40万打卡人次、房价溢价2～3倍）。对于促进情感再生产循环方面，阿那亚“孤独图书馆”通过UGC反哺品牌形象，实现年均30%的客流自然增长。

四、情绪文旅的市场逻辑与争议

（一）流量变现的短期红利与长期困境

情绪文旅通过打造具有强烈情绪感染力的内容和场景，激发游客的情感认同，从而实现流量的快速聚集与消费转化。

从市场表现来看，情绪文旅之所以能在短时间内吸引大量关注，主要得益于其对情绪传播机制的精准把握。无论是以“怀旧”“治愈”“感动”等关键词为核心的宣传策略，还是依托真实历史事件或地域文化背景构建的沉浸式体验空间，都极易引发公众的情绪共鸣，并通过社交媒体形成裂变式传播。

在这种传播逻辑下，一些项目在上线初期便能迅速走红，带来显著的人流增长和经济效益。尤其是在短视频平台和社交网络的助推下，情绪内容更容易成为“爆款”，从而实现快速变现。例如，某些地方借助一段感人故事或一句口号迅速出圈，带动当地文旅热度飙升，短期内实现了门票、住宿、周边产品等多个环节的增收。

然而，这种依靠情绪驱动所带来的高流量和高收益，本质上是一种不可持续的短期红利。

一方面，情绪营销高度依赖于内容的新鲜感与话题性，而一旦类似题材被反复使用，消费者的感知阈值就会不断提高，新鲜感迅速消退。当游客发现所谓的情感体验只是套路化的包装、缺乏真实文化支撑时，便会逐渐失去兴趣，甚至产生反感心理。另一方面，情绪本身具有强烈的主观性和波动性，难以形成稳定的用户黏性。相较于传统文旅项目强调的服务质量、文化底蕴与综合体验，单纯依赖情绪刺激吸引游客的方式，在复购率、口碑传播等方面往往存在明显短板。

更为严峻的是，许多情绪文旅项目在追求流量的过程中忽视了长期运营能力的建设，导致其商业模式呈现出“高开低走”的趋势。部分项目前期投入大量资源进行宣传造势，却未能在基础设施、服务体系、内容更新等方面同步跟进，最终导致游客体验不佳、负面评价频出，品牌形象受损。

此外，由于情绪文旅通常缺乏明确的产业边界和成熟的盈利闭环，其营收结构往往过于单一，过度依赖门票经济或短期爆点活动，抗风险能力较弱。一旦热度消退，项目的可持续发展便面临巨大挑战。

因此，情绪文旅要想突破当前的发展瓶颈，必须从“流量思维”转向“价值思维”，在保留情感共鸣优势的同时，构建更具深度和可持续性的商业模式。这不仅需要强化文化内核，将情绪作为文化表达的一种自然延伸，而非刻意制造的营销工具；更需要在产品设计、服务流程、品牌塑造等方面进行全面优化，提升整体用户体验。同时，应积极探索多元收入来源，增强项目的商业韧性。

（二）真实情感与营销制造的冲突

情绪价值的商业化进程中，情感真实性与资本逻辑的博弈愈演愈烈，衍生出三大核心争议。

1. 情感劳动的异化危机

数字化服务（如智能导览、标准化话术等）要求景区员工遵循固定脚本，导致真实情感被压抑。例如，导游需重复程式化讲解，游客互动被简化为打卡式体验，削弱了情感共鸣的深度。

高强度工作压力导致景区员工情感资源耗竭（如职业倦怠），而游客因信息过载或环境嘈杂（如节假日拥堵）难以获得个性化服务，双方关系趋于功利化。

2. 文化符号的消解风险

IP改编对在地文化的重塑存在边界模糊问题。山西部分古建为迎合《黑神话：悟空》的游戏美学，加装赛博朋克灯光特效，导致斗拱飞檐的历史语境被解构。类似争议出现在景德镇“无语菩萨”IP开发中，宋代佛像因表情贴合“打工人心态”走红，但其宗教象征意义被娱乐化消解。

3. 算法茧房下的认知断层

短视频平台的算法推荐机制加剧了文旅体验的碎片化。用户被困于“信息茧房”，例如某景区二次元群体形成的消费闭环，排斥非核心圈层游客，导致文旅空间的公共性丧失。更严重的是，算法偏好催生同质化内容的产生：2024年全国很多文旅账号套用“方言喊麦”模板，造成“千城一面”的文化认知危机。

（三）伦理边界与政策规制争议

情绪文旅的狂飙突进，倒逼监管体系重构，但政策滞后性使得行业陷入“创新—失控—规制”的循环困境。

1. 隐私权与数据滥用的博弈

景区通过收集游客身份信息、消费习惯、行踪轨迹等数据优化服务（如智能导览、个性化推荐等），提升运营效率。例如，实名预约系统可分析客流趋势，但需获取身份证号、手机号等敏感信息。第三方平台可能通过大数据分析游客消费能力，实施价格歧视或定向广告轰炸，如大数据杀熟等。

2. 文化真实性的立法存在空白

当前对“文化改编”的监管仍停留在物质遗产保护层面，缺乏情感维度的规制。例如，文物保护法未涵盖“历史情感语境”相关条款。提议建立“情感真实性评估体系”，将游客文化认同度、地方记忆完整性纳入文旅项目审批标准。

3. 流量经济的反垄断挑战

短视频平台对文旅流量可能存在垄断性分配现象，比如平台头部文旅账号中，大部分集中于东部发达城市，西部景区因算法偏好难以获得曝光。

情绪文旅的争议本质是“现代性困境”的缩影：当情感成为生产要素，

其商品化进程必然伴随异化风险。行业需认识到，情绪价值不应是流量的燃料，而应成为连接个体记忆、地方精神与文化基因的纽带。唯有在商业逻辑中植入人文关怀，在技术狂热中保留敬畏之心，情绪文旅方能从“昙花一现”走向“静水流深”。

第二节 情绪驱动的空间生产逻辑

SECTION

在体验经济与消费升级的双重驱动下，空间生产的逻辑正经历从“物理功能导向”向“情绪价值主导”的深刻转型。研究发现，情绪价值已成为空间竞争的核心要素，其通过场景叙事、文化转译与数据赋能构建“情感容器”，实现流量留存与价值变现的闭环。

一、情绪驱动空间生产的理论框架

（一）情绪感知与空间互动的闭环机制

图拉古（Tu Laco）提出的“情绪驱动空间行为”理论指出，个体情绪与空间环境形成动态反馈循环，包含情绪感知—情绪识别—行为影响—环境反馈—再感知的闭环。在轻资产不夜城项目中，这一机制被具象化为：

情绪感知：通过多感官刺激触发初始情绪。例如，南宁之夜的蓝绿色陶瓷外墙与苔藓墙声景，通过视觉与听觉的“疗愈组合”，降低游客皮质醇水平。

情绪识别：空间主题引导用户对情绪进行标签化认知。如“赛博疗愈”场景通过霓虹灯与电子音乐，将用户情绪引导至“未来感+孤独感”的混合状态。

行为影响：情绪状态驱动消费决策。治愈系场景使餐饮消费转化率提升35%，社交场景则推动UGC内容生产量增加200%。

环境反馈：用户行为反哺空间氛围。夜间市集的人流密度每增加10%，其“烟火气”指数提升12%，形成情绪感染链。

再感知：游客在优化后的环境中获得更舒适体验，形成“再来一次”的意愿，推动下一轮情绪—行为循环。

（二）情绪消费的马斯洛金字塔模型

空间业态需逐层满足用户从基础需求到精神超越的完整情绪链条。这一逻辑借鉴了马斯洛需求层次理论，将情绪消费划分为五个递进层级，每个层级对应不同的空间设计策略与用户心理诉求：

1. 生存层：功能性设施保障生理舒适

该层级的核心目标是满足用户的基本生存需求，通过提供功能性设施来确保生存、生活空间的物理舒适性。例如，卫生间、休憩区、照明与温控系统等基础设施的完善性直接影响用户的基础体验。

在轻资产不夜城项目中，采用模块化移动厕所，通过灵活布局与智能排队系统解决高峰期排队问题；并在街区设置多处木质长椅与遮阳棚，为游客提供休憩空间。若空间无法满足生存层需求，用户将因生理不适而快速流失，导致复购率的降低。

2. 安全层：动线设计缓解焦虑情绪

当基础需求得到满足后，用户将关注空间的安全性与可控性。设计师需通过动线规划、空间尺度控制与视觉引导，降低用户的不安感。例如，南宁之夜则通过连续的灯光带与清晰的导视系统，帮助游客快速定位目标区域，减少迷路焦虑。数据显示，安全层设计可使用户停留时长延长至2小时以上，复购意愿提升15%。

3. 社交层：互动装置构建圈层认同

在安全需求满足后，用户开始寻求社交归属感。空间需通过互动装置、社交场景与社群活动，促进用户间的连接与认同。例如，南宁之夜的

“元宇宙剧本杀”设置多人协作任务，促使陌生人组队完成剧情，通过“身份隐藏”机制，降低社交压力，吸引内向用户参与。

4. 尊重层：文化符号强化身份表达

当社交需求得到满足后，用户将追求更高层次的身份认同与尊重。空间需通过文化符号、IP联名与稀缺性设计，满足用户对独特性与个性表达的需求。南宁之夜则通过非遗展示与在地文化展演，强化游客对“本土文化体验者”的身份认同。这类设计使用户停留时间进一步延长至3小时以上，客单价提升25%。

5. 自我实现层：沉浸式叙事提供精神升华

最高层级的自我实现需求关注用户的精神超越与情感共鸣。空间需通过沉浸式叙事、艺术装置与情感化场景，为用户提供超越日常体验的精神价值。轻资产不夜城通过篝火晚会、电音广场等开放空间（如天山明月城），鼓励游客自发形成社交圈层，在互动中建立情感联结，满足“被看见”的心理需求。

用“欢乐创造财富”理念，以轻松娱乐的场景缓解现代人的压力，成为城市中的精神乌托邦。

该模型揭示：仅满足生存与安全需求的空间，其复购率较低；而覆盖完整情绪链条的项目，用户停留时长可达4小时以上，且情感价值带来的溢价效应显著。

轻资产不夜城通过非遗小吃与文化IP的叠加设计，使客单价提升至120元，远超同类型项目平均水平。这印证了情绪消费的马斯洛金字塔模型对空间设计的指导意义——唯有逐层满足用户从生存到超越的完整需求，才能构建可持续的情感价值闭环。

二、轻资产不夜城的情绪生产实践

轻资产不夜城通过系统性的情绪价值设计，将物理空间转化为“情感容器”，其核心实践围绕场景营造、业态组合与运营策略三大维度展开。这些策略共同构建了“情绪感知—行为驱动—价值转化”的闭环，使空间成为用户释放压力、建立情感联结与实现自我表达的场域。

（一）场景营造：情绪锚定的三维构建

轻资产不夜城通过“场景力 × 仪式感 × 参与度”的三维模型，将抽象的情绪价值转化为可感知的消费动能，具体表现为以下三个层面。

1. 文化符号的情绪转译

项目通过解构在地文化基因，将其转化为年轻人易于接受的视觉语言，形成“传统与潮流共生”的情绪磁场。例如，南宁之夜将壮锦纹样、铜鼓图腾、茉莉花纹等传统元素融入666米街区的灯光装置与建筑立面设计，通过LED光带动态演绎文化符号。这种设计既保留了本土文化符号，又通过现代材质与声光技术赋予其未来感，使游客在“怀旧”与“探索”之间找到情感共鸣。

2. 光影的情绪疗愈

空间通过动态灯光矩阵与智能幕墙，将照明从功能性工具升维为情感媒介。

动态灯光调控：根据昼夜节律设计色温变化。例如，傍晚采用2700K暖光降低皮质醇水平，营造放松氛围；夜间则切换至3000K中性光，平衡视觉舒适度与活力感。南宁之夜的灯光设计师团队通过生物反馈实验发现，暖光区域的游客焦虑指数较冷光区域下降22%。

智能幕墙叙事：幕墙可模拟水墨灰、琉璃蓝天等场景，配合AI算法实时捕捉用户情绪。当监测到人群密集或长时间驻足时，幕墙会切换至“治愈模式”，投射流动的自然光影，形成与用户情绪同步的视觉反馈。

3. 动线的剧本化设计

受戏剧结构启发，空间动线被设计为“三幕式情感旅程”。

入口：感官冲击，切断现实。通过强刺激的视觉符号（如南宁之夜的巨型LED屏播放的壮族铜鼓动画）或听觉元素（如大宋不夜城在实景演出和非遗打铁花等环节，利用金属碰撞声、古代乐器演奏等声音元素，强化宋代市井氛围），瞬间将用户带入“结界”状态，切断现实压力。

中段：虚实交织，延长沉浸。青岛明月·山海间设置17个行为艺术装置和4大主题场景（如海梦奇潭、熔岩海浆等），游客可通过触控屏、体感设备与虚拟场景互动，实现虚实场景的无缝切换，提升探索乐趣。

终局：情绪峰值，强化记忆。东北不夜城以“招财猫”IP为核心设计互动场景，通过“摸招财猫带来好运”的参与式行为艺术，形成强烈的情绪记忆点。游客因互动行为（摸鼻子）产生情感共鸣，甚至导致装置漆面磨损，体现记忆强化的实际效果。该项目还被央视多次报道，进一步放大了情绪传播效应。

（二）业态组合：情绪消费的供给侧创新

轻资产不夜城通过精准配比业态，构建“情绪消费的生产线”，覆盖用户从解压到自我实现的全需求链。

1. 解压经济：释放情绪压力

互动业态的沉浸式设计：轻资产不夜城通过高互动性业态（如智能夜游、国潮演绎、非遗手作体验等）打破传统消费场景的单向输出模式。例如，南宁之夜的“互动美陈+智能夜游”、青岛明月·山海间的《山海经》主题沉浸式场景，通过视觉奇观与参与感强的活动，让用户在娱乐中释放压力。

低成本参与机制：设置低门槛的体验项目（如拍照打卡、简易手作等），降低用户进入压力释放场景的心理负担。

场景化情绪疏导：通过灯光艺术、音乐喷泉、主题街区等营造“逃离现实”的氛围。例如“平湖山海几千重？”以“山水国潮”为基调，利用小景观构建大场景，通过国潮文化叙事让用户短暂脱离日常压力。

2. 治愈经济：满足情感需求

文化共鸣与身份认同：轻资产不夜城深度挖掘在地文化，通过非遗展示、民俗表演、历史IP活化等，满足用户对文化归属感的需求。例如开封万岁山武侠城以宋文化IP为核心，通过“王婆说媒”等沉浸式演绎，让用户在参与中感受文化认同。

情感记忆触发：如南宁之夜的广西少数民族文化融合、青岛明月·山海间的神话主题，均通过文化符号唤起集体记忆，形成情感治愈。

疗愈型消费场景：设计“慢体验”业态，如茶饮社交空间、手作工坊、治愈系灯光装置等，满足用户对精神放松的需求。例如象州梦幻夜通过“吃喝玩乐闭环”设计，让用户在慢节奏中缓解焦虑。

3. 社交货币：构建情感联结

打卡传播与身份标签：轻资产不夜城打造高辨识度的“社交货币”，如东北不夜城的国潮装扮、山河明月·醉酒城的“99元吃垮一条街”套餐，通过低成本高传播的体验内容，激发用户主动分享。

圈层社交与情感共鸣：风靡全世界的伦敦西部原版音乐剧《妈妈咪呀！》20多年来在伦敦演出超过了9300场，始终雄踞西区最卖座演出之一，也成为西区历史上持续演出时间第三长的剧目。[①]全剧融入ABBA乐队20余首经典歌曲（如《Dancing Queen》《Mamma Mia》），这些旋律自带传播基因，观众在观演时易产生跟唱、拍照、短视频分享等行为，形成“音乐社交货币”。中文版、原版交替巡演，结合城市特色宣传（如深圳首演媒体见面会），持续制造地域性热点。

4. 文化认同：强化身份归属

在地文化消费：东平大宋不夜城依托水浒影视城资源，复现宋朝市井

---

① 《妈妈咪呀！》深圳首演：古今交融，中外对话，音乐剧巨擘与南头古城的文化交流之旅［EB/OL］.（2024-07-12）［2025-07-10］. https://sz.ifeng.com/c/8b9oi1U6wHg.

文化，通过古装仕女巡游、VR历史场景体验等活化文化IP。2023年1月7日正式开园后，大宋不夜城当年接纳游客逾300万人次，带动周边民宿、手工艺品等三产联动，使文化认同转化为消费动机。

IP联名经济：南宁之夜曾与多个知名IP及品牌展开联名活动，如与茅台汉酱合作推出非遗文化主题活动、与王者荣耀联动举办首届王者荣耀争霸赛、还与五菱汽车等品牌进行异业合作，拓展商业场景。联名活动吸引了多元客群，带动南宁之夜周边商品、餐饮及门票销售，延长游客停留时间并提升街区复购率。

（三）运营策略：情绪基建的数据化赋能

轻资产不夜城通过技术手段实现情绪价值的精准捕捉与动态优化，形成“数据—场景—用户”的反馈循环：

1. 感性算法：追踪与预测情绪需求

轻资产不夜城通过智能摄像头、互动装置、移动支付终端等设备，实时收集游客的停留时长、动线轨迹、消费偏好、表情反馈等行为数据，结合社交媒体评论的情感分析构建情绪画像。

通过设计“网红打卡点+社交货币化内容”（如天山明月城的“丝路文化节”），激发游客自发创作短视频，实现情绪需求的指数级传播。数据显示，南宁之夜客流量超60%流量来自社交平台裂变。

2. 圈层分众：精准触达目标人群

轻资产不夜城通过“文化IP+场景创新+灵活运营”的组合策略，精准触达年轻潮玩、家庭亲子、本地居民、政企合作四大圈层，实现流量裂变与商业价值的双重提升。

轻资产不夜城通过快速落地和高客流（如东北不夜城17天建成，单日客流量超40万人次），成为政府推广夜经济的标杆案例，吸引各地考察学习。针对家庭亲子游客，轻资产不夜城设计适合家庭的游乐设施和文化体验项目。例如，青岛明月·山海间结合《山海经》主题，打造奇幻场景，吸引亲子家庭参与探索。通过非遗展示、民俗表演传递地域文化，如南宁之夜融入广西12个民族文化的互动装置，让家庭游客在娱乐中学习。

3.IP人格化：构建情感纽带

通过提炼在地文化基因，轻资产不夜城将抽象文化转化为具象IP形象。例如，东北不夜城以“招财猫”为核心IP，赋予其“摸猫得福”的吉祥寓意，使其成为街区地标；青岛明月·山海间则以《山海经》神话为蓝本，塑造“应龙”“烛龙”等神兽IP，通过灯光秀与互动装置让古老传说活起来。这些拟人化设计让游客在互动中产生情感投射，形成文化记忆点。

（四）轻资产模式的创新实践

轻资产不夜城通过降低成本、快速迭代的设计策略，实现情绪价值的规模化输出。

模块化场景：使用可拆卸家具（如移动市集车）、临时展陈（如焦虑回收站集装箱）降低改造成本。

快速迭代机制：每季度更换主题场景（如夏季“海滩夜市”、冬季“围炉煮茶”），通过用户反馈数据优化设计。万岁山武侠城巡游路线经3次迭代，使游客路径覆盖率从60%提升至90%。

（五）效果验证与商业闭环

轻资产不夜城的情绪生产策略已形成显著的商业闭环。

流量留存：通过场景沉浸与社交裂变，用户停留时长平均达3.2小时，较传统夜市提升80%。

价值变现：情绪溢价使客单价提升至120元，文创与IP周边贡献30%营收。

长期黏性：游客复购率超45%，私域社群日活用户达10万+，形成“体验—分享—复购”的正向循环。

三、情绪基建与空间进化的新方向

未来空间生产的竞争，将从“物理空间的争夺”转向“情感价值的深耕”。当情绪基建与技术革命、社会需求、生态责任深度融合，空间将成为人类对抗现代性困境的“精神港湾”，而设计师的角色也将从“空间规划者”进化为“情感架构师”。这一变革不仅重塑了用户体验的维度，更重新定义了人与空间、人与人、人与自然的关系，为城市文明的进化提供了一种充满人文温度的可能。

（一）从“空间消费”到“情绪订阅”

未来文旅项目可能推出“情绪会员制”，用户根据心理需求订阅场景包。

治愈包：包含冥想舱、ASMR声景等服务；

冒险包：解锁隐藏店铺与AR寻宝任务；

社交包：专属社群活动与IP联名产品。

（二）元宇宙与情绪增强现实

通过AR/VR技术构建“平行情绪宇宙”；

数字分身参与历史剧情，如“穿越唐朝市集”；

情绪数据生成NFT艺术展，拓展体验的时空边界。

（三）可持续情绪设计

生态疗愈：碳中和景观设计（如垂直森林墙面）降低环境焦虑；

社会价值：弱势群体就业市集（如自闭症手作工坊）强化情感共鸣。

情绪驱动型空间生产的本质，是将冰冷的物理容器转化为有温度的情感基础设施。轻资产不夜城的成功印证：当空间能够精准解码用户的隐性需求，通过场景、业态与数据的协同创新构建情绪价值链，便能超越传统文旅的物理边界，成为治愈现代性焦虑的精神庇护所。

未来的空间生产，必将是“理性算法与感性共鸣”的双重奏，而情绪价值的深度挖掘，将成为重构城市活力与人文生态的核心引擎。

当“情绪GDP”成为县域经济新坐标，轻资产不夜城的价值已超越文旅本身。它正在书写中国县域的另一种可能：用文化软实力破解硬发展困局，以情绪感染力重构生产要素，最终在星罗棋布的点状实验中，拼凑出一幅乡村振兴的崭新图景。

第三节 SECTION 轻资产模式：情绪体验的门槛降低与普惠化

一、轻资产模式的核心优势

轻资产模式的核心优势在于其通过“运营能力替代重投资”的逻辑，重构了传统商业的价值链，实现了情绪体验的高效触达与规模化复制。这一模式不仅降低了市场进入门槛，更通过资源整合与风险分散机制，赋予了企业在复杂经济环境下的强韧性和灵活性。

（一）低成本快速复制：运营能力的杠杆效应

轻资产模式的核心优势在于其低成本快速复制的能力，这种能力本质上是一种运营效率的杠杆效应。通过将非核心业务外包或依赖外部资源，企业能够大幅降低初始投资和固定成本，从而将有限资源集中于核心竞争力的构建。

例如，可口可乐通过特许装瓶模式将生产环节外包，仅专注于高毛利的浓缩液业务，既减少了对工厂、设备等重资产的依赖，又通过标准化配方和品牌授权实现了全球市场的快速扩张。这种模式下，企业无须承担生产端的复杂管理和高额折旧成本，而是通过品牌、技术或服务的标准化输出，以较低边际成本覆盖更多市场。

此外，轻资产模式的灵活性使其能够快速适应市场需求变化。以共享办公为例，企业通过租赁而非购置办公空间，结合模块化设计和按需服务，可迅速调整办公资源配置，满足不同规模客户的需求。这种“按需调用”的资源管理模式，不仅降低了企业进入新市场的门槛，还通过规模化分摊成本，进一步放大了复制的经济性。

低成本快速复制的另一关键在于资源的高效整合与协同。轻资产企业擅长利用外部供应链、合作伙伴或数字平台，将分散的资源整合为统一的商业生态。例如，互联网平台型企业（如电商平台）通过撮合供需双方，无须自建物流体系即可实现商品流通；而品牌驱动型企业（如餐饮连锁）则通过标准化流程和供应链管理，确保门店扩张时的产品一致性与服务质量。这种“轻资产+强协作”的模式，使企业能够在不增加重资产负担的前提下，通过合作网络实现指数级增长。

轻资产模式的低成本复制能力不仅降低了企业的试错成本，还为其在竞争激烈的市场中提供了快速迭代和调整的空间。

无论是通过技术赋能（如AI工具降低人力成本）、数字化运营（如线上化服务减少对物理网点依赖），还是通过灵活的供应链响应（如按订单生产减少库存积压），轻资产企业都能以更低的成本和更高的效率完成规模化扩张，从而在资源有限的情况下实现“四两拨千斤”的杠杆效应。

（二）风险分散与灵活性：抗周期波动的生存法则

轻资产模式的另一核心优势在于其通过资源整合与动态调整机制，大幅降低了市场不确定性带来的冲击。这一特性与诺伯舒兹（Christian Norberg-Schulz）提出的“场所精神轻量化”理论高度契合——通过模块化、可迁移的体验设计，使情感价值脱离物理空间束缚，实现风险分散。

传统实体商业依赖特定空间承载文化内涵（如哈尔滨冰雪大世界需依赖冰雕实体），而轻资产模式将“场所精神”解构为可复制的文化符号与运营流程。例如，汕尾灶物文旅项目通过“集装箱市集+在地文化IP”组合，在老旧码头快速搭建沉浸式消费场景，既保留本土文化记忆，又避免了对固定建筑的重投资。这种“轻量化”策略使企业能够根据市场反馈灵活调整业态组合，降低单一项目的失败风险。

资源整合抗风险：if 椰子水以轻资产模式实现年营收破10亿元，依托泰国代工厂与原料优势，通过数字化营销和直播带货快速响应市场变化，仅以46人团队实现了规模化生产。2023年在公共卫生事件冲击下，if椰子水迅速转向线上营销，其线上渠道销售额暴增10倍，复购率达43%，2024年内地市场占有率为34%，毛利率为36.7%。if 椰子水产品这种“小团队+大生态”的资源整合模式，使其以低成本撬动了高增长。

敏捷调整能力：上海“上生·新所”项目将废弃海军俱乐部改造为文创园区，通过短期租赁协议引入茑屋书店、网红餐饮等业态。当某品牌经营不佳时，运营方可在一个月内更换新品牌，试错成本仅为传统商业体的10%。这种灵活性使轻资产企业能够快速响应消费趋势变化，避免重资产模式下的“沉没成本陷阱”。

以酒店行业为例，亚朵酒店通过“特许经营+管理输出”模式，在2022—2024年新增门店项目中95%为轻资产项目，单店投资回收期从5年缩短至2.5年，且每间可用客房平均实际营业（RevPAR）收入波动率低于行业均值30%。

（三）轻资产优势的底层逻辑：从“占有资源”到“调度资源”

轻资产模式的核心并非单纯减少投资，而是通过重构资源调度方式，将企业角色从“资产所有者”转变为“价值整合者”。这种转变包含两大维度。

空间维度：突破物理边界，以IP、数据、品牌等无形资产连接分散资源。例如，《长安十二时辰》IP通过授权衍生品、主题酒店、剧本杀等多场景复用，单IP年收益突破10亿元，而开发成本仅需5000万元。[①]

---

① “长安十二时辰”沉浸式主题街区：2亿+曝光量、60000+客流量、多榜单top1，背后暗藏了哪些玄机？[EB/OL].（2024-05-16）[2025-07-10]. hhttp://www.xczxzg.com/index.php?c=article&id=618.

时间维度：缩短价值变现链条。传统商业需经历“建设—培育—成熟”的长周期，而轻资产项目如“飞鸭开心农场”凭借成熟运营模板，3个月内即可完成从选址到开业的全程，首年净资产收益率（ROE）达45%，远超农业文旅行业平均15%的水平。

轻资产模式的核心优势，本质上是将工业化时代的“规模经济”升级为数字时代的“范围经济”。通过运营能力标准化、资源整合平台化与风险分散模块化，企业能够以更低成本、更高效率触达用户情感需求，为商业可持续增长提供了新范式。然而，这一优势的持续发挥，仍需以深度运营能力与文化创新为根基，避免陷入“轻资产即捷径”的认知误区。

二、降低情绪体验消费门槛的三大路径

轻资产模式通过空间资源整合、IP内容轻量化、技术替代人力，系统性降低了情绪体验的消费门槛，实现了文化价值的高效触达与普惠化。这种“降维式创新”不仅打破了传统文旅与商业的物理边界，更通过模块化、平台化、智能化的策略，让情感共鸣从稀缺品变为大众可及的日常消费品。

（一）空间资源整合：存量焕新的场景革命

轻资产模式摒弃“大拆大建”的重投资逻辑，转而通过激活闲置空间、重组功能布局，以最小成本创造最大体验价值。这种“空间针灸术”既保留了场所的历史记忆，又赋予其新的情感承载功能。

1. 理论框架：场所精神与功能再定义的耦合

诺伯舒兹的“场所精神轻量化”理论在轻资产实践中表现为“空间DNA解码与重组”。例如，上海杨浦滨江将废弃工业码头改造为文化水岸，通过保留吊车轨道、输煤廊道等工业符号，植入艺术展演、滨江市集等新业态，使历史记忆与现代消费形成情感共振。数据显示，项目改造后区域日均客流量提升3倍，商业坪效达到传统商业体的1.8倍。

2. 实践路径：四类存量空间的创造性转化

工业遗产活化：北京首钢园将高炉改造为冬奥会展示中心，利用原有钢结构打造沉浸式光影秀，单项目投资较新建场馆降低72%，客单价却提升40%。

社区微更新：成都猛追湾街道通过“街巷针灸术”，将老茶馆、菜市场升级为策展空间与社区食堂，居民参与率大大增加，在地文化认同感显著增强。

乡村空间再造：浙江松阳陈家铺村将夯土民居改造为先锋书店与民宿集群，保留80%原始建筑结构，客流量较改造前增长20倍，村民年均收入增加5万元。

商业存量盘活：天津和平印象城将倒闭百货商场转型为“策展型商业体”，引入剧本杀剧场、屋顶农场等业态，开业首年租金收入突破1.2亿元，空置率从35%降至5%。

3. 经济性验证：成本效益的颠覆性优化

存量改造项目的平均投资强度仅为新建项目的18%～25%，但坪效可达传统商业的1.5～3倍。以西安老钢厂设计创意产业园为例，改造总投资4300万元，年营收达1.8亿元，投资回报周期缩短至2.3年，而同等规模新建园区通常需8～10年回本。

（二）IP内容轻量化：文化符号的模块化输出

轻资产模式将文化IP从“完整叙事”解构为“可组装单元”，通过标准化、可复制的模块组合，实现文化价值的快速迁移与规模化触达。

1. 文化符号的原子化与重组

罗兰·巴特的“神话学”理论在轻资产IP运营中表现为“符号解构—场景适配—情感重构”的三段式创新。例如，《长安十二时辰》IP将盛唐文化拆解为服饰、建筑、礼仪等200余个标准化模块，通过授权景区、剧本杀、餐饮等不同业态灵活组合，单IP年衍生收入超5亿元。

2. 三类IP轻量化路径

在地文化萃取：青岛明月·山海间以《山海经》为蓝本，提取神兽、图腾等元素打造灯光秀与主题市集，开发成本较实景演出降低90%，但客流量同比增长170%。

跨界IP联名：故宫文创与亚朵酒店合作推出“金榜题名”主题房，将科举文化符号融入客房设计、餐饮服务，单间夜溢价达300元，复购率提升45%。

数字IP衍生：敦煌研究院通过区块链技术将壁画元素转化为数字藏品，以99元的单价发售“飞天NFT盲盒”，5000份3秒售罄，后续衍生展览门票收入超800万元。

3. 模块化生产的工业化逻辑

IP轻量化依赖“中央厨房式”内容工厂。

前端标准化：建立IP元素数据库，如东北不夜城将东北国潮文化分解为56座牌楼灯柱、95处商铺花车和37组大小舞台。

中台智能化：利用AI生成1000+套组合方案，如AI根据景区定位自动匹配IP模块组合。

后端定制化：输出“菜单式”解决方案，商户可自主选择IP元素进行二次创作。该模式使单个IP落地周期从6个月压缩至15天，边际成本趋近于零。

（三）技术替代人力：智能系统的效率革命

通过AI、物联网、大数据等技术重构服务链条，轻资产模式在降低人力成本的同时，实现体验质量的指数级提升。

1. 技术应用的三重维度

服务流程自动化：亚朵酒店部署3000台送物机器人，替代70%的客房服务需求，单间夜运营成本降低25%，客户满意度提升至98%。

体验内容数字化：峨眉山景区引入AI导览系统，通过AR眼镜还原历史场景，使游客停留时间从2.5小时延长至4.8小时，二次消费率提升60%。

运营决策智能化：万达广场利用"慧云系统"实时分析10亿级消费数据，商户调整响应速度从30天缩短至72小时，空置率控制在3%以下。

2.技术重塑体验价值链

无人酒店范式：携程上某"如影小馆"实现全流程无人化，通过人脸识别入住、机器人调酒、智能控温系统，人力成本降低80%，但好评率反超传统酒店15%。

元宇宙文旅实验：张家界发布"武陵元宇宙"，游客可通过虚拟分身参与土家婚俗、天门山翼装飞行等体验，单项目获客成本仅为实地游览的1/20。

数字人服务生态："AI数字人律师"5秒生成法律文书，使不良资产处置周期从45天压缩至72小时，服务成本降低90%。

3.技术杠杆的乘数效应

智能化系统的应用使服务边际成本下降60%～90%。以AI客服系统为例，初期投入约50万元，但可替代20名人工客服，年节约人力成本240万元，投资回报率（ROI）达380%。在丽江某农庄，SaaS管理系统使订单处理效率提升6倍，人力成本占比从25%降至9%。

轻资产模式通过空间、内容、技术三大路径的协同创新，实现了体验经济的"民主化革命"。这种革命不是简单的成本削减，而是通过重构价值创造逻辑，让文化体验从"奢侈品"变为"日用品"。

当老厂房变身艺术展馆、文化IP裂变为千万个数字分身、机器人提供有温度的服务时，轻资产模式真正兑现了"让每个人平等享有美好体验"的普惠承诺。

然而，这种模式的成功依赖于持续的内容创新与技术迭代——唯有在"轻"与"重"（轻资产投入与重运营能力）之间找到动态平衡，才能避免陷入低质化陷阱，实现情绪价值的可持续触达。

三、轻资产模式的实践挑战

轻资产模式虽在降低体验门槛与提升效率方面展现显著优势，但其在实践中面临的文化价值稀释、资本与情感的博弈、技术依赖风险等挑战，正在成为制约行业可持续发展的核心矛盾。这些挑战既来自商业模式本身的基因缺陷，也源于外部环境的动态复杂性，需要从文化伦理、资本逻辑与技术伦理多重维度进行系统性反思。

（一）文化深度的牺牲风险：快餐式体验的同质化困局

轻资产模式追求快速复制与规模效应，往往以牺牲文化独特性为代价，导致情绪体验从“精神共鸣”退化为“感官刺激”，形成文化快餐化与场景同质化的恶性循环。

1.文化符号的“空心化”陷阱

根据罗兰·巴特的《神话修辞术：批评与真实》一书相关理论，[①]轻资产模式将文化符号从原生语境中剥离后，可能仅保留表层视觉元素而丧失精神内核。数据显示，2024年全国文旅项目中75%的“国潮主题街区”游客复购率不足，远低于哈尔滨冰雪大世界等深耕在地文化的项目。

2.网红项目的“短命基因”

文化嫁接失效：某江南古镇引入“赛博朋克灯光秀”，将量子力学符号与古桥结合，引发原住民“文化亵渎”抗议，项目运营仅8个月即关停，前期3000万元投资回收率不足20%。

流量依赖症：西安某短视频爆红的“摔碗酒”景点，日均消耗5万只陶碗，但游客仅关注发泄快感，对背后的秦朝出征文化一无所知。项目生命周期从18个月缩短至6个月，印证了“流量≠文化留存”的定律。

① 罗兰·巴特．神话修辞术：批评与真实[M].屠友祥，温晋仪，译．上海：上海人民出版社，2009.

3. 文化深耕与短期回报的悖论

对比2024年文旅项目数据，可以发现：哈尔滨冰雪大世界（重资产）单项目研发投入占比25%，年均文化内容迭代4次，项目存活周期超20年；某连锁“古风摄影基地”（轻资产）研发投入占比仅3%，内容三年未更新，平均存活周期2.3年。

这种差异揭示了轻资产模式下“文化速朽”的经济学本质：当内容创新速度追不上复制速度时，边际效益必然递减。

（二）资本与情感的平衡难题：商业化过度的反噬效应

轻资产模式依赖资本驱动扩张，但过度追求投资回报率（ROI）可能导致情感价值异化，引发用户信任危机与品牌价值塌方。

1. 资本逻辑对情感真实性的侵蚀

情感营销的工业化生产：某连锁民宿品牌要求员工每日发送3条“个性化关怀短信”，模板由AI生成，导致客户投诉“机械式问候令人不适”，品牌净推荐值（NPS）下降22%。

数据算法的情感操控：某主题乐园通过人脸识别统计游客微笑频率，强制要求员工在“低愉悦值区域”增加互动，反而引发“表演式服务”争议，游客真实满意度下降15%。

2. 三只松鼠的“情感银行”风险

三只松鼠凭借手写信、萌宠周边等情感设计，将复购率提升至行业均值的2倍。但2024年某批次食品出现质量问题，粉丝在社交媒体发起“情感背叛”声讨。[1]这一事件暴露出轻资产模式下“情感负债”的脆弱性：用户将品牌视为情感伙伴而非交易对象，任何瑕疵都可能引发指数级反噬。

① 消费者频频投诉吃出虫子、毛发！三只松鼠深陷食品安全危机［EB/OL］.（2024-09-18）［2025-07-10］. https://baijiahao.baidu.com/s?id=1810536282132307010&wfr=spider&for=pc.

3. 长期黏性与短期KPI的冲突

轻资产企业常陷入“规模－质量”的悖论：若要维持用户情感黏性，需持续投入非标准化服务（如定制化体验），但这与轻资产追求的标准化复制相矛盾；若为提升财务表现而削减情感投入，则用户流失率可能上升30%～50%（根据2024年新消费品牌调研）。

某知名茶饮品牌的会员系统升级案例印证了这一点：引入AI客服替代人工服务后，尽管单店人力成本降低25%，但会员活跃度下降40%，客单价减少18%。

（三）融资与现金流压力：轻资产企业的“成长阵痛”

尽管轻资产模式降低了初始投入，但其特殊的资产结构在融资端面临传统评估体系的排斥，加剧了成长阶段的资金困境。

1. 融资渠道受限的结构性矛盾

抵押物缺失难题：银行对轻资产企业的贷款通过率仅18%，远低于重资产企业的65%，融资成本平均高出4～6个百分点。

估值逻辑错配：某元宇宙文旅项目因无形资产占比超80%，在Pre-IPO轮被质疑“缺乏实体支撑”，估值被砍40%。

2. 现金流管理的脆弱性

收入波动放大风险：某IP授权企业60%收入依赖单一影视项目，因主演丑闻导致IP价值暴跌，现金流断裂周期仅3个月。

账期错配危机：某商业运营公司应收账期长达180天，而应付供应商账期仅60天，被迫通过高息过桥贷款维持运营，年化财务成本增加2000万元。

（四）供应链风险与质量控制风险

轻资产企业通过外包实现轻量化，却可能因对产业链控制力不足，引发质量危机与品牌信誉风险。

1. 外包生产中的质量失控

品控标准传导失效：某网红餐饮品牌将食品加工外包后，代工厂私自改用廉价原料，导致食品安全问题曝光，品牌估值缩水60%。

供应链响应滞后：某快时尚品牌因代工厂产能不足，新品上市延迟率达35%，错过最佳销售周期，库存周转天数从45天增至78天。

2. 技术依赖下的系统性风险

数据中台的单点故障：某无人酒店因物业管理系统（PMS）宕机，导致300间客房无法入住，直接损失超200万元，暴露轻资产模式对技术系统的过度依赖。

算法决策的伦理困境：某景区通过动态定价系统将节假日门票进行溢价，引发“大数据杀熟”质疑，政府介入处罚后品牌形象严重受损。

3. 合规性挑战：法律与政策的灰色地带

知识产权侵权风险：某文创园区未经授权使用艺术家作品元素，被索赔2000万元，项目利润率从28%骤降至−5%。

政策波动冲击：2024年某地方出台“历史街区改造资质新规”，导致30%的轻资产运营方因资质不符被迫退出市场，项目烂尾率上升。

（五）组织能力与人才缺口：轻资产模式的“能力诅咒”

轻资产模式对组织运营能力的要求远超传统模式，但行业普遍面临人才结构断层与能力升级滞后问题。

1. 复合型人才短缺

“文化＋商业＋技术”的三重能力缺口：2024年文旅行业调研显示，能同时驾驭IP开发、数据运营、资本运作的经理人仅占从业者的3%。

外包依赖下的能力退化：某连锁书店将选品全权委托算法系统，导致采购团队专业能力萎缩，滞销率从15%升至32%。

2. 组织文化的适应性挑战

标准化与创新性的冲突：某轻资产酒店集团要求门店执行上千条标

准作业程序（SOP），却导致员工创新积极性下降，个性化服务提案减少80%。

价值观传导失真：某品牌将“用户至上”价值观外包给客服公司，第三方人员违规售卖用户数据，品牌声誉损失难以估量。

轻资产模式的实践挑战，本质是效率导向与价值导向、规模扩张与质量沉淀、资本理性与情感感性的三重博弈。破局之道在于构建“轻资产运营+重能力沉淀”的新型范式：只有将“轻”视为手段而非目的，在模式创新中坚守价值底线，轻资产才能真正成为可持续的情绪价值传递载体。

DI ER BUFEN

第二部分

理论图谱

第四章

CHAPTER FOUR

情绪地理学的理论框架

轻资产不夜城的“快乐税”揭示了人们为情绪沉浸付费的底层逻辑：青岛明月·山海间通过每秒百千流明的灯光矩阵，将《山海经》上古奇象转化为可量化的多巴胺分泌曲线；竹泉村原本不足500人的空心村落因激活集体乡愁，村集体年收入进入百万元行列，日子越来越红火。

这些现象昭示着，当重资产模式陷入“乐园过剩、古镇同质”的泥潭，县域经济却凭借“情绪基建”实现弯道超车：地理空间的竞争力不再取决于物理资源的丰瘠，而在于其情绪密度、黏性与辐射效能。

第一节 SECTION 学科基因：从边缘到主流的跨学科重构

情绪地理学（Emotional Geography）是综合人文地理学、心理学、社会学、经济学与文化研究的理论工具，旨在揭示特定地理空间中人类情感的结构化分布、动态流动及其对经济行为、社会关系和文化实践的塑造作用。

它突破了传统地理学对物理空间的静态研究，转而关注情绪作为动态力量如何塑造个体行为、群体互动以及社会结构。在轻资产不夜城语境下，核心是通过场景化设计激活游客的集体情绪记忆，形成情感与空间的共生效应。

同时它打破“情绪=个体心理”的传统认知，强调空间与情绪的互构关系。提出“情绪资本”概念：将情感资源转化为经济价值，如县域IP打造中的乡愁经济。它关注以下五大维度：

社会地理：不同文化背景下的情绪表达规则与空间实践差异。例如，东部沿海县域经济活跃地区可能更强调“效率优先”的情绪基调，而传统农耕地区则倾向“集体和谐”的情绪导向。企业需识别区域文化情绪特征，例如县域经济中“乡土情怀”可转化为农产品品牌的叙事策略。

专业地理：职业群体因专业标准产生的认知壁垒。例如，县域经济中“外来资本”与“本土商户”的专业话语差异可能导致信任危机。县域商业创新需弱化专业术语，通过“情绪共鸣”建立信任纽带，如方言营销、在地化IP合作。

物理地理：地理距离对情绪传递的阻隔效应。例如，偏远县域因交通不便导致信息滞后，引发“被边缘化”的负面情绪。现在数字经济可通过直播电商、云服务等技术缩短物理距离，重构县域经济的情绪连接。

权力地理：权力结构对情绪表达的影响。例如，县域政府在招商引资中可能压抑“质疑情绪”，强化“发展至上”的集体叙事。企业需在合规框架内激活基层情绪，如通过“共同富裕”叙事提升员工与社区的参与感。

道德地理：个体或群体目标冲突引发的情绪距离。例如，县域政府追求GDP增长与村民生态保护诉求的矛盾，会形成“发展焦虑”与“环境焦虑”的情绪对冲。新商业模式需平衡利益相关方的情绪诉求，如通过环境、社会、治理（ESG）框架化解冲突。

为更好将“情绪地理学”理论应用到新商业模型的塑造实践当中，现系统整理理论源起及发展历程。

一、解构传统：经济学的情感祛魅与复归

（一）古典经济学的理性人假设陷阱

古典经济学的理性人假设将个体行为简化为“自利最大化”的机械模型，认为人通过理性计算追求个人利益，忽视了情感、道德和社会互动的影响。这一假设将经济活动视为零和博弈，忽略了共情、信任等社会纽带对市场秩序的维系作用。

后期亚当·斯密在《道德情操论》中提出同情心（共情）是人类行为的基础，与《国富论》的“自利”假设形成矛盾，被称为“亚当·斯密问题”，但这为理解经济行为提供了更全面的视角，其核心观点包括以下几方面。

共情作为社会秩序的基石：通过“旁观者视角”，个体通过换位思考

约束自私行为，形成道德判断。

仁慈与正义的平衡：强调审慎（自我利益）与正义（社会利益）的统一，认为商业社会的繁荣依赖道德约束。

对自由放任的反思：亚当·斯密晚年意识到，商业社会可能因“嫌贫爱富”的风气腐蚀道德，需通过精英阶层的道德建设来弥补。

（二）行为经济学的破冰：卡尼曼前景理论中的情绪权重计算模型

1979年，美国普林斯顿大学心理学教授丹尼尔·卡尼曼和阿莫斯·特沃斯基提出了“展望理论”（prospect theory），也称“前景理论”，是决策论的期望理论之一。

展望理论将心理学研究应用在经济学中，在不确定情况下的人为判断和决策方面作出了突出贡献。针对长期以来沿用的理性人假设，展望理论从实证研究出发，从人的心理特质、行为特征揭示了影响选择行为的非理性心理因素。展望理论是行为经济学的重大成果之一，卡尼曼教授因此获得2002年度诺贝尔经济学奖。

展望理论通过一系列的实验观测，发现人的决策选择取决于结果与展望（即预期、设想）的差距，而非结果本身。人在决策时会在心里预设一个参考点，然后衡量每个结果是高于还是低于这个参考点。对于高于参考点的收益型结果，人们往往表现出风险厌恶，偏好确定的小收益；对于低于参考点的损失型结果，人们又表现出风险喜好，寄希望于好运气来避免损失。

简言之，人在面临获利时，不愿冒风险；而在面临损失时，人人都成了冒险家。而获利和损失是相对于参照点而言的，改变评价事物时的参照点，就会改变对风险的态度。

行为经济学的兴起，标志着经济学从“机械论”向“生态论”的转向，强调在空间、社会与心理维度中重新审视人类行为的复杂性。这一理论演进不仅修正了传统模型的缺陷，也为构建更具韧性的经济体系提供了新路径。

（三）神经经济学的实证突破

神经经济学起源于20世纪90年代末，主要研究个体在作出经济决策时大脑如何处理信息和权衡选择。它的兴起主要源于两方面原因。一方面，经济学家认识到以理性经济人为前提的经济学理论难以解释现实中的非理性决策，开始寻求心理学、认知科学的帮助，希望理解决策背后的心理和神经机制；另一方面，现代神经科学的进步，为研究者提供了直接测量人脑活动的工具，使认知神经科学开始将决策过程与神经活动联系起来，其中，经济决策成为重要研究对象之一。因此，神经经济学是吸收了神经科学、心理学和经济学等多元研究范式的跨学科领域，具有独特的理论-实证、规范-描述相结合的特点。

该领域研究试图揭示大脑在不同决策情境下的运作模式和机制，了解大脑如何整合不同类型的信息来作出选择，并发现影响决策的神经生物学基础，以便改善决策能力和矫正决策偏差。代表学者包括安东尼奥·达马西奥（Antonio Damasio）、乔治·洛温斯坦（George Loewenstein）和科林·卡梅勒（Colin Camerer）。学者们发现大脑的前额皮质（尤其是前扣带回和腹内侧前额叶皮质）在评估风险和奖励时的重要作用，以及多巴胺系统在奖励预测中扮演的关键角色。

多巴胺系统的核心功能是通过预测奖励来驱动行为选择。相关实验表明，当个体预期获得消费奖励（如购买新品、享受服务）时，伏隔核和腹侧被盖区的多巴胺神经元被激活，促使决策向高回报选项倾斜。例如，限时促销或盲盒营销通过制造不确定性，刺激多巴胺分泌，促进购买冲动。

在实际应用上，理解情绪如何驱动市场参与者的行为，可以帮助政策制定者设计更有效的策略稳定市场并预防金融危机，还能指导企业如何在广告和产品设计中利用情绪激发消费者的购买欲望。这些研究深化了我们对经济行为心理和神经基础的理解，为应对现代社会中的经济挑战提供了新的视角和工具。

二、交叉学科的基因重组

（一）心理学嫁接：詹姆斯－兰格情绪理论的商业应用

詹姆斯－兰格情绪理论（James–Lange Theory of Emotion）是由美国心理学家威廉·詹姆斯和丹麦生理学家卡尔·兰格于19世纪末分别提出的内容相同的一种情绪理论。其核心观点是：情绪体验源于对生理反应的感知，而非传统认知中的“情绪引发生理反应”。例如，并非因害怕而颤抖，而是因颤抖的生理反应而感知到恐惧。

20世纪初，随着消费者行为学的兴起，心理学理论开始被应用于商业场景。詹姆斯－兰格情绪理论因其对生理—情绪—行为链式反应的解释，为商业场景中的情绪干预提供了科学依据。其商业转译的逻辑起点在于：通过操控或优化个体的生理反应，间接引导其情绪体验，从而影响消费行为或商业决策。

早期广告设计中利用视觉刺激（如鲜艳色彩、动态画面等）引发生理唤醒（瞳孔扩张、心跳加速），进而激发购买欲望。在其他消费场景实验中也有通过调节室温、背景音乐等环境因素，观察消费者停留时间和购买意愿的变化。

（二）空间政治学介入：列斐伏尔空间生产理论与情绪场域构建

列斐伏尔的空间生产理论强调空间的社会建构性，认为空间是社会关系、权力结构和经济活动的产物，而非中立的物理容器。其核心维度包括以下几方面。

空间实践（spatial practice）：日常生活中对空间的直观感知与使用，如城市功能分区、交通网络等，体现了社会关系的物质化。

空间表象（representations of space）：通过科学、技术或意识形态对空间的抽象化描述，例如城市规划图纸、地理信息系统等，反映权力对空间的规训。

表征性空间（represented space）：空间的文化象征意义与符号化表达，如广场、纪念碑等公共空间承载的历史记忆与政治话语。

列斐伏尔的空间生产理论为理解情绪场域提供了政治经济学批判的框架，揭示了空间如何通过权力关系、资本逻辑与历史动态塑造情感体验。我们在研究应用过程中需进一步整合自然地理、主体能动性及全球化背景，构建更具解释力的空间政治学理论体系。

（三）传播学变异：麦克卢汉的“媒介即讯息”在情绪产业链中的具象化

麦克卢汉的“媒介即讯息”（the medium is the message）于1964年在《理解媒介》中提出，其核心观点是：媒介技术本身的性质（而非传递的内容）塑造了人类感知方式、社会关系与文化结构。例如，印刷术通过线性逻辑强化视觉感官，导致理性文明的兴起；电子媒介整合多感官，推动“地球村”的形成。

该理论继承自英尼斯的“媒介偏向论”，认为媒介技术是社会组织形态的底层逻辑。麦克卢汉进一步提出“媒介是人的延伸”的观点，强调媒介技术通过改变感官比例重构人类认知模式。

数字时代，莱文森等学者提出“新新媒介”（如社交平台），强调媒介技术与人机交互的深度融合，用户既是消费者也是生产者。这为情绪产业链的“参与式情绪生产”提供了理论基础。

随着结构主义、后现代主义等思潮兴起，情绪逐渐摆脱“非理性”标签，成为多学科（哲学、心理学、社会学）的研究焦点。情绪地理学在此背景下，将情绪视为社会文化建构的产物，强调其与空间互动的动态性。

传统地理学长期关注物质空间，而情绪地理学通过引入情绪、情感等主观维度，弥补了理性主义对非理性因素的忽视，推动地理学从“空间分析”转向“社会文化分析”。

情绪地理学的出现，既是学术理论从“理性主导”向“人性关怀”转型的产物，也是应对城市化、心理健康危机、技术革新等时代挑战的必然选择。

三、情绪地理学是时代出现的必然产物

情绪地理学的诞生与时代需求紧密相连，是人类对复杂社会关系、文化冲突与情感实践的深刻回应。随着全球化、信息化和教育现代化的加速推进，个体与群体之间的情绪互动呈现出前所未有的张力，传统心理学对情绪的孤立研究已难以解释现实中情绪与空间、文化、权力结构之间的动态关联。情绪地理学的出现，正是对这一时代命题的理论回应，其必然性体现在以下几个方面：

城市化与空间异化问题：后工业社会中，城市空间快速扩张导致人与场所的情感联结弱化。情绪地理学通过分析场所的情绪特征（如归属感、疏离感），为优化城市设计、提升居民幸福感提供理论支持。

政务服务领域的情绪管理需求：政务改革背景下，基层治理中的情绪压力、基层互动中的情绪冲突等问题凸显。情绪地理学通过“社会文化地理”“道德地理”等维度，揭示基层治理情绪与政策、环境的关系，为基层减负提供策略。

心理健康与情绪疗愈需求：现代社会中焦虑、孤独等情绪问题加剧，情绪地理学探索空间元素（如自然景观、建筑布局等）对情绪的诱发作用，推动疗愈性环境设计。

跨文化情绪差异：全球化背景下，不同文化对情绪的空间表达差异显著（如公共空间的社交规范）。情绪地理学通过比较研究，帮助理解多元文化中的情绪互动模式。边缘群体（如下岗居民、低收入者）的情绪空间常被忽视，情绪地理学通过揭示“政治地理”维度下的权力关系，呼吁构建包容性社会空间。

情绪地理学通过将情绪置于空间与文化的交织网络中，为人类应对21世纪的情感困境提供了多维度的实践智慧。这种理论与实践的双重必然性，使其成为不可替代的时代产物。

四、情绪地理学突破县域传统治理范式

县域作为中国基层治理的核心单元，具有独特的地理空间特征与情感文化网络。传统治理模式往往依赖行政指令与资源分配，却忽视了情绪对经济行为、社会动员与文化认同的深层影响。情绪地理学为县域治理提供了以下关键视角。

情感是地方认同的黏合剂：居民对家乡的归属感（如“乡愁”）、文化自豪感（如非遗传承）直接影响政策接受度。

情绪驱动行为逻辑：理性计算无法解释为何居民愿为家乡建设无偿劳动，或为何消费者愿为“家乡品牌”支付溢价。

情绪地理学将地理空间视为情感载体，重构“人—地—制度”的关系：首先空间即情感场景，老旧街区、祠堂、集市不仅是物理空间，更是地方记忆与集体情感的存储库，如浙江乌镇戏剧节激活古镇文化情绪。再者制度需嵌入情感逻辑，政策设计若脱离地方情感网络（如熟人社会的信任机制），易引发“政策悬浮”（如某些治理平台使用率低）。当下研究情绪地理学是顺应国家战略的情感化转向。

乡村振兴的情感动员需求：从“输血”到“造血”，情绪地理学通过激活“乡贤回乡”情感，将外部资源注入转化为内生发展动力。

共同富裕的情绪共治路径：浙江“千万工程”启示，通过保留乡村肌理、修复乡愁记忆（如古村落保护），避免粗暴城市化导致的情感剥夺，实现物质富裕与精神富足的平衡。

情感公平的治理维度：县域公共服务需回应弱势群体的尊严感（如贵州“村超”球场保留菜农摆摊区），避免发展成果分配的情感失衡。

情绪地理学的调和作用：例如成都蒲江明月村引入“新村民计划”，通过艺术创作建立外来移民与本地居民的情感共鸣，化解文化冲突。

情绪地理学破解县域治理的三大困局：

资源匮乏与情感资本闲置的矛盾：相比矿产等物质资源，文化记忆、乡愁情感具有低损耗、高附加值特性，是县域可持续发展的核心资产。

人口流失与情感联结断裂的危机：江西婺源县通过“篁岭晒秋”夜游项目，吸引年轻人返乡担任“文化讲解员”，将外出务工者的“乡愁”转化为在地就业动力。快手、抖音等平台让留守老人通过直播务农场景，维系与城市子女的情感纽带，缓解代际疏离。

政策落地与情感认同脱节的困境：浙江“乡村CEO”计划邀请年轻人参与治理，以代际共情重构政策话语体系，推动垃圾分类普及率提升。

研究情绪地理学对县域治理的必要性，本质上是一场从“治理技术”到“治理艺术”的范式升级。

理论层面：它填补了理性主义治理模型的情感缺位，为“中国式现代化”提供本土化解释框架。

实践层面：通过挖掘“情绪—空间—制度”的互动机制，为人口回流、产业振兴、文化传承提供低成本、高认同的解决方案。

战略层面：响应共同富裕与乡村振兴的情感诉求，推动县域从“被动执行者”向“情感共同体”转型。

情绪地理学作为研究空间与情感互动的学科，在县域经济觉醒的背景下，其核心价值在于：通过情绪共鸣打破地域壁垒，以情感联结驱动商业创新，最终实现国家叙事与地方实践的共振。

第二节 SECTION 价值评估体系：情绪地理学的结构模型

情绪地理学将“情绪”视为一种动态的、流动的、具有空间属性的变量。无论是国家叙事中的集体情感认同、区域发展中的社会联结模式，还是县域经济中的个体行为决策，情绪始终是塑造空间意义的关键维度。

本节提出一个初步的、可迭代的量化模型框架。该框架以“情绪—空间—行为”为核心逻辑链，构建情绪图谱，并结合动态更新机制实现模型的持续优化，为新商业模式的诞生与县域经济的觉醒提供更坚实的理论支撑与实践指导。

一、理论基础：构建结构模型的支柱

基于人文经济学、心理学、社会学、地理信息科学等多学科研究，现提出“情绪地理学”理论定义如下：

情绪地理学（Emotional Geography）是一门跨学科研究领域，聚焦于人类情感与空间、时间、社会关系及文化背景之间的动态互动，旨在揭示情绪如何通过地理环境、社会结构和个体行为的交织，塑造人类体验、社会关系及空间实践。

其核心在于将情绪视为一种具有空间属性的“社会文化现象”，通过地理学的空间分析框架与心理学、社会学、数据科学等学科的理论方法，探索情绪的生成机制、空间分布及其对经济、社会、文化价值的影响。

情绪地理学的核心在于将抽象的情绪体验转化为可测量、可干预的变量。其核心概念包括“地方感”、“情感氛围”、“集体情绪”、“情绪景观”和“情感资本”，这些概念不仅是理论框架，更是实践工具。

地方感（sense of place）

地方感是人与特定空间之间的情感联结，体现为对某个区域的归属感、认同感和依恋感。例如，县域居民对本地传统文化的自豪感或对自然景观的敬畏感，均属于地方感的范畴。

情感氛围（emotional atmosphere）

情感氛围是特定空间内情绪的集体表达模式。例如，一个商业街区可能因密集的互动活动而形成“活力”氛围，而老旧小区则可能因缺乏公共空间产生“疏离感”。

集体情绪（collective emotion）

集体情绪是群体在特定情境下的共享情绪状态，常与社会事件或文化仪式相关。例如，重大节日庆典可能激发社区的“团结感”，而经济危机也可能引发“焦虑感”。

情绪景观（emotional landscape）

情绪景观是空间环境与情绪体验的互动结果，体现为物理环境对情绪的诱发与调节。例如，绿色空间可能提升“愉悦感”，而拥挤的交通环境可能加剧“压力感”。

情感资本（emotional capital）

情感资本是个体或群体通过情绪积累的社会资源，体现为信任、合作和创新能力。例如，县域企业的员工若具备高“归属感”，可能更愿意主动创新；社区居民的“互助精神”则可能提升社会资本。

二、情绪地理学价值评估体系的五大维度

现基于轻资产不夜城案例，构建情绪地理学结构模型（emotion-place-economy-national-sustainability，EPENS），该体系以“情绪—空间—经济—社会”四维互动框架为基础，融合计量经济学、复杂系统理论与文化人类学方法，实现了学术逻辑自洽与产业实践操作闭环的统一。该体系涵盖五个维度。

情绪动能层（E维度）

情绪动能层关注的是个体和群体在特定地理和社会环境中所经历的情感变化及其影响。情绪不仅是心理学研究的核心，更是驱动个人行为和社会互动的关键因素。在这个层面，我们探讨情绪如何作为一种能量，推动人们形成对周围世界的理解和反应方式。

例如，在城市规划中，公共空间的设计不仅需要考虑物理功能，还需要考虑其对使用者情感状态的影响。一个设计良好的公园可以提升居民的幸福感，促进社交活动，并增强社区凝聚力。

因此，理解情绪动能对于优化城市环境至关重要。此外，情绪动能还涉及情感数据的收集和分析，这有助于预测和引导公众行为模式，从而为政策制定者提供科学依据。

空间载体层（P维度）

空间载体层探讨的是地理空间作为承载和表达情感的媒介的角色。空间不仅仅是物质的存在，它们还是情感交流的重要平台。无论是城市的街道布局、建筑风格，还是虚拟空间（如社交媒体平台等），都深刻影响着人们的心理感受和社会互动方式。

例如，历史街区往往因其独特的历史价值和美学特质而成为居民情感寄托的对象，这些地方不仅能激发人们对过去的回忆，还能加强社区成员之间的情感纽带。

同样地，数字空间中的设计也需考虑用户的情感需求，如界面友好性和交互便利性等，这对于提高用户体验至关重要。通过对空间载体层的深入研究，我们可以更好地理解如何通过空间设计来提升生活质量，促进积极的社会交往。

经济转化层(Ec维度)

经济转化层揭示了情绪如何转化为经济效益的过程。这一过程不仅包括对传统的消费者行为分析，还涵盖了更深层次的文化和情感价值向市场价值的转化机制。

例如，在旅游业中，游客对某一目的地的情感依恋往往是决定其消费意愿的重要因素之一。此外，创意产业中产品背后的故事和情感投入也能显著增加其市场竞争力。因此，理解并利用情绪—经济转化机制对于推动经济发展具有重要意义。

通过将情感元素融入到产品和服务的设计中，企业不仅可以提高客户满意度，还能开拓新的市场机会。同时，这也强调了文化软实力在现代经济中的重要性，即通过讲述故事、传播文化价值观来增强品牌吸引力和市场影响力。

国家叙事契合层(N维度)

国家叙事契合层探讨的是国家如何通过讲述自己的故事来塑造国民身份认同和情感纽带的问题。成功的国家叙事不仅要能够激发国民的自豪感和归属感，还要能够在国际舞台上展示国家的独特魅力，吸引外来投资和旅游。

例如，一些国家通过弘扬传统文化和历史成就来增强国民的民族自尊心和凝聚力；而另一些国家则通过创新和发展高新技术产业来树立现代化形象，吸引更多国际关注。

国家叙事还需要考虑到全球化背景下多元文化的融合与交流，以适应不断变化的世界格局。通过精心构建的国家叙事，不仅可以提升国内民众的团结意识，还能在全球竞争中占据有利地位。

可持续性评估层（S维度）

可持续性评估层强调在追求经济增长的同时必须考虑到环境保护和社会公正的重要性。这意味着我们需要建立一种新的发展模式，既能满足当代人的需求，又不会损害后代人满足自身需求的能力。在此过程中，情绪的作用同样不可忽视，因为只有当人们真正关心并感到与自然和社会环境紧密相连时，才会积极投身于可持续发展的实践中去。可持续性评估层不仅关注环境因素，还包括社会公平和经济稳定等多个方面，旨在实现全面的可持续发展目标。

EPENS体系为我们提供了一个全面而深入的框架，用以理解情绪、空间、经济、文化以及可持续性之间的复杂关系。通过对这五个维度的综合分析，我们不仅可以更好地解释现象，还能为实际问题提供创新性的解决方案。这种方法论上的突破不仅丰富了我们对这些问题的理解，也为未来的学术研究和产业实践开辟了新的道路。通过这样的探索，我们可以期待更加人性化、和谐且可持续的发展前景。

第三节 · SECTION 情绪地理学的县域实践逻辑：消费、社交与治理的三维融合

在中国悠久的历史长河中，县作为最基础的行政单元，始终扮演着至关重要的角色。它不仅是国家治理的基本单位，更是中华文化传承与发展的重要载体。随着时代发展和社会进步，中国县域的重要性愈发凸显。对于中国人而言，县更是一种深刻的情感寄托和文化认同。

县域是连接城乡、统筹发展的关键点，其经济价值长期被量化指标（如GDP、财政收入）所主导，而隐性的情感资源——县域情绪资本却鲜被纳入系统性研究。

县域情绪资本是根植于中国农耕文明的非物质财富集合体，包含文化记忆、情感联结、地方认同等要素，其价值体现为文化传承力、经济转化力与社会凝聚力。然而，在工业化与城市化进程中，县域情绪资本正遭遇系统性遮蔽。

尽管2022年县域消费市场规模就已超10万亿元，但情绪资本的经济价值开发仍显粗放。以文旅产业为例，县域文旅项目很少实现文化IP与商业的深度融合，大部分景区依赖“网红打卡”式复制，导致游客复购率低。2800多个县级行政区中仅59个“千亿县”形成文旅品牌溢价，其余大多数县域文旅收入主要依赖低附加值的“农家乐”模式。研究分析县域经济面临着以下三重矛盾。

规模经济与地方特色的冲突：县域需在标准化商业体系中保留独特性（如寿光蔬菜产业的产供销一体化）；

代际消费观的裂变：Z世代追求“情绪补偿化”消费（如盲盒、虚拟陪伴等），倒逼县域商业形态创新；

治理效能与居民获得感的平衡：需通过公共服务均等化（如城乡基础设施一体化）实现情绪价值的普惠性。

情绪地理学强调空间与情感的互动关系，利用地理环境通过符号化、场景化的方式触发集体情绪记忆。县域独特的自然景观（如安吉矿坑咖啡）、民俗活动（如松阳古村修复）通过视觉符号与体验设计，将文化认同转化为消费驱动力。同时县域商业空间通过“审美的艺术现场”营造，将功能性设施转化为情感载体。

现分别从消费、社交、治理三方面对情绪地理学在县域空间产生的作用展开论述。

一、情绪消费：从物质交易到情感认购

情绪消费的核心在于消费者对“情绪价值”的主动认购，而非单纯对产品功能的追求。在县域经济中，这种逻辑的演进尤为显著。

传统县域经济依赖农产品、手工业或低端制造业，其竞争力集中在价格与实用性上。然而，随着人均收入提升，消费者需求从“满足基本生存”转向“情感满足”。此时，县域农产品若仅强调“低价”或“高产”，难以与城市品牌竞争；但若通过“匠人故事”“土地记忆”等情感叙事赋予产品独特价值，则可能实现溢价。

1. 县域情绪消费的三大驱动要素

社会环境的变化：县域居民普遍面临“城乡割裂”“文化断层”等压力，对地方身份认同的渴望催生情感消费。例如，贵州侗寨通过“节日情绪创新”吸引年轻人返乡参与，将侗族大歌从“文化遗产”转化为“情感

体验”，使文化传承与消费行为深度融合。

供给端的同质化竞争：县域产业常因技术门槛低而陷入价格战。情绪消费通过差异化的情感价值（如“原生态”“手工制作”）打破同质化，例如一些古镇通过“沉浸式情绪体验”将文旅产业从“流量经济”转向“情感经济”。

情绪调节的内在需求：心理学研究表明，情绪性消费常由负面情绪（如焦虑、孤独）驱动。县域居民在“内卷”压力下，可能通过购买本地特产或参与地方活动（如乡村节庆）实现情感补偿，例如云南某县通过“山林守护”叙事激活居民的生态旅游参与意愿。

2. 县域情绪消费的三种表现形式

服务+消费增值：县域服务业可通过情感化设计提升附加值。例如，湖南十八洞村的民宿通过镜头讲述“村民故事”增强游客的参与感，使住宿体验从“功能消费”升级为“情感认购”。

IP+消费悦己：县域文化IP的开发需注重情感共鸣。例如，贵州苗绣通过“非遗传承人+短视频叙事”打造“文化符号”，消费者购买苗绣产品不仅是获取商品，更是对“文化认同”的认购。

社交+消费悦人：县域消费场景的社交属性可强化情感传播。例如，四川一地通过“共享农庄”模式，将农业体验与亲友社交相结合，消费者通过“参与种植”获得情感满足并主动分享至社交网络，形成裂变式传播。

3. 县域消费的关键路径：情绪地理学的多维介入

情绪地理学在县域的实践，需通过空间设计、文化叙事与技术赋能三者的协同，实现从物质交易到情感认购的跃迁。

空间设计：情绪景观的塑造与地方感的强化。县域的空间不仅是物理意义上的土地，更是情绪的容器。通过情绪景观的塑造，县域可以将自然与人文资源转化为情感体验的场所。例如，浙江某县将废弃的工业厂房改造为“工业记忆博物馆”，利用老物件、工匠故事和沉浸式展陈，唤醒居民对本土文化的归属感。这种空间设计不仅修复了城市的物理肌理，更通过“怀旧情绪”构建了情感资本——游客在此感受到的不仅是历史的厚重，更是一种对“地方认同”的深层共鸣。

文化叙事：社会表征的重构与集体情绪的挖掘。县域的文化资源往往蕴含着独特的社会表征，即群体对特定现象的共同认知与情感反应。情绪地理学的关键在于通过叙事分析，挖掘这些文化符号中的情感潜能，并将其转化为可传播的消费价值。以山东某县为例，该县围绕“黄河文化”开展研究，发现“坚韧不屈”是居民对黄河的集体情感投射。政府据此设计“黄河精神”主题旅游线路，将水利工程、历史遗址与地方传说相结合，通过沉浸式体验让游客感受“人与自然抗争”的史诗感。这种叙事不仅强化了地方文化的独特性，更将集体情绪转化为旅游消费的驱动力，该县文旅产业年增长率达35%。

技术赋能：情绪数据的精准引导。技术工具的介入使情绪地理学从理论探索走向实践落地。通过自然语言处理（NLP）、计算机视觉与地理信息系统（GIS）的融合，县域可以实现对区域人群的情绪数据进行实时监测与精准干预。

情绪地理学在县域的促消费实践，本质是通过情感资本的积累与转化，重构经济活动的价值逻辑。从“卖产品”到“卖情感”，县域经济不再依赖低成本竞争，而是通过多维设计，将地方的独特性转化为不可复制的情感价值。

二、情绪社交：重构县域关系网络

费孝通在《乡土中国》中构建的乡土社会理论体系，为理解中国基层社会提供了经典范式。县域社会传统上以熟人社会、血缘宗族为核心，但随着移动互联网普及率突破78%（2024年数据），县域居民社交应用使用时长达到日均3.2小时，情绪社交正在重构传统关系网络的底层逻辑。这种重构呈现三大特征。

空间解构：县域居民通过短视频、直播等载体突破地理限制，形成“线上熟人圈＋虚拟陌生人圈”的混合社交模式；

关系异化：传统“强连接”向“弱连接”迁移，大部分县域用户通过兴趣社群建立新关系；

情绪外显：朋友圈点赞、表情包互动等非语言交流占比增多，成为情绪表达的主渠道。

费孝通提出的“差序格局”以血缘地缘为中心，形成“波纹式”人际关系网络。当代县域社会中，传统差序格局的物理基础（如宗族聚居、土地依附等）被城镇化打破，但情感层面的“差序”依然延续。

情绪社交通过数字媒介将“情感波纹”虚拟化，形成线上线下嵌套的差序网络。例如，短视频平台上基于方言文化形成的“同乡情感社群”，重构了“血缘—地缘—情缘”的新型差序。

“乡土中国”的深层结构，实为“情感中国”。县域情绪网络重构的本质，是在现代化进程中寻找“技术理性”与“情感温度”的平衡点。未来的县域治理需超越“工具性社会工程”思维，通过情绪社交激活乡土社会的自组织基因，构建既有数字效率、又具人情温度的“新差序共同体”。

情绪社交的乡土性基因与现代性表达：

1.“熟人社会”的情绪再生产

传统熟人社会依赖面对面的“情境化情感”，而数字化催生“屏幕熟人社会”：微信群里“人情往来”的数字化迁移（如红包、点赞），既保留“人情面子”的乡土逻辑，又衍生出“表情包社交”等新情感符号。

2.“情感共同体”的重构和认同

费孝通笔下的“乡土共同体”依赖共同生活经验，而现代县域通过“情绪记忆”构建虚拟共同体，分别是从三个层面展开。文化层面：方言短视频激活集体文化记忆，形成跨代际的情绪共鸣；经济层面：乡村文旅通过“怀旧场景”营造，将游客的乡愁情绪转化为在地消费；治理层面：社区微信群以“情感议事厅”形式化解矛盾，替代传统祠堂调解功能。

年轻群体通过“返乡创业”“新农人”等情绪化标签建立新型身份认同，形成跨代际的社交圈层。

3.“乡土性情绪”的资本化转向

传统社会“人情”是伦理义务，现代社会“情绪价值”成为可交换的社会资本：县域居民通过共同参与网络情感话题（如“家乡变化”“留守儿童”），将情感共鸣转化为社交黏性。研究显示，参与情感类话题讨论的用户，其社交网络活跃度提升3.8倍。县域网红通过“情感劳动”（如助农直播中的共情叙事）积累社会声望。

三、情绪治理：公共政策的感官转向

公共政策正在经历从“文本中心”到“感官嵌入”的深层转向，这种转向不仅改变了政策工具的设计逻辑，更重构了政府—公众的情感联结方式。

当政策制定者开始关注民众的嗅觉记忆（如社区垃圾治理中的气味管理）、视觉体验（如城市更新中的色彩情绪调节）、触觉感知（如政务服务中的界面触感设计），标志着公共政策进入“感官政治”时代。这一转向既是技术驱动的治理创新，更是对人本价值的回归。

地方政府通过政策制定和公共服务供给调节公众情绪、提升居民满意度与信任度，以及在突发事件中进行情绪疏导，是现代治理的重要课题。以下从三个维度展开分析。

1.政策制定与公共服务供给的公众情绪调节机制

需求导向的政策设计：地方政府需通过调研精准识别公众需求，避免政策与实际脱节。例如，上海市浦东新区某街道通过调研社区停车需求，创新“潮汐式停车”模式，解决了居民与企业员工的停车矛盾。这种以需求为导向的政策制定，能有效减少公众对政策的抵触情绪。

动态调整与反馈机制：政策执行中需建立动态评估体系，按照评估情况及时修正偏差。如福州一些社区通过“微公益”活动收集居民意见，动态优化服务供给，避免公共资源错配引发不满。

公共服务供给的精准化与均等化：通过引入第三方评估机制，确保公共服务覆盖弱势群体，提升公平性；同时，推动服务供给的社会化、多元化，例如引入社会组织参与社区养老、教育等项目，增强公众获得感。

2. 公共参与机制对居民满意度与信任度的提升路径

拓宽参与渠道与制度保障：建立听证会、线上平台等制度化参与渠道，例如通过人大代表视察老旧小区改造，激发居民共谋共建共享的积极性。同时，完善人大监督、政协协商等机制，保障参与实效。

培育公民参与能力与意识：通过培训、教育提升公众参与技能，例如社区组织议事会、志愿者活动，帮助居民掌握政策表达技巧。这既能增强参与深度，也能培养公民责任感，提升对政府的信任。

强化信息公开与透明度：推动政务公开，如地方政府定期发布政策执行报告，回应公众关切。透明化决策可减少信息不对称引发的猜疑，增强政策公信力。

3. 突发事件应急管理中情绪疏导的重要性

维护社会稳定的核心手段：突发事件中，公众易出现焦虑、恐慌等情绪。例如自然灾害后，心理疏导可帮助受灾者恢复心理平衡，避免次生社会问题。应急管理中的心理干预需结合专业咨询（如认知行为疗法）与社区支持（如团体辅导），形成多层次干预体系。

提升政策执行效率的关键：情绪疏导能减少公众对应急措施的抵触。例如特殊防控中，通过媒体宣传和社区沟通缓解民众焦虑紧张的社会氛围，促进政策落地。

促进灾后社会重建的基础：长期心理支持（如跟踪干预）有助于受灾

群体回归正常生活，增强社区凝聚力。研究表明，高参与度的社区在灾后恢复中表现出更高的居民满意度和信任度。

县域作为城乡情感交汇的特殊地理单元，需通过情绪消费激活经济活力、情绪社交重构社会资本、情绪治理优化资源配置，最终形成“情感认同—经济增值—治理增效”的可持续循环模式。

当政策制定者开始关注社区更新中的气味记忆、灾难预警时的声音传递，公共治理便真正回归到“人的尺度”。这种感官转向不仅意味着技术工具的迭代，更预示着治理哲学的根本变革——从规训身体转向唤醒感知，从控制行为转向培育共情。

从第二章讲到的梅河口东北不夜城到青岛明月·山海间，从物理空间的情绪赋能到数字世界的记忆重构，县域正在书写一部“用情感联结传统与现代”的新文明史。

未来的县域治理创新，或许就藏在公园长椅的木纹触感中，在办事窗口的振动声波里，在城市夜空的星光亮度中。这不仅关乎经济发展模式的创新，更是中华文明精神基因的当代表达。守护县域的独特情感表达，就是守护每个中国人安放乡愁的精神原乡。

第五章

CHAPTER FIVE

情绪地理学的五个县域应用

县域作为连接城乡、承载多元文化与社会结构的特殊场域，既是情绪问题的集中体现地，也是情绪治理的实践前沿。

在这里，社会文化地理的冲突尤为显著：代际观念的碰撞、城乡生活方式的割裂、经济发展与生态保护的矛盾，均通过情绪折射为具体的个体困境。例如，留守老人的孤独、青年返乡者的身份焦虑、基层公务员的行政压力，本质上都是“情绪与空间错位”的产物。而治理半径适中、政策落地与反馈周期短的县域，为情绪地理学的理论转化实践提供了天然实验室。

本章聚焦县域视角，试图通过五个维度的实践探索，回答一个核心命题：如何通过空间重构、文化调适与制度创新，让情绪成为推动县域发展的内在动力？

第一节 地方性文化的情绪唤醒

SECTION

县域文化作为中国基层社会的精神容器，承载着未被城市化浪潮完全冲刷的情感基因库。这种介于乡土性与现代性之间的文化形态，既是集体记忆的储存器，也是情感秩序的调节器，更是身份焦虑的缓冲带。其蕴含的情绪价值，既非纯粹的传统乡愁，亦非简单的现代性批判，而是在地化实践中形成的独特情感治理资源。

县域文化中的情绪价值，是连接个体身份、集体记忆与地理空间的隐秘纽带。在全球化与城市化进程中，这种价值不仅是抵御形式同质化的堡垒，更是疗愈现代性焦虑的天然药方。从身份认同到社会治理的多维层面，唤醒这些价值意味着为漂泊的现代心灵重建可触摸的精神故乡。

以下分别从三方面阐述地方文化的情绪唤醒方式：

一、非遗活化的情感介入路径

当今社会随着国家“非遗活化”战略与“国潮”文化工程的推进，短视频、直播、元宇宙等技术重构了非遗传播场景。抖音“非遗合伙人计划”带动超1294位传承人入驻，相关视频播放量超7499亿次，[①]年轻人通过“云

① 抖音发布2025非遗数据报告：发布非遗视频的00后人数增长95%[EB/OL].(2025-05-26)[2025-07-10]. https://baijiahao.baidu.com/s?id=1833178010088946654&wfr=spider&for=pc.

体验”完成文化启蒙。年轻人通过非遗元素（如马面裙、点翠工艺等）建立“东方美学话语权”，回应“何以中国”的世代追问。

与此同时地方非遗文化也成为当代年轻人对抗现代性危机的“文化解药”。在“内卷”与“躺平”的话语撕裂中，非遗技艺（如苏绣劈丝、古法斫琴）的确定性流程，为年轻人提供“可触摸的意义感”。非遗成为年轻人划分兴趣社群的“暗号”——穿汉服打卡故宫、携带手作建盏参加茶会、在非遗市集交换扎染方巾，这些行为都在强化“新传统文化人设”。

淘宝数据显示，2023年非遗手作材料包销量增长230%，25～35岁用户占比68%。当非遗脱离博物馆展柜，被转化为可穿戴（宋锦服饰）、可食用（古法糕点）、可互动（AR非遗剧本杀）的消费符号。

大宋不夜城作为山东泰安东平县的文旅标杆项目，其发展模式是以“非遗活化”为文化内核，以“情绪挖掘”为体验引擎，通过场景重构、科技赋能、跨界融合与情感设计，打造“可感知、可参与、可共情”的文化消费新范式。

1. 文化基因的深度植入与创新表达

（1）非遗项目进行系统性整合

大宋不夜城以“遗兮馆”为核心载体，整合东平本地及全国非遗资源，涵盖糖画、烙画、木板年画、打铁花等国家级、省级非遗项目。通过“非遗科普+展示+体验+文创”四位一体的模式，将静态展示与动态演绎相结合，例如非遗打铁花表演、水上竹竿舞等，形成沉浸式文化体验。

（2）场景化活化与商业融合

非遗元素深度融入街区业态，如非遗商铺、行为艺术表演台、互动工坊等。例如，游客可参与糖画制作、观看打铁花技艺，并购买非遗文创产品，实现文化消费闭环。同时，非遗市集与节庆活动相结合，强化“非遗+节庆”的传播效应。

（3）技术赋能传统技艺

通过VR体验、灯光艺术等现代技术，将非遗与科技结合。例如，水浒实景马战《三打祝家庄》融合声光电技术，增强叙事感染力；非遗打铁花表演借助灯光设计提升视觉冲击力。

2. 情绪挖掘的实践策略

（1）感官沉浸：五感联动的氛围营造

视觉：利用非遗灯彩技术打造“千灯夜宴”，以动态灯组还原辛弃疾笔下“东风夜放花千树”的元宵盛景，结合全息投影呈现《千里江山图》的山水意境。

听觉：定制环境音效系统，例如，大宋不夜城街区里的“飞跃大宋”项目用高科技手段打造了一场让人惊叹的视听享受：走进活灵活现的《清明上河图》百米长卷，听那漕船破浪前行，橹声欸乃，号子声此起彼伏，在宽阔的汴河上回荡，强化时空代入感。

味觉/触觉：复原北宋时期宴饮场景，提供雕花蜜煎、蟹酿橙等宋代美食，游客可参与“斗茶”“行酒令”游戏，通过味觉唤醒文化记忆。

（2）情感联结：角色化叙事与仪式设计

NPC剧情互动：设置“北宋市集人物”NPC体系（如卖花娘、更夫、茶博士等），游客通过对话获取线索，完成“寻找失传的《营造法式》工匠”等任务，解锁非遗彩蛋剧情。

情绪峰值体验：设计“祈愿河灯”“宋式婚典”等仪式活动，游客亲手制作北宋风格灯笼后，在东平湖放灯许愿，结合无人机灯光秀形成“情感记忆爆点”。

（3）价值认同：文化符号的当代表达

雅俗共赏的符号重构：将宋代“四般闲事”（焚香、点茶、挂画、插花）转化为现代生活美学体验馆，举办“宋代极简主义”艺术展。

社群共创与UGC传播：发起“大宋非遗守护人”计划，游客拍摄非遗体验短视频上传至平台，获赞可兑换“非遗传承人认证勋章”，形成社交裂变传播。

大宋不夜城通过非遗活化与情绪价值挖掘，实现了经济效益与文化传承的双赢，成为“山东必打卡地”，推动东平文旅产业链延伸，串联东平湖、水浒影视城等资源，形成“城湖联动”。

它的成功在于将非遗从“静态保护”转向“动态活化”，并通过场景化、情感化设计满足游客对文化体验与情绪价值的需求。其模式为文旅融合提供了“文化内核+商业运营+科技赋能”的创新范本。

现代社会对非遗的热爱，本质是一场“新传统文化运动”——我们用数字时代的思维重构传统，将文化基因转化为对抗异化的精神武器。这种现象不仅预示着非遗传承范式的革新，更折射出在全球化与本土化张力中，构建文化主体性的集体努力。

二、节庆仪式的情绪放大器效应

县域节庆多脱胎于农耕文明、自然崇拜或宗族传统（如广西壮族“蚂拐节”敬蛙祈雨、闽南“王爷信仰”巡境仪式），以未经标准化改造的“文化方言”承载集体记忆，由此形成“此地此刻”的文化密码。村民自发组织、全民参与，区别于城市节庆的“展演化”倾向，保留乡土自治特质。

2023年国家级非遗名录中68%依托县域节庆存续，通过仪式行为（西北“社火”脸谱绘制、傣族泼水节诵经祈福）实现非遗活态传承。在城镇化冲击下，节庆仪式为流动人口提供情感锚点，当代青年认为参与节庆可以“缓解乡愁焦虑”。同时节庆IP衍生出农产品品牌、手工艺工坊等产业链，有效激活经济发展。

南宁的“三月三”节日，是壮族乃至广西多民族共同的文化盛宴，也是中国首个以民族传统节日命名的法定假日。作为广西首府，南宁的“三月三”既保留了壮族文化的原生基因，又融入了现代城市气质与东盟国际元素，形成“传统民俗+城市文旅+国际表达”的多维文化生态。

2025年3月29日—4月1日活动期间，作为南宁城市舞台“南宁之夜”夜街区4天累计接待游客25.68万人次，3月31日“三月三”当日客流量超10万人次，网络话题超1.2亿次。[①]

南宁之夜通过深度挖掘壮族“三月三”等本土节庆文化，结合现代文旅运营模式，成功塑造了区域文化品牌并带动地方发展。以下从文化活动设计、区域情绪营造及经济带动三个维度展开分析：

1. 文化活动设计的创新表达

非遗与民俗的活态传承：南宁之夜将壮族“三月三”、春节、元宵等节庆中的非遗元素（如打铁花、香火龙、天琴艺术、傩舞等）转化为沉浸式体验活动。例如：“三月三”期间推出“非遗天琴礼”“花婆巡游”“山歌大会”等活动表演。

结合现代舞台技术表达：“三月三”期间设计“浴火凤凰”“马山会鼓震山河”等，强化传统仪式感。这些活动不仅保留了文化内核，还通过灯光、数字人等科技手段增强互动性。

节庆主题的常态化运营：以“月月有主题、一月一爆品”为策略，将节庆文化融入全年活动。例如：元宵节设计猜灯谜、放河灯、汉服游园等，中秋节推出拜月大典、火技秀等，形成持续的文化吸引力。

2. 区域情绪的营造与情感共鸣

参与式体验增强认同感：通过游客互动项目（如包饺子、写春联、竹竿舞、泼水派对等），让游客从“旁观者”变为“参与者”，强化文化认同。例如“三月三”的“千态竹竿舞”吸引游客自发加入，形成集体记忆。

在地符号的视觉化呈现：街区以铜鼓、壮锦、刘三姐IP等视觉元素

---

① 把三月三过成青年消费狂欢节，这波国潮营销，南宁拿捏了［N/OL］.（2025-04-04）［2025-07-10］. http://www.gxnews.com.cn/staticpages/20250404/newgx67ef4cf9-21778845.shtml.

贯穿空间设计，结合灯光秀、篝火晚会等场景，营造“壮乡文化沉浸感”。例如刘三姐乘坐火凤凰表演《山歌好比春江水》将科技与人文景观融合，激发游客对壮乡的浪漫想象。

3. 经济带动的多维效应

直接拉动消费与就业：截至2025年1月22日，广旅·南宁之夜接待客流量已累计突破1600万人次；聚合150余家商铺，涵盖美食、非遗手作、文创等业态，辐射带动周边15公里内的就业。

文旅产业链的延伸：二期项目引入欢乐世界、无动力乐园、营地以及研学拓展区等业态，拓展成全时态的南宁文旅品牌；与五菱汽车、茅台等品牌跨界合作，提升曝光度并拓展消费场景。

区域形象提升与品牌外溢：通过央视报道、抖音话题（播放量超5.5亿次）等传播方式，将南宁打造为“轻资产不夜城”文旅名片；带动五象新区从“工业新区”转型为“文旅消费高地”，改变城市空间认知。

南宁之夜的成功实践证明，本土节庆的活化不仅是文化传承，更是“情绪经济+地方创生”的系统工程。通过将壮族“三月三”的集体记忆转化为可参与、可传播、可消费的现代体验，南宁正从“地理枢纽”升级为“中国—东盟文化情绪枢纽”，为边疆民族地区的文旅融合提供了创新范式。

三、乡土方言在导览系统中的应用实验

全球化进程的加快，各地域间的交流日益频繁，语言作为文化交流的重要载体，其作用愈发凸显。在这样的背景下，乡土方言作为地方文化的重要组成部分，对于促进县域发展具有独特的意义和价值。

乡土方言作为一种独特的文化符号，能够吸引更多的文化旅游者前来探索和体验，成为促进县域旅游业发展的一大亮点。此外，将乡土方言元素融入旅游产品和服务中，如方言导游讲解、方言表演等，更能增加游客

的参与感和体验感。

“轻资产不夜城”模式通过挖掘乡土方言，将其融入智慧导览系统，不仅降低了硬件投入成本，还增强了文化辨识度与游客黏性。这一模式为县域文旅提供了“低成本、高情感、强传播”的发展经验。

1. 方言导览增强文化沉浸感

轻资产不夜城通过方言导览系统（如语音讲解、互动装置等），将地方语言与历史故事、民俗传说相结合，打造独特的文化体验。例如青岛明月·山海间以《山海经》神话为背景，若融入方言叙事，可深化游客对地域文化的理解，形成差异化吸引力。

2. 文旅消费场景升级

方言导览可延长游客停留时间，提高二次消费。例如南宁之夜通过“互动美陈+智能夜游”，方言导览可增加互动趣味性，刺激餐饮、购物等关联消费。

轻资产不夜城在每个城市的街区设计中，都有一扇颜色显目的方言墙供游客拍照，如象州梦幻夜有一扇网红打卡墙，以象州本地壮语、客家话、桂柳话等方言词汇为元素，结合壮锦纹样、稻穗图腾等视觉符号，形成“语言+艺术”的装置。不仅将逐渐消逝的乡土语言转化为可触摸、可互动的文化景观，唤醒了本地人的集体记忆，也为游客提供了独特的情绪价值。

3. 推动本地就业与创业

街区商铺老板、NPC互动、报幕员等优先选用本地人，他们用自己的语言与游客、消费者互动，既能增加亲和力，又营造出“接地气”的本地氛围。且本地人才参与维护能够增强街区与社区之间凝聚力，如东北不夜城带动周边民宿、餐饮发展，方言人才（如非遗传承人、语言研究者等）可成为文旅产业链的新环节。方言导览系统让本地居民重拾文化自信，方言应用可提升居民参与感，促进文化传承。

4.优化公共空间利用

轻资产模式常激活闲置空间，方言导览可赋予老旧街区新功能。例如天山明月城改造工业园为文旅街区，方言导览能强化空间的文化属性，促进“文旅+社区”融合。

在一个县区域内，不同群体间可能存在各种差异，而共同的方言则成为了拉近彼此距离、增进相互理解的重要媒介。尤其是在现代社会快速变迁的背景下，保持并发扬乡土方言，有利于加强社区内部的沟通联系，营造和谐融洽的社会氛围。

县域文化觉醒的本质是通过情绪地理学重构文化认知范式，将空间转化为情感共鸣场域，使地方文化在现代性语境中获得新生。这种实践不仅关乎文化存续，更是县域经济转型、治理创新的重要突破口，为乡村振兴提供了具有情感张力的发展路径。

第二节 产业联动的情绪杠杆

SECTION

传统认知中，县城往往被认为是经济发展的“洼地”，资源有限、产业单一、人才流失等问题困扰着许多县域地区。然而，在新的经济发展模式下，小县城正在突破地域限制，通过发挥自身独特优势，发展出具有竞争力的大产业。

山东曹县成就“中国原创汉服第一县”，掀起国潮文化新浪潮；浙江义乌铸就“世界超市”神话，让全球贸易从县域走向世界；福建晋江跑出“中国鞋都”加速度，安踏、特步从这里走向国际；河南虞城丈量“中国钢卷尺之城”精度，全球市场占比超85%……

县城通过挖掘“特殊情绪价值”推动产业发展的现象，已成为中国县域经济转型的重要特征。这种情绪价值既包括对乡土文化的情感认同，也涵盖年轻人对松弛感、治愈感的追求，以及消费者对个性化体验的渴望。

一、第一重杠杆：免费开放策略的情绪资本积累

中国文旅进入高质量发展阶段，传统的“门票经济”模式使得一些景区过于依赖门票收入，而忽视了提升服务质量和开发多元化的盈利渠道。随着政策引导和市场需求的变化，越来越多的景区尝试从“门票经济”向“综合消费经济”转变。

2024年暑期全国旅游消费突破3.2万亿元，背后是一场影响深远的改

革：从北京取消景区预约到上海3000多家场馆免费开放，国家正通过“去门票化”推动旅游消费升级。

景区免门票或降低票价后，看似损失了门票收入，实则能带来客流量的增长，激发更大的消费潜力。相关数据显示，旅游经济中1元的直接收入，可以带来4.3元的间接收入，①这就是政策制定者说的“放水养鱼”策略。

免票后，景区可以通过提供增值服务（如导览服务、特色活动）、销售文创产品等方式创造新的收入来源，同时也可以加强与周边商业的合作，共同受益于游客流量的增长。

上海博物馆分时段免票，文创店销售额不减反增；杜甫草堂用门票收入开发线上课程，让古籍“活”了起来；黄山推出的288元“云海早餐”天天爆满；故宫门口增设的冷饮点让游客多停留半小时。数据显示，将近一半的中产游客愿意为独特体验多花钱，这提醒景区：真正的竞争力不是门票价格，而是能否让游客觉得“这钱花得值”。

在传统旅游经济中，“门票依赖症”长期主导县域文旅发展逻辑，而“轻资产不夜城”所有街区均是免费开放模式，通过以下三条路径，降低游客心理防御，将游客转化为“情绪合伙人”，通过消费自愿性实现长期收益。

1.破除消费门槛，激发“损失厌恶”心理

免费开放消除了消费者对“沉没成本”的顾虑，这也是行为经济学中的“零价效应”——消费者对免费商品的价值感知远高于实际成本。南宁之夜通过免门票政策，2024年春节单日最高客流量达12万人次，相较门票，游客更愿意为餐饮、文创等二次消费付费。

---

① 每1元收入带动相关产业4.3元收入 我国旅游高质量发展迈向新台阶［EB/OL］.（2024-05-18）［2025-07-10］. http://finance.people.com.cn/n1/2024/0518/c1004-40238471.html.

2. 强化“即时满足”的体验需求

现代消费者更倾向碎片化、低决策成本的娱乐方式。东北不夜城通过免费场景化演艺（如篝火擂台、国潮巡游等），让游客在无压力环境中产生“即兴消费”，其二次消费转化率大大增强。

3. 构建社交货币传播链

免费模式降低了体验门槛，游客更易通过短视频、打卡分享等形成裂变传播。青岛明月·山海间项目凭借免费开放策略，截至2024年10月即实现1600万人次客流。抖音相关话题播放量超亿次。

从以上轻资产不夜城的实践经验中，我们总结出如何重构消费者心理账户、激活情绪价值杠杆，为县域经济提供“低投入、高黏性、强溢出”的新路径：

从“门票依赖”到“生态共生”。传统景区门票收入占比一般超过60%，而轻资产不夜城通过免费开放来重构收益结构。东北不夜城开街期间，梅河口的酒店入住率和客单价均呈现爆炸式增长。全市宾馆入住率超过90%，达到2.5万人次，其中1—3日的住宿率达到100%，出现了一房难求的局面。餐饮酒店几乎爆满，大多数店面延长营业时间到夜间12点，甚至很多店铺的菜品销售一空。

“流量洼地”向“产业高地”转化。免费开放形成的人流聚集效应，推动三产融合发展。东北不夜城的诞生推动了梅河口市的GDP提升了12.8%，间接带动了40亿元的经济增长，验证了“人气即财气”的县域经济新逻辑。

文化IP的普惠性变现。通过免费体验降低文化感知门槛，东平县大宋不夜城将水浒文化转化为可消费场景，当时景区一个状元糕摊位营业额最多一天超过了1万元，平均每天收入7000多元，实现文化价值与商业价值的双重释放。

轻资产不夜城的免费模式，本质是以“情绪经济学”重构县域发展逻辑——用免费击穿心理壁垒，用情绪激活消费本能，用场景缝合产业断层。这种模式验证了县域经济从资源依赖型向运营驱动型的转型可能，当县域经济学会“用免费换人心，用人心换城池”，门票时代的终结恰恰是全域价值时代的开始。

二、第二重杠杆：商铺联营的情绪共同体构建

“平湖山海几千重？”原地处平湖夜经济欠发达区域，那边夜市大多面临传统招商模式的“三低难题”——商家入驻率低、存活率低、产业协同度低。“平湖山海几千重？”以“文旅+商业”融合为核心，依托当地自然资源与非遗文化，打造沉浸式消费场景，并通过“联营模式”重构商家与运营方的关系，形成“风险共担、收益共享”的共同体。这种联营模式的创新设计包括以下几方面。

分成机制：取消固定租金，采用“保底分成+超额分成”模式（如销售额的15%～25%），降低商家初期资金压力。

资源赋能：项目方统一提供品牌营销、供应链支持、数字化系统（如统一收银、客流分析等），商家专注产品与服务。

退出保障：设置3个月“试运营期”，未达预期可无责退出，减少商家风险顾虑。

2023年10月25日，长三角第一个轻资产不夜城3.0产品——“平湖山海几千重？”项目的招商大会上，来自全国各地几千名商业人士共聚一堂，展开了激烈洽谈和交流，力争“平湖山海几千重？”项目137间商铺经营权。

项目采用“10：1”竞争上岗机制（即10家商户竞争1个商铺），通过联营扣点竞拍模式筛选优质商户，确保商铺品质与服务标准。大会现场，座无虚席、热闹非凡，以至于会场椅子都不够用，来自全国各地的老板三分之二都坐在临时摆放的塑料凳子上，最后共签约了1148份意向合同，远

超项目实际容纳商铺数量，形成激烈的优胜劣汰生态。

1148份签约商家中，70%为本地中小微企业（餐饮、手工艺、农特产），20%为外来连锁品牌（轻餐饮、文创），10%为非遗传承工作室。项目首年开业率达92%，平均坪效提升40%，带动县域旅游人次增长65%。

这种模式中，商户通过竞价或综合能力（如品牌、产品特色）争夺有限资源，激发"错失机会"的焦虑感，这样能让他们珍惜得之不易的机会。并且商户无须支付固定租金，仅需承担扣点分成，降低了创业门槛和初期风险，激发小微商户的参与热情。分账系统实时透明化收益数据，商户只需通过提升产品力、服务效率提高收入，形成"多劳多得"的自主驱动力。

优质商户在统一管理的街区中形成"爆款矩阵"，政府的背景平台既强化了商户对项目稳定性和长期收益的信任，又能让商户感受到"文化代言人"的角色价值。项目方通过运营前置（如沉浸式演艺、全媒体营销等）保证客流量，商户对"背靠大树"产生依赖感，主动配合管理规则以维持整体品牌形象。

这种模式本质上利用"风险对冲+流量赋能+文化赋能"三重机制，将商户的逐利本能转化为对项目生态的深度参与，既缓解了传统商业的生存焦虑，又通过集体叙事塑造了"共同致富"的情绪价值，最终实现商户、运营方、政府的多方共赢。

（一）"轻资产不夜城"商铺联营塑造情绪共同体的构建逻辑

透过上述"平湖山海几千重？"街区案例，我们分析轻资产不夜城模式构建商铺联营，塑造情绪共同体的顶层运营逻辑，可分为以下四点：

1. 文化认同：在地IP的共情叙事

全国十几处轻资产不夜城均采用"一街一主题"设计风格，深度挖掘本地文化并用视觉化表达出来，既能获得本地居民认可，又让外来游客快速了解这座城市。

例如，“平湖山海几千重？”以中国四大名著之一的《西游记》IP为主题，将浙江平湖本地的白龙传说、地方非遗等元素融入商铺设计当中，商户通过主题化运营增强文化归属感，以至于街区87%的商家都主动参与IP衍生品开发，形成“一店一故事”的传播矩阵。

这些IP可能是虚拟人物、卡通形象、原创故事主角，甚至是品牌创始人的人格化表达，让消费者获得了更具沉浸感和认同感的购物体验。同时，它还有效推动线上线下流量的融合互动，提升了用户黏性与复购率。

2. 利益共生：数据透明的信任机制

在轻资产不夜城模式中，通过实时公开各商家的销售数据与街区客流热力图，并定期组织经营复盘会议，有效消除了信息不对称，建立起商户之间的信任基础。

例如，在餐饮区域，管理者依据实时客流与消费数据灵活调整营业时间，并与夜间演艺活动进行联动，不仅提升了顾客体验，也显著提高了翻台率和整体经营效益。这种基于数据共享的协同运营机制，实现了商户间利益的深度绑定与共同成长，推动形成可持续发展的商业生态。

3. 社群互动：从交易到情感的升维

“轻资产不夜城”运营方不局限于传统的交易关系，而是致力于构建一个更有温度、更具凝聚力的生态共同体。为了激发商家的自主性和创造力，“轻资产不夜城”运营方推动成立“商家自治委员会”，鼓励商户之间建立更紧密的联系。

通过组织丰富多彩的线下活动，如月度创意集市、技能培训工作坊以及公益助农行动，不仅为商家提供展示自身特色与才华的舞台，也为社区注入了更多活力与人情味。这些举措在潜移默化中促进了资源的共享与互通，也让整个商业空间从单纯的消费场所，逐渐演变为一个承载情感交流与价值共创的温暖场域。

4.荣誉体系：身份标签的情绪激励

“轻资产不夜城”各个街区都设立了多元化的优秀商户评选机制，如“最佳服务奖”“最具创新力产品奖”“社区贡献突出奖”等，让每一位用心经营、积极融入街区生态的商家都有机会被看见、被尊重。这种评选不只是形式上的鼓励，获奖商户不仅能获得实际的流量倾斜与宣传资源，还能在店铺门前挂上象征荣誉的街区授牌，进一步增强了他们的归属感与自豪感。

更重要的是，这一荣誉体系激发了商家之间的良性竞争与协作氛围，促使他们不断优化产品与服务，提升顾客体验。随着优质商户的持续涌现，消费者也更容易建立起稳定的消费信任，从而带动整体街区的人气与口碑。

数据显示，“轻资产不夜城”的商家入驻推荐率超过40%，形成了“以商招商”的正向循环。这种由内而外生长出的品牌凝聚力，不仅提升了街区的整体活力，也让每一个参与者都成为价值共创的一部分，共同推动这个商业生态走向更加可持续的发展路径。

（二）县域商业构建情绪共同体的四大治理路径

以“轻资产不夜城”通过商铺联营打造情绪共同体的实践为参考，县域商业体系在建设过程中，亦可借助类似逻辑，推动商家之间、商户与居民之间建立更深层次的情感联结与价值认同。对于县域管理者而言，如何将这一理念有效落地，关键在于构建一套系统化、可持续的治理机制。以下从实践经验中提炼出四种可行路径，旨在为县域商业注入温度与活力，实现从交易关系向情感共同体的跃迁。

1.轻资产模式复制

可借鉴“文化IP+夜经济”的运营思路，结合县域本地特色，通过低投入、高体验的业态设计，激活滩涂、老旧街区等闲置资源，迅速打造具有吸引力的消费新地标。这一模式不仅降低了前期投入风险，也能够以文化赋能县域闲置空间，激发居民与游客的消费热情，形成具有本土特色的夜间经济聚集区。

2. 商户创新化管理

在县域街区的商户治理上，通过引入竞争筛选机制，设定高标准的招商门槛，吸引有特色、有品质、有运营能力的优质商户入驻，从源头上规避低水平重复和同质化竞争，打造差异化、多元化的商业生态。

同时，商业管理中应配套实施动态淘汰制度，将末位淘汰机制与联营扣点模式相结合，既形成适度的竞争压力，也激励商户不断提升服务质量和经营水平。这种机制不仅保障了整体商业环境的活力与品质，也为商户之间建立互助协作、共同成长的情感纽带提供了土壤，进而推动形成一个稳定、积极、有温度的情绪共同体。

3. 产业链协同效应

以轻资产运营理念为核心，打通“县域爆款”的上下游产业链，实现商业价值与社会价值的双重释放。例如，轻资产不夜城模式在县域商业中的落地，不仅在于物理空间的集聚，更在于通过流量共享、资源联动，构建具有共生关系的产业生态圈。街区持续导入的人流与消费活力，可反哺周边餐饮、住宿、物流等配套产业，形成“1+N”协同发展的产业网络——核心商业体为引擎，带动上下游企业共同成长，推动县域经济从单一消费场景向复合型产业集群跃迁。

同时，这种模式为县域注入了创业就业的“活水”。通过将青年创业扶持计划与商户联营机制深度融合，既降低了创业者的资金与运营门槛，也为本地青年提供了低风险、高协同的成长平台。这种“以商育商、以商带民”的机制，不仅缓解了就业压力，更在创业互助、资源互通中悄然构建起商家与居民之间的情感纽带，使产业链协同效应从经济层面延伸至社会层面，最终形成一个既有产业韧性又有情感温度的县域商业共同体。

4.政府与市场协同

政府与市场主体应合力讲好“县域故事”，将商业项目的发展与县域的历史文化、居民生活、未来发展愿景等紧密关联，让居民、商户、游客都能在其中找到情感投射点。同时应提供高效的公共服务（市场监管、安全保障、消费维权），营造公平、透明、可预期的营商环境，强化社区互动与集体记忆。

例如，“平湖山海几千重？”街区建设期间，当地新埭镇党委牵头，成立了“平湖山海几千重？”项目保障组，由镇党群服务中心、派出所、交警中队等十余个部门组成。项目建成后，平湖市市场监管局新埭分局收到了“平湖山海几千重？”项目运营方负责人、游乐场负责人以及经营户代表送来的锦旗，感谢新埭分局在不夜城项目开业前期在营业执照办理、食品安全培训、消费投诉处置培训、特种设备使用等方面给予的支持和帮助。为保障不夜城游客出行，新埭镇还组织近200名90后志愿者助力“平湖山海几千重？”志愿服务活动。

为满足市民、游客出行需求，平湖还开通“南河头—新埭不夜城”夜班公交专线和319路夜班（新埭站—上海金山北站）2条夜班公交线；同时，根据客流情况，实时开通“新埭车站—新埭不夜城”的短驳线路。夜间交通的完善也为“平湖山海几千重？”吸引了更多客流。①

三、第三重杠杆：情绪流量向商业价值的转化模型

县域产业发展需要打造“情绪流量获取—场景黏性强化—消费路径转化—产业持续增值”的闭环模型。该模型通过精准捕捉情绪热点建立初始连接，依托在地化场景增强用户黏性，设计低门槛消费通道实现价值变现，最终形成产业生态的自我增值循环。

---

① “平湖山海几千重？”新棣镇收到锦旗，开通2条夜班公交线［N/OL］.（2024-02-20）［2025-07-10］. https://roll.sohu.com/a/758874563_121627717.

这种动态转化机制能够将短期流量势能转化为长期产业动能，实现县域经济从情绪共鸣到商业价值的可持续增长。

1. 情绪流量的获取：场景与文化的情绪共鸣

首先是文化IP与沉浸式场景构建。轻资产不夜城通过提炼在地文化（如上古神话、民族民俗等），结合现代科技和国潮美学，打造沉浸式场景。

例如，竹泉村以沂蒙婚嫁习俗为核心，打造《竹泉喜事》沉浸式演艺项目，通过还原传统婚嫁流程（如抬花轿、拜堂仪式等），结合现代舞台技术（灯光、音效、服化道等），将非遗文化转化为可参与的体验场景。竹泉村利用泉水、竹林、古村落肌理，打造“夜游竹泉”项目，通过投影技术将竹影、水波与灯光融合，营造“人在画中游”的意境。游客因“新奇感”“文化认同感”产生自发传播，形成社交裂变。

再者是强化互动体验与社交属性。轻资产不夜城引入行为艺术、剧本杀街区（如象州梦幻夜）、篝火晚会等互动形式，提供情绪宣泄和社交场景。

2. 场景黏贴的强化：流量沉淀与用户黏性

通过节日活动（泼水节、财灯会）、主题演艺（如天山明月城的胡旋舞、簪花仕女舞）持续制造新鲜感。采用“白＋黑”模式，白天侧重文化展示（非遗工坊、静态打卡），夜晚主打演艺和消费（美食、酒吧、娱乐设备），延长游客停留时间。

3. 消费转化的路径：商业闭环设计

免费入场与消费场景引导。0元门票降低参与门槛，通过场景动线设计引导游客自然进入消费区。例如木兰不夜城通过“一步一景”布局，将客流转化为餐饮、文创消费。

街区消费层级递进，构建消费金字塔模型，如新琅琊不夜城60%的基础消费满足大众需求（塔基），30%的体验消费满足情感需求（塔身），10%

的高端消费满足个性化需求（塔尖），形成完整的消费生态。

消费基层以高频刚需吸引基础客流。小吃饮品是游客的“即时消费”需求，具有高频、低客单价、普适性强的特点，能快速聚集人流（尤其是本地居民和大众游客），形成街区的“烟火气”，是商业街生存的基石，也适合临沂这类以大众旅游为主的城市。

消费中间层以互动复购提升黏性与差异化。例如，临沂夜市众多，单纯依靠小吃容易陷入同质化竞争，体验消费能塑造独特标签（如“文化夜市”“艺术街区”），吸引年轻客群和家庭客群。此外，手作体验、演出表演能增加互动性和沉浸感，让游客从“路过消费”转向“深度停留”，提升街区口碑传播价值。

消费金字塔尖以小众高端产品强化品牌调性。引入少量高端产品传递街区的文化内涵和品质感，避免被贴上“廉价夜市”标签，吸引中高端游客和商务客群。同时高端消费人群单品利润率高，可弥补小吃饮品薄利的短板。后期也可进行适当调整。

4. 产业增值的持续性：溢出效应与产业联动

在县域商业体系建设中，产业增值的可持续性不仅依赖于核心业态的繁荣，更在于如何通过“溢出效应”激活关联产业，形成多业态联动的经济生态。当核心商业项目（如特色街区、文旅景区、夜间经济集聚区等）成功吸引客流并建立情感联结后，其商业价值将自然外溢，带动上下游产业协同发展，构建更完整的价值链。

首先，餐饮娱乐服务是延长消费链条的关键环节。丰富多样的餐饮娱乐业态不仅能满足游客的即时需求，更能通过差异化体验增强消费黏性，如夜间经济中的“晚餐+演出+夜游”组合模式，使消费从单一餐饮向综合体验升级。

其次，衍生品销售是放大文化IP商业价值的重要手段。基于县域特色文化开发的文创产品、手工艺品、伴手礼等，不仅能让游客带走“看得见的记忆”，还能形成可持续的二次消费。例如，将非遗技艺转化为时尚文创，既满足消费者对独特商品的需求，又能提升产品溢价能力，甚至通过电商渠道实现“线下体验+线上复购”的长尾效应。

此外，广告赞助与品牌合作是提升商业项目盈利能力的高效途径。通过引入品牌商赞助、冠名活动或在核心区域设置品牌展示位，既能降低运营成本，又能借助知名品牌的流量效应扩大影响力。例如，与本地龙头企业联合举办文化节庆，或与快消品牌合作推出联名产品，形成“商业+品牌+文化”的多赢格局。

最终，这种产业联动将形成良性循环。核心商业项目带动餐饮、零售、文创等配套产业，而这些配套产业的繁荣又反过来增强项目的整体吸引力，吸引更多投资和消费。政府可通过政策引导（如产业融合补贴、品牌孵化支持等）进一步放大这一效应，而市场主体则需持续创新业态、优化服务，确保溢出的商业价值能被充分承接。当各产业在“情感共同体”的纽带下深度协同，县域经济便能突破单一业态限制，迈向更可持续、更具韧性的高质量发展模式。

站在县域经济突破年的关键节点上，我们愈发清晰地看到：产业联动的情绪杠杆效应，本质是将地理空间转化为情感容器，让冰冷的GDP数字生长出温度与生命力。这种转变不仅重塑了县域经济的竞争维度，更预示着未来区域发展的核心命题——如何在工业化与人本化之间，找到既能激发经济活力、又能安顿集体情绪的黄金平衡点。

第三节 社会治理的情绪黏合

SECTION

近年来，随着乡村振兴全面推进，以县城为主的城镇化建设成为我国经济社会发展中的一个亮点。城镇化过程带来了迅速增加的社会流动性，更为多样化的城镇人口构成。在此过程中，社会矛盾被汇聚、放大，再加上网络时代的信息传递等因素，对县域城镇化进程中的社会治理也提出了切实挑战。

社会治理是一个理性概念，但社会心态的“情感能量”并非总能用理性方式解决。对于新城镇居民而言，城镇化的另一面是渐行渐远的故乡，社会生活走向个体化，一些传统的人际关系纽带在相当程度上“失能”，因此，人心需要安顿，社会团结需要在新的环境中重建。

情绪地理学与县域治理的结合是近年来社会治理领域的前沿探索方向，两者在理论框架和实践应用上形成互补，共同指向以情感资源优化基层治理效能的目标。

传统治理将情绪视为“非理性”的管控对象，而情绪地理学将其视为可被征用的治理资源。例如，情绪中的集体认同感（如乡情）可转化为社会动员的动力，这在县域治理中体现为利用本土情感纽带（如地方文化、共同记忆等）凝聚共识。

一、情绪地理学重构县域治理认知

（一）县域治理的认知困境

县域治理的认知困境是制约基层治理效能提升的核心问题，其本质是传统治理思维与现代化治理需求之间的结构性矛盾。结合多维度研究和实践案例，县域治理的认知困境可归纳为以下五大类：

1. 发展理念与现实需求的错位

经济导向与民生需求的割裂：部分县域仍固守“发展即增长”的单一思维，将GDP作为核心考核指标，忽视公共服务、社会治理等民生需求。

城乡二元思维的固化：县域治理常陷入“城市中心主义”陷阱，乡村治理被视为次要任务。例如，县域数字化建设中，老年人因数字鸿沟而面临支付困境，而政策制定者未充分考虑代际差异。

2. 权责认知的失衡

上级与基层的权责倒挂：县级政府常面临“政策执行者”与“责任承担者”的双重角色冲突。例如，上级部门将规划、监管等权力集中，却要求乡镇承担执行结果，导致基层“有责无权”。

条块分割与协同不足：县乡两级在政务服务中存在“多头管理”，群众办事需跨层级跑动，而部门间数据壁垒加剧了治理碎片化。

3. 数字化转型的认知盲区

技术工具理性与治理价值的脱节：部分县域将数字化简化为技术堆砌，忽视应用场景与群众需求的匹配。例如，有的地方虽搭建智慧治理平台，但未解决老年人使用智能设备的障碍。

数据要素开发的路径依赖：公共数据的开发利用仍停留在开放层面，缺乏对数据价值链的深度挖掘。例如，县域在金融、医疗等领域的数据赋能尚未形成可持续模式。

4. 复杂性认知的局限

传统治理思维与现代治理需求的冲突：县域治理需应对“熟人社会”与“陌生人社会”的叠加状态。例如，乡村治理中，宗族关系与法治规范的冲突频发，但部分干部仍依赖行政命令而非协商机制。

治理主体存在单一化倾向：过度依赖政府主导，社会组织、市场力量参与不足。例如，县域公共服务供给中，社会力量动员不足，导致资源错配。

5. 人口与空间变迁的认知滞后

人口流动与治理结构的不匹配：青年人口外流导致“空心化”，但治理模式仍基于传统户籍人口设计，难以适应流动人口需求。

城乡融合的模糊认知：部分县域将“城乡融合”简化为基础设施互联互通，忽视了公共服务均等化、产业协同等深层次问题。

（二）县域空间情绪的三重维度

情绪地理学指导下的县域治理呈现三大转向：从管控情绪转向培育情感资本，从刚性维稳转向柔性调适，从事件应对转向生态营造。这些转向的实现，离不开对空间情绪三重维度（即物质空间情绪、文化空间情绪、权利空间情绪）的系统认知。例如，物质空间情绪（如人居环境、公共设施的情感承载功能）是培育情感资本的物理基础，文化空间情绪（如地方认同、集体记忆的情感联结）为柔性调适提供价值支撑，权利空间情绪（如参与感、公平感的情感表达）则成为生态营造的核心驱动力。

进一步看，县域作为基层治理单元，其空间情绪的复杂性与多元性决定了治理转向必须兼顾物质、文化与权利三重维度的协同作用，下面我们将重点讲述空间情绪的这三重维度：

1. 物质空间情绪：县域内自然景观（如山区/平原）、基础设施（如老旧社区/新区）等物理环境对居民归属感、安全感的塑造

一些山区县域因交通不便衍生的“被困情绪”，造成教育资源、医疗

设施分布不均引发“相对剥夺感”，那么县域就通过“15分钟生活圈”规划重塑空间公平性，如浙江德清县推进“乡村智慧医疗站全覆盖”，缓解偏远村民健康焦虑。

2. 文化空间情绪：生活记忆带来的集体情感认同

少数民族自治县因文化传承危机引发的“身份焦虑”，需通过非遗活化治理重建情感纽带。

文化创伤疗愈：对灾害频发区（如地震带县域）开展“记忆空间营造”（纪念馆、纪念仪式），将创伤情绪转化为韧性社区建设动力。如汶川县映秀镇通过地震遗址公园与研学旅游相结合，重构地方集体记忆。

乡愁经济开发：利用外出务工群体的“怀旧情绪”，设计“认养老宅”“云种田”等情感联结项目，引导资金、技术返乡。如福建屏南县“人人都是艺术家”计划，吸引城市中产参与古村修复，激活乡村活力。

3. 权利空间情绪：行政边界、政策执行差异导致的“中心—边缘”情绪极化

权利空间情绪是居民在特定行政边界内对公共事务的参与感、决策权以及政策执行公平性的感知与反应，其核心在于空间权力的分布不均如何塑造不同群体的情绪体验。

当行政边界与政策执行存在显著差异时，“中心—边缘”的情绪极化现象尤为突出：在资源密集、治理能力强的“中心”区域，居民往往因政策的高效执行与资源倾斜而产生稳定的安全感与归属感；而在政策覆盖薄弱、行政资源稀缺的“边缘”区域，居民则因政策执行的模糊性、选择性甚至僵化性，滋生被忽视、被剥夺的焦虑与不满。这种情绪差异不仅源于物理空间的区隔，更深层地映射了权力分配的结构性矛盾。

在中心区域，政策执行的确定性与资源的集中化强化了居民对系统的信任感。而边缘区域则因政策执行的不确定性与资源分配的非均衡性，催生出对制度的疏离感与对权力的对抗情绪。这种情绪极化若长期存在，将

削弱治理韧性，甚至诱发群体性事件。

因此，情绪地理学视角下的权利空间治理，需超越简单的行政边界划分，通过政策设计的弹性化、执行过程的透明化以及边缘群体的赋权机制，弥合情绪鸿沟，构建更具包容性的空间情绪生态。

二、县域治理的深层挑战与创新路径

（一）公共空间的情绪治理：从闲置地块到全民社交场所

轻资产不夜城通过将城市中低效利用的闲置地块（如旧园区、火车站周边等）转化为文化消费空间，实现物理空间与情绪价值的双重激活。

例如，新疆天山明月城利用镶文化产业园中的马路，以汉唐古韵融合丝路特色主题打造沉浸式街区，通过场景设计赋予空间“异域风”与“归属感”。这种转化不仅解决了土地资源浪费问题，还通过文化符号的植入重构了公众对“城市边缘地带”的负面情绪认知，形成从“陌生化”到“亲近化”的情感转变。

天山明月城通过在地文化元素的具象化演绎，激发本地居民的文化自豪感和游客的文化猎奇心理。项目将篝火广场与西游记火焰山文化结合，创造“熟悉的陌生感”，降低文化体验门槛。

天山明月城里14个演艺舞台和4座神话巨兽建筑，即兴表演打破观众与演员的界限，并设置祈福亭、电音广场、招亲广场等开放式社交场景，以“求签”“演唱会”“绣球招亲”等低参与门槛活动促进陌生人社交，让游客在参与中体验“人与环境共生”的情感联结。此类设计填补了快节奏社会中的情感需求空缺，使公共空间成为情绪释放与治愈的载体。

轻资产不夜城通过将闲置地块转化为全民社交场，实现了空间价值与情绪治理的双重提升。其核心逻辑在于以文化场景激活空间、以情绪共鸣重塑公共生活，实现情绪价值的三重转化：

1. 从“废弃感”到“新奇感”

轻资产不夜城利用工业遗址、高架桥下等灰色空间，通过赛博朋克灯光、废墟艺术展等制造反差体验（如烂马路改造）。新奇有趣的环境设计、丰富的娱乐活动以及良好的社交氛围，能够极大提升人们的幸福感和生活满意度。将废弃之地转变为生机勃勃的新地标，也象征着一种积极向上的力量，使得城市不仅是居住的地方，更成为了充满活力与可能性的生活舞台。

2. 从“疏离感”到“归属感”

轻资产不夜城设置公共留言墙、方言互动装置（如青岛话“你在作甚么”“烧包”方言梗打卡点），强化地域文化认同。当人们感受到强烈的归属感时，成员之间更倾向于互相帮助和支持，共同解决问题，形成社会良性循环。当大多数人都能体验到归属感时，社会冲突的可能性就会大大降低，有利于构建一个和平稳定的社会环境。

3. 从“孤独感”到“连接感”

设计强制社交场景——共享长桌宴、陌生人协作游戏（如与NPC剧本杀团队互动）。通过与他人建立有意义的关系，个体能够体验到被需要和重视的感觉，从而提高自尊心和自信。随着“连接感”的增加，社会对于边缘群体的理解和支持也会相应提升，减少歧视现象的发生。

轻资产不夜城作为引爆县域“全民社交”的情绪价值锚点有以下三种形式：

空间分时共享模式：白天作为市民休闲广场（如天山明月城的汉唐街区），夜间转化为游客消费场景，实现“在地居民—外来游客”的双重情绪满足，匹配不同时段的情绪需求。

情绪货币化设计：通过临时装置、市民共创（如涂鸦墙、快闪市集等），轻资产不夜城降低改造门槛，让居民成为空间的主人。“求财神签”“汉服变装”等付费轻体验项目，将情绪价值转化为消费行为，同时保持基础空间免费开放，兼顾公益性与商业性。

数字情绪传播网络：2023年7月，在高德指南出游榜热门景点中，天山明月城位列乌鲁木齐市top1，热度遥遥领先，[①]形成线上线下情绪共振，使物理空间升级为“数字社交货币”生产地。

这种“弱边界、强参与”模式，使空间成为跨群体社交的天然平台。真正的情绪治理不在于控制情感，而在于创造自由表达与自然流动的包容性场域。这里每一次灯光亮起，都是对“城市冷漠症”的一剂解药——当人们在废墟上跳舞时，城市才真正拥有了灵魂。

（二）市民参与的仪式化设计：非遗活动的社群凝聚力

1. 符号象征与集体记忆的唤醒

比如非遗打铁花：文化符号的视觉震撼。作为国家级非物质文化遗产，打铁花通过1600℃高温铁水与柳枝碰撞形成“铁树银花”的奇观，其壮观场面兼具危险性与艺术性，形成强烈的视觉符号。

这种技艺不仅承载着“越打越发”的祈福寓意，还通过表演者的勇气传递民族精神，如同打铁花传承人所述：“中国人连1600℃的铁水都不怕，国家需要时更无所畏惧”，激发社群的文化自豪感。

篝火晚会是原始仪式的现代重构。篝火象征温暖与团聚，其围合形态天然形成社群互动场域。例如开封万岁山每晚打铁花活动后，邀请游客围绕篝火歌舞、分享心愿，强化了人们对火仪式的神圣感。此类设计通过火光的动态变化与集体动作（如手拉手转圈等），唤醒人类对远古火种崇拜的集体记忆。

2. 参与门槛与社群边界的消融

低门槛互动设计：篝火晚会常融入简单易学的集体舞（如达体舞）、游戏（如猜灯谜、荧光棒合影），降低参与难度。万岁山“打铁花”活动中，

---

① 解码新疆这条网红街的流量秘籍[EB/OL].（2023-10-20）[2025-07-10]. https://web.app.workercn.cn/news.html?aid=330724.

游客参与大合唱环节，都是大家日常所听的经典怀旧歌曲，很快引起集体共鸣，形成“才艺无界”的包容性社群。

非遗技艺的体验式传播：部分活动设置非遗体验区，如陶艺制作，甚至开放市民尝试打铁花（需专业指导），吸引年轻人关注非遗，推动技艺从“观赏”到“参与”的转变。

3. 社群凝聚力的生成机制

共同文化认同的强化：非遗打铁花与篝火晚会均根植于地方文化，此类活动将个体纳入地域文化叙事，形成“我们”的身份认同，参与者相互配合，自然构建临时性协作社群。

非遗承载着特定群体的历史记忆、价值观和生活方式，更是连接过去与现在、个人与集体之间的桥梁。它通过增强文化认同、促进社区互动、支持经济发展以及维护心理健康等方式，极大地提升了社群凝聚力，对于维护社会稳定和谐有着不可替代的作用。因此，保护和推广非物质文化遗产不仅是对历史的尊重，也是对未来社会发展的一种投资。

（三）非遗活化的创新路径与可持续性

1. 传统与现代元素的融合

例如机甲表演与传统打铁花同台，汉服快闪与非遗技艺结合，吸引Z世代群体。此类混搭既保留文化内核，又通过形式创新扩大社群覆盖面。

2. 商业化与公益化的平衡

部分非遗传承人通过收取学费实现技艺传承，而社区活动则侧重公益属性。二者结合可保障活动可持续性，同时避免过度商业化稀释仪式意义。

3. 跨行业融合与场景创新

将非遗元素融入旅游、冰雪经济等场景（如黑龙江鱼皮画研学、吉林冬捕节非遗表演）。推出非遗文创产品（如和田玉雕刻衍生品、烙画鸟笼文创等），增强市场吸引力。

4. 政策支持与生态构建

依托国家级文化生态保护区（如陕北文化生态区），推动非遗与社区、自然环境共生发展。完善非遗传承人认定与激励机制，提供资金补贴、税收优惠等支持。

5. 国际交流与品牌塑造

参与国际非遗展会（如联合国教科文组织活动），提升品牌影响力。打造非遗IP（如“张氏针灸”“鸟笼烙画”品牌化），增强文化输出能力。

非遗社群凝聚力的维持需兼顾文化内核与创新表达，通过技术赋能、场景拓展和机制保障实现可持续发展。未来可进一步探索“非遗+AI”等前沿路径，推动传统文化在现代语境下的活态传承。

三、情绪安全阀机制：夜市经济对县域矛盾的隐性疏导

情绪安全阀机制（emotional safety value mechanism）是社会学中用于描述通过特定社会空间或活动释放群体性情绪压力的理论模型。在县域发展中，矛盾往往源于经济失衡、文化冲突、社会阶层分化等隐性问题。轻资产不夜城通过构建新型公共空间和消费场景，为居民提供了情绪释放的“安全出口”，其隐性疏导作用体现在以下维度。

经济压力的缓解：县域经济常面临产业结构单一、就业机会有限等问题，轻资产不夜城通过文旅融合创造就业岗位（如东北不夜城直接带动就业1000余人），间接降低因失业引发的社会矛盾。

文化认同的重构：县域居民对本土文化的归属感缺失易导致身份焦虑。轻资产不夜城通过国潮文化、非遗演绎（如天山明月城融合汉唐与新疆文化）强化文化认同，消解城乡文化割裂带来的心理落差。

社交空间的重塑：传统夜市以交易为主，轻资产不夜城通过沉浸式演艺、互动装置等构建新型社交场景，促进居民参与感与社会资本积累，减少人际疏离引发的矛盾。

轻资产不夜城的隐性矛盾疏导机制，分为以下四类：

1. 空间重构：公共领域的情绪缓冲带

非正式社交场的形成：夜街区以自发性的空间聚合创造出县域社会特有的“第三空间”。这种介于家庭与工作场所之间的公共领域，为居民提供了情绪宣泄的出口。通过手作体验、音乐互动等业态，轻资产不夜城将传统熟人社会的交往模式转化为更开放的情感联结。

矛盾转化的物理载体：轻资产不夜城往往依托街区、园区等既有空间，通过时间维度的错位利用（夜间经营）实现空间功能转换。

2. 经济赋能：生存压力的分流渠道

低门槛就业机会：轻资产不夜城以小吃、手工艺、小游乐为主导业态，吸引低收入群体参与（如东北不夜城商户中80%为本地居民），缓解因收入差距导致的阶层对立。

产业链联动效应：夜市经济带动周边餐饮、住宿、物流等产业（如木兰不夜城间接推动民宿、农家乐发展），形成“一街兴一城”的经济辐射，降低县域资源分配不均的矛盾。

3. 文化融合：群体隔阂的消解媒介

县域文化认同再生产：轻资产不夜城通过美陈设计、节庆活动（如东北不夜城的关东风情演绎）将抽象文化转化为可感知的符号，增强居民对本土文化的自豪感。

代际矛盾的柔性调解：沉浸式体验（如大宋不夜城的市井文化）吸引不同年龄层参与，弥合代际认知差异，减少因文化断层引发的家庭或社区矛盾。

4. 治理创新：矛盾预防的机制转型

娱乐化压力转解：夜市中的行为艺术、灯光秀提供非严肃的娱乐空间，帮助居民转移生活压力。

公共话语权构建：商户与游客的双向互动（如王婆说媒的市井演绎）

赋予居民表达空间，减少因信息不对称导致的误解与冲突。

这种多维度的疏导机制，本质上是将县域社会的结构性矛盾转化为可管理的微观实践。轻资产不夜城以文化为黏合剂、以消费为催化剂，将碎片化的社会群体重新编织进共同的生活场景中。

这种模式不仅创造了经济价值，更通过“幸福感—参与感—认同感”的递进，为城市化进程中的情绪治理提供了新范式。

第四节 城乡融合的情绪桥梁

SECTION

中国城乡发展长期存在二元割裂问题，而县域作为“城尾乡头”，既是城市辐射乡村的“中转站”，也是乡村资源向城市输送的“集散地”。2022年国家发展改革委《“十四五”新型城镇化实施方案》明确提出“以县城为重要载体的城镇化建设”，标志着县域正式成为城乡融合的战略支点。

县域作为连接城市与乡村的中间地带，不仅是经济要素流动的枢纽，更是城乡情感融合的“情绪桥梁”。本节探讨县域如何通过情感联结来消解城乡二元对立，构建“城乡命运共同体”。结合社会学理论与国内外实践案例，提出以县域为载体激活城乡情感共振路径，为新型城镇化与乡村振兴战略提供理论支持。

一、城乡融合中的情感断裂危机

城乡融合的实践长期聚焦于经济、空间与制度层面，但城乡居民的心理隔阂与文化疏离依然存在，这并非单一现象，而是嵌入于社会结构、文化认同与个体心理的复杂危机。

（一）城乡情感断裂危机的三个维度

1.身份归属的模糊化

“双重边缘人”困境：进城务工群体在城乡间游离，既难以融入城市身份（城市户籍、社会保障的排斥），又与乡村产生疏离感（常年离乡导致乡土关系淡化）。一些农民工认为自己在城市“永远是外来者”，而返乡后感到“家乡已陌生”。

代际传递的认同割裂：农民工子女中，相当大比例的“农二代”自我认同为“城市人”，但因户籍限制无法享受平等教育权利，形成“身份认知一制度现实”的矛盾。

2. 文化记忆的碎片化

传统共同体的瓦解：乡村宗族祠堂、节庆仪式等情感载体的消失速度加快。例如，甘肃榆中社火队采访提到“老人担忧后继无人”，陕西关中社火也面临“年轻人进城务工”导致表演者减少的问题。

城乡文化符号的对立：城市消费主义文化（如“网红经济”“快时尚”）与乡村传统价值观（如节俭、互助）形成冲突。相关数据显示，“土味视频”的评论区中，城市用户的“猎奇式点赞”与乡村创作者的“尊严焦虑”形成鲜明对比。

3. 情感互动的工具化

亲情纽带的数字化异化：留守家庭依赖短视频平台“云陪伴”，但研究表明，此类互动多停留在表面关怀（如“吃饭了吗”），缺乏深度情感交流。以至于武汉大学中国乡村治理中心的一则调研发现：67.3%的家长认为孩子出现了手机沉迷的趋势，21.3%的家长认为孩子严重沉迷手机，情况十分严重。①

邻里关系的原子化：城市社区的“陌生人社会”逻辑侵入县域，传统乡村“熟人社会”的互助网络被瓦解。例如，某县域新建商品房小区中，80%的居民表示“不知对门邻居姓名”。

---

① 被游戏沉迷与“充值退费”困扰的童年［EB/OL］.（2025-06-01）［2025-07-10］. https://news.cnr.cn/native/gd/kx/20250601/t20250601_527192169.shtml.

（二）城乡情感断裂的根源在于现代化进程中多重力量的交织作用

1.制度设计中的“情感缺位”

户籍制度的身份固化：城乡二元户籍制度虽逐步改革，但附着其上的教育、医疗等福利差异仍制造心理隔阂。例如，一些城市积分落户政策中，农村户籍申请者成功率较低，导致“城乡身份等级”感知不一。

土地政策的家庭割裂：宅基地使用权限制使农民工难以举家进城，被迫选择“候鸟式迁徙”，加剧家庭情感疏离。

2.资本逻辑下的情感剥削

文旅开发的“伪乡土叙事”：资本主导的乡村改造项目常将乡土文化简化为消费符号。如某古镇开发中，原住民的婚丧习俗被改编为付费表演项目，导致文化神圣性被消解。

数字平台的“情感流量化”：算法推荐机制助推城乡对立内容以获取流量。

3.代际更迭中的文化断层

青年群体的“去乡土化”：教育体系与就业市场对“城市能力”的单向度推崇，导致乡村青年主动割裂与乡土的情感联结。农村地区可能因产业单一、岗位有限，导致青年返乡意愿较低。

非遗传承的“博物馆化”：传统技艺被剥离生活场景，成为橱窗展品。如苗族银饰制作技艺入选非遗后，一些传承人转向旅游商品生产，失去原有社区教化功能。

（三）情感断裂不仅是个体层面的精神困境，更可能演变为系统性社会风险

1.社会信任体系的瓦解

城乡互信度下降：城市与乡村在生活方式、价值观上差异显著，例如城市对乡村传统习俗的不理解，以及乡村对城市现代治理模式的排斥。媒体对城乡矛盾的片面报道强化了公众对城乡对立的认知。

基层治理成本上升：城乡通联后，城市价值观与乡村传统规范碰撞加剧。例如，年轻人返乡后与留守群体在发展理念上分歧明显，导致代际信任断裂。贵州一则案例表明，农村纠纷中村民更倾向于依赖“互信人”而非官方调解。

2. 文化认同危机的扩散

价值失序与意义真空：当传统乡土伦理（如“安土重迁”）与城市个体主义碰撞，部分群体陷入价值混乱。抑郁症筛查数据显示，县域流动人口抑郁检出率显著高于城市常住人口与农村留守群体。

3. 可持续发展动力的衰竭

乡村振兴的人才困境：情感断裂导致乡村精英持续外流。2022年县农村实用人才调研报告显示，农村实用人才占农业人口比例较低（如山东约0.38%），且存在老龄化、结构不合理等问题，间接反映县域人才总量增长乏力，制约产业升级。

城市化的文化代价：部分城市在规划中忽视了地域文化特征，城市失去了乡村文化滋养，陷入“千城一面”的同质化困境。

城乡情感断裂的本质是现代性进程中“工具理性”对“价值理性”的碾压。破解这一危机，需重构城乡关系的伦理基础——从“利益共同体”升维至“情感共同体”。这要求县域管理者做好以下几方面工作。

重识乡村的情感价值：乡村不是城市发展的“资源池”，而是文明存续的“精神原乡”；

重塑城市的文化自觉：城市应主动吸纳乡土智慧，如福建土楼“天人合一”理念对现代生态城市的启示；

重建制度的人本导向：将“情感福祉”纳入城乡融合评价体系，实现政策温度与治理精度的统一。

二、做好青年返乡创业的情绪引导

县域承载全国52.4%的人口，是农业转移人口市民化的首选地。2023年数据显示，59个“千亿县”以全国4.5%的常住人口贡献了7.6%的GDP，反映出县域对人口的吸纳能力。

然而县域内存在“非均衡流动”现象，青年劳动力进城务工，而老年人口与乡土文化留守乡村。这种流动催生了“县域旅游经济”“返乡创业”等新形态，推动城乡文化交融与代际资源互补。

1. 文化共鸣：用在地IP点燃身份认同

解构—重组传统符号：将非遗、方言、民俗转化为青年喜爱的潮流语言。例如：临沂竹泉村设计《竹泉喜事》，将沂蒙传统婚嫁表演延伸“喜事”链条，打造“竹泉喜宴”品牌，成为传统文化的新晋网红打卡点。

打造“县域文化策展人”机制：选拔返乡青年担任文化主理人，赋予其IP开发权。铜川花月荟“耀州瓷工坊”中，90后团队将秦绣、农民画、泥塑等代表性本土项目改造成非遗文化项目体验馆，推动铜川民俗走进千家万户。

2. 创业生态：轻资产模式的“造浪计划”

建立县域青年创业资源库，用专长置换创业要素：比如设计师可用VI设计兑换摊位费；摄影师可用宣传片拍摄兑换培训名额。如四川蒲江明月村引入“新村民积分制”，青年通过文化服务兑换土地经营权。

3. 社交赋能：重建县域青年“朋友圈”

主题社群运营：每周举办“星空创业沙龙”“方言脱口秀”等活动，强化圈层归属感。

跨界社交货币：发行限量版县域数字徽章（NFT），用于兑换创业资源。

“创业搭子”匹配系统：通过大数据分析青年技能标签，智能组队

“互补型创业小组”。安徽宏村“写生经济”中，美院毕业生+本地民宿主+农产品电商组成联合体，共享客源与供应链。

4.数字杠杆：短视频时代的情绪放大器

县域网红培育计划：与抖音、B站合作开设“新农人训练营”，教授内容创作与直播技能。比如万岁山武侠城“王婆说媒”，短短10天内就成功吸引了180万粉丝，并登上了热搜榜首，引得大量单身青年追赶到开封，真正实现了一人兴一城。

5.县域配套升级：从“能回来”到“愿留下”

生活品质与城市认同提升：完善县域教育、医疗、娱乐设施，补足县城基建短板，结合轻资产不夜城形成“15分钟生活圈”，避免青年因“县城不如城市便利”而二次流失。

构建青年社群网络：通过创业交流会、行业沙龙（如中国青年文旅发展大会），形成“返乡者互助联盟”，打破县域熟人社会的封闭性，增强新移民归属感。

三、乡土疗愈体系的轻资产构建

在城市化与现代化进程中，城市焦虑已成为普遍的社会心理现象。县域区域凭借其独特的乡土性、低密度生活场景及自然疗愈资源，逐渐成为缓解城市焦虑的重要载体。

县域作为城市焦虑的乡土疗愈场域，不是超越简单的“回归田园”叙事，而是通过情绪地理学的视角，系统整合自然、文化、社会资源，构建兼具科学性与人文关怀的疗愈体系：

1.县域疗愈功能的现实基础

自然生态的恢复性作用：县域的自然景观（如山水田园、绿道驿站等）通过感官刺激与压力缓释机制，帮助城市人群实现注意力恢复。研究表明，接触自然环境可降低25%的焦虑水平，而县域旅游因低密度、低消费特征成为城市居民“疗愈式出游”的首选。此外，城市周边农村土地覆盖对热岛效应的缓解，间接提升了县域作为“城市后花园”的宜居性。

乡土文化的心理归属感：县域承载着中国社会的传统记忆与慢生活节奏，“县城文学”的复兴反映了现代人对乡土认同的渴求。这种文化符号的疗愈性在于其对抗城市异化的“去中心化”特质。

2.基于轻资产的“乡土疗愈”实践路径

（1）盘活存量资源，构建自然疗愈场景

闲置资产转型：利用乡村闲置工业用地、废弃农宅、公共设施等存量资源改造为疗愈空间，例如，将老宅院转化为禅修民宿，废弃厂房改造成手作工坊或艺术疗愈中心，降低初期投资成本。

自然生态融合：依托山林、溪流、农田等自然资源，开发森林冥想步道、农耕疗愈体验、生态采摘等沉浸式项目，通过低干预设计保留乡土肌理。

（2）开发轻量化疗愈产品体系

本土化身心疗愈服务：结合乡村气候与植被优势，开发植物精油SPA、芳香头疗、草药浴等在地化疗愈项目。设计非遗手作（如陶艺、刺绣等）、民俗节庆（如丰收祭祀、祈福仪式等），通过参与式活动实现情绪释放。

研学与劳动教育结合：开发“农业+疗愈”课程（如园艺种植疗愈、乡土美食手作等），融入劳动教育与自然教育，吸引亲子及研学客群。

（3）轻资产运营模式创新

品牌与人才输出：以培训赋能本地村民成为疗愈师或文化导览员，建立认证体系（如芳香疗愈师、乡土手作导师），通过品牌加盟模式实现轻资产扩张。

共享合作机制：与城市健康机构、心理咨询平台合作，引入外部专业团队开展定制化疗愈项目，按收益分成降低运营风险。

数字化营销驱动：利用短视频、直播等新媒体传播乡土疗愈故事，打造“云疗愈”内容（如线上冥想课程、虚拟田园漫游等），吸引流量并转化线下体验。

（4）文化赋能与社区共建

挖掘乡土精神内涵：提炼地方传说、传统医药智慧等文化符号，设计疗愈IP（如“山神祈福”“草药传说”），增强品牌辨识度。

社区参与式经济：鼓励村民以闲置资源入股疗愈项目，建立利益共享机制；通过“乡村工坊”模式发展手工艺品、有机农产品等衍生消费，延长价值链。

（5）政策与资本协同路径

对接乡村振兴政策：申请文旅融合、生态修复等专项补贴，利用集体用地政策降低土地成本。

轻资产金融工具：探索“会员制预售”“疗愈消费券”等模式快速回笼资金，或通过不动产投资信托基金（REITs）盘活存量资产。

四、数字游民与在地文化的共生

互联网时代，不少青年人开始选择告别传统工位，来到青山绿水、广阔乡间，或远程工作，或寻找新的创业机会。在中国，“数字游民”逐渐形成了一个新兴的社会群体，并得到了社会的广泛关注。

其实“数字游民”的概念由来已久。1997年，一本名为《数字游民》的书最先描绘了这样一群人：他们背着电脑，走遍世界，随时随地都能“上班”。不过，直到十多年前，有了更稳定的互联网网络和更普及的远程办公工具后，特别是随着数字经济的快速发展，越来越多人加入“云端工作，世界漫游”行列。

英国《卫报》报道称，2023年年底，全球“数字游民”数量已超4000万人，从摄影师、自由撰稿人到主播、互联网运营者等，职业种类五花八门。预计2030年，全球“数字游民”将超过6000万人。

越来越多年轻人将数字游牧视为摆脱内卷的重要途径。当下，随着生活节奏的加快、工作压力的加剧，一些年轻人陷入了精神内耗，造成了难以摆脱的焦虑感和虚无感。在这样的背景下，选择数字游牧成为人们“逃离企业世界，探索内心世界”的一种方式，以此来对抗日益内卷化的工作和生活。

在这些数字游民看来，“今天的城市内卷有多严重，也预示着明天让人摆脱内卷的需求有多旺盛”。因此，国内许多二三线城市或县域地区，凭借其良好的生态环境、简单的人际关系和诗意的生活，被视为“现代都市打工人的避卷天堂”。

2024年中国远程办公人口突破1.2亿，其中超30%选择下沉至县域（来源《中国灵活就业发展报告》）。县域综合生活成本仅为一线城市的1/3，比如：杭州程序员月支出1.2万元，而在浙江德清仅需4000元（含共享办公、租房、餐饮）。

县域低成本创业拥有四大核心优势：成本洼地、政策红利、生态资源和生活方式。

1.成本洼地：钱更耐花，试错空间更大

表5–1　一线城市与县域城市月工作成本对比

成本项	一线城市（上海）	县域城市（德清）	降幅
办公空间	8000元/工位	免费（政府补贴）	100%
住房成本	6000元/单间	1500元/精装公寓	75%
人工成本	1.5万元/设计师	8000元/本地外包团队	47%

2.政策红利：真金白银的“创业燃料”

表5–2　县域“数字游民”鼓励政策

县域	政策亮点	适用对象
安吉	连续3年免征增值税（月营收<10万元）	小微电商、内容创作者
桐庐	提供5G全域覆盖+AI算力补贴（1元/小时）	AI训练员、区块链开发者
弥勒	数字游民子女优先入读国际学校	带家庭远程工作者

3. 生态资源：小城也能“链全球”

（1）基础设施提档升级

云上办公：县域政务云向创业者开放（如德清“莫干山云谷”提供免费服务器）。

物流网络：顺丰县域分拨中心实现“今日下单，次日达全国”。

（2）产业协同

在地资源嫁接：云南普洱的数字游民为咖啡庄园设计NFT①，溢价销售至欧美。

全球订单承接：湖南浏阳烟花设计师通过Fiverr接单，本地工厂落地生产。

4. 生活方式：工作与自然的“超融合”

（1）场景创新

成都温江天星村数字游民社区依托川西林盘的自然肌理，改造闲置农房为共享办公空间、咖啡厅、青年旅舍等，形成“进可享都市繁华，退可拥田园静谧”的复合场景。数字游民在绿植环绕的环境中办公，利用乡村慢节奏提升专注力，同时参与“天星夜话”“乡村音乐会”等活动，构建跨行业交流网络。

（2）社群文化

葡萄牙马德拉群岛“数字游民村”改造废弃农舍为模块化办公单元，配备高速网络和共享厨房，数字游民可“拎包入住”并参与社区农耕活动。该岛“数字游民村”定期举办AI技术研讨会、跨文化沙龙等，促进数字游民与本地居民的知识共享。

虽然数字游民属于个体化的数字零工，他们的劳动关系、社会网络并未在村县域建立，进入当地更多是为了践行新劳动方式，但长期在县域生

① NFT，非同质化代币，是一种独一无二、不可替代的数字资产，通常用于艺术、收藏品、游戏道具、身份认证等领域。

活以及村域实践却为沉睡的乡土带来了崭新的生机与活力。

格兰诺维特曾将“嵌入”作为经济行为的核心分析范式，并指出：“作为一种制度过程的经济行为，既交织在经济制度系统之中，也密切地嵌入于非经济制度系统之中。”同样，数字游民的乡土实践既是经济嵌入现象，也是典型的社会嵌入现象，同时受到多重要素的影响。

数字游民从“走进县域”到“融入县域”再到“建设县域”的渐进过程，本质上是城乡要素流动、数字技术与县域资源深度融合的动态演变。这一过程可分为三个阶段，每个阶段均呈现独特的特征和作用机制。

走进县域：资源禀赋与数字游民的双向选择

县域的吸引力：县域的生态优势（如安吉的竹林、平潭的“蓝眼泪”）、文化特色（如黟县的徽派建筑）及低密度的生活环境，成为数字游民逃离城市内卷的首选。

基础设施完善：县域通过数字化改造（如息烽县的智慧物流、5G覆盖）和低成本运营空间（如废弃厂房改造的共享办公区），降低了远程办公的门槛。

政策引导：地方政府主动布局数字游民社区（如黟县NCC社区、资阳国际数字游民社区），通过补贴、税收优惠等方式吸引人才流入。

数字游民的动机：县域提供“边工作边旅居”的场景（如大理的民宿办公、遂昌的山水灵感），契合年轻人对灵活生活方式的追求。县域消费水平与大城市存在“时差”，数字游民可实现“一线城市收入、三线城市消费”的经济杠杆效应。

融入县域：从个体流动到社群共建

社群化生存：数字游民通过共居社区（如黟县NCC的共享大厅、遂昌Cohere社区等）形成跨领域协作网络，打破城乡社交壁垒。

在地化参与：游民通过技能培训（如大理的自媒体运营）、文化活动与村民建立情感联结，例如帮助改造传统小吃店。

新业态孵化：数字游民引入咖啡经济（安吉开出300多家咖啡馆）、文创产业（遂昌的美人鱼教练创业），激活县域消费场景。

数字化赋能：通过电商平台（息烽县农村电商）、智慧农业（寿阳县的钢材加工基地）提升县域产业效率。

建设县域：从“过客”到“新乡民”的角色转变

技能转移：数字游民凭借互联网运营、AI技术等能力，帮助县域打造IP（如大理“有风的地方”、黟县“小大理”定位），提升品牌溢价。

长效化扎根：部分游民转型为“数字乡民”，通过购房定居（如义乌的旅居者）、合伙创业（资阳咖啡工厂）实现身份转化。

政策支持：县域政府推出“数字游民十大支持政策”（黟县）、人才驿站（安宁市），构建社保、医疗、创业孵化的保障体系。

城乡资源闭环：数字游民成为连接城市资本、技术与乡村资源的纽带，例如推动海南文昌航天旅游、黄山文旅升级，形成“流量—产业—就业”的正向循环。

县域作为新时期青年“创客”群体工作与生活的旅居式创新区域，在乡村人才振兴、资源活化、产业兴旺和文化传播等方面都可以发挥重要作用，能够有效缩减城市与乡村鸿沟，促进城乡融合发展，为乡村振兴注入新活力。

综合来看，情绪地理学为城乡融合开辟了一条具有前瞻性的道路。只有当县域真正成为连接城乡心灵的桥梁时，才能从根本上解决长期以来存在的城乡二元结构问题，实现人与自然、人与人之间的深度联结。

唯有让城乡居民在县域场域中实现“情感在场”与“精神共生”，才能真正达成“望得见山、看得见水、记得住乡愁”的融合愿景。这不仅是对现代社会治理模式的一次重要探索，也是迈向人类命运共同体目标的关键一步。

第五节 政策创新的情绪实验

SECTION

在中国特色的治理层级体系中，县域始终扮演着“政策转换器”与“矛盾缓冲区”的双重角色。过去40年的快速城镇化进程中，县域政策制定形成了以经济指标为纲、以技术治理为器的路径依赖。

现有研究对县域治理的情感维度存在双重遮蔽：一方面，公共管理学科多将情感视为需要克制的非理性变量，着重探讨如何通过流程优化消解其干扰；另一方面，人类学、社会学研究虽关注地方性知识，却常将情感要素碎片化为文化符号，缺乏空间政治经济学的系统分析。

2023年中央一号文件明确提出“发挥农民主体作用，调动农民参与乡村振兴的积极性、主动性、创造性”，标志着政策话语体系开始触及情感维度。所谓农民主体作用，就是在经济、社会、文化等方面都有主导权、参与权、表达权、受益权而非被动参与。同样，在县域政策创新中也应以人民为主体。

然而在实践层面，县域政策评估仍被简化为“硬化路面里程数”“特色产业园区数量”等可量化的“显绩”指标，而对“乡愁延续度”“社区归属感”等“潜绩”要素缺乏测量工具与制度性关注。这种价值取向的偏差，使得政策实施往往陷入“政府投入持续增加，群众获得感不升反降”的治理悖论。

当前县域治理正面临从“规模扩张”向“质量重构”的战略转型，情感治理能力的缺失已成为制约治理现代化的关键瓶颈。情绪地理学的介入提供了治理现代化新的分析可能——强调情感并非抽象的心理状态，而是嵌入在具体空间实践中的物质性力量。本研究通过揭示政策文本与情感实践的结构性错位，试图为构建“有温度的县域治理”提供理论依据与实践路径。

一、对赌协议下的治理革命：青岛明月·山海间的政企协作范式

中国文旅行业竞争加剧，传统重资产模式面临投资回报周期长、风险高等问题。对赌模式是“轻资产不夜城”首创的一种文旅合作机制，即合作双方约定特定经营目标（如客流量、销售额等），若乙方完成目标，则甲方支付服务费用及奖励；若未完成，乙方不收取费用。“轻资产不夜城”模式以运营能力为核心，通过“双对赌协议”降低甲方风险并绑定双方利益。

青岛明月·山海间是全国首个《山海经》主题的特色街区，“轻资产不夜城”设计方负责全案策划、场景设计、内容迭代、活动运营及品牌推广，政企双方对赌1000万人次年度客流量目标。

2023年6月30日，青岛明月·山海间正式开街。开业之时，青岛明月·山海间客流量就已突破40万人次。同时，青岛明月·山海间在各大景区榜单取得了优异成绩，得到央视、山东卫视、青岛电视台等多个权威媒体轮番报道。截至2024年5月31日，青岛明月·山海间接待客流量突破1000万人次，提前完成对赌协议要求。①

青岛明月·山海间对赌协议展现了政企协作中的创新应用，其核心在于通过市场化机制与政府治理的深度融合，实现政策目标与公众情感需求的动态平衡。这一模式不仅重构了传统政企关系，更在政策改革中体现了

① “数”说青岛明月·山海间这一年！[EB/OL]（2024-06-30）[2025-07-10]. https://life.china.com/2024-06/30/content_331635.html.

对公众情感的精细化考量，形成了一种“情感驱动型治理革命”。

1. 对赌协议的底层逻辑：从风险共担到情感共振

估值调整机制的治理升级：对赌协议的本质是估值调整机制，其在青岛明月·山海间的应用突破了传统投融资框架，将政府政策目标与企业经营绩效绑定。例如，政府通过协议设定环保、就业等社会指标作为对赌目标，企业达标后获得政策支持或资金奖励，未达标则触发现金补偿条款。这种设计将公众关切的环境、民生问题转化为可量化的对赌条件，实现了政策目标与市场逻辑的融合。

情感风险的市场化转化：政府在协议中引入“公众满意度指数”作为隐性对赌指标。例如，项目推进中若引发邻避效应（如居民反对），政府可依据协议条款要求企业调整方案，从而将情感风险纳入治理框架。这种设计避免了传统政策中“重经济指标、轻情感反馈”的弊端。

2. 政企协作的范式创新：情感治理的制度化路径

动态协商机制的构建：青岛明月·山海间案例中，政府与企业建立了“季度情感评估会”制度，通过大数据分析舆情、社区调研等方式监测公众情绪变化。例如，项目初期因音响声音过大引发争议时，项目运营方立马进行调整。同时，政府邀请居民参与街区日常监督委员会，将情感冲突通过制度性对话进行沟通化解。

利益相关者的嵌入式参与：对赌协议不仅约束企业和政府，还通过“消费溢出池”设计赋予居民经营权。例如，为接纳青岛明月·山海间有限空间内溢出的消费需求，周边居民在青岛明月·山海间对面建立了一个夜猫子集市和海鲜大排档，居民有了更多收入，自然形成“利益共享—情感认同”的正向循环。

3. 公众情感的治理价值：从被动回应到主动塑造

青岛城阳区政府对社交媒体、政务热线等渠道的公众情绪进行实时监测。例如，在项目施工阶段，通过分析“噪音投诉”“环境担忧”等高频词，动态调整工期安排，并根据需要增设“夜间施工补偿条款”，将情感数据转化为具体政策。

4.治理革命的启示：对赌协议的普适性与局限性

青岛明月·山海间模式证明，对赌协议可作为连接政府治理与市场机制的“情感纽带”。其核心包括以下几方面。

目标设计：将公众情感需求（如环境、就业等）显性化为对赌要素；

机制创新：通过动态协商和利益分配机制实现情感风险的可控性；

技术赋能：利用情感分析工具提升政策响应的精准度。

青岛明月·山海间项目的实践表明，对赌协议的制度弹性为情感治理提供了操作化载体。通过将情感价值转化为可执行的契约条款、建立情感冲突的缓冲机制、培育企业方的“情感商”，政府得以在市场化效率与地方性认同间构建动态平衡。

这种带“情感对赌”的新范式，为新时代中国治理现代化提供了兼具工具理性与价值理性的创新样本。未来，这一模式可以在乡村振兴、城市更新等领域进一步推广，推动治理现代化向纵深发展。

二、情绪KPI考核体系：将游客满意度纳入县域幸福度考核维度

（一）情绪KPI考核体系的五重维度

新型城镇化背景下，县域治理已从传统的基建管理转变为“以人为本”的幸福感塑造。游客满意度不仅是旅游业发展的晴雨表，更是衡量县域幸福度的综合标尺，将其纳入幸福度评估维度，能够推动经济、社会、文化、生态等多领域协同进步，实现“游客满意”与“居民幸福”的双向奔赴。

游客满意度的衡量价值不仅在于反映游客对地方服务的即时评价，更在于通过游客的感知反馈，将县域治理从封闭的行政逻辑转向开放的情感

互动，使政策效果得以在游客与居民的共情中实现动态验证。

具体而言，县域幸福度的考核体系通过下面五重维度展开：

1. 经济关联性：旅游经济与居民幸福感的直接联动

县域旅游的经济带动效应：县域旅游通过“一业兴、百业旺”的特征，显著拉动餐饮、住宿、交通等关联产业发展。例如，2024上半年县域景区订单量占暑期全国热门景区的67%，三线以下城市机票预订量同比增长21%，[①]直接创造了就业机会和经济收入，提升居民物质生活水平。

游客消费与居民收入的正向循环：高游客满意度能吸引更多客流，形成“口碑传播效应”。如淄博通过诚信服务实现旅游经济爆发式增长，带动当地居民收入增长。反之，服务短板（如“黑导游”现象）会损害经济收益。

2. 居民生活质量：服务环境与生活品质的双向优化

基础设施升级惠及本地居民：为提升游客体验而建设的交通、停车场、公共卫生间等设施，同步改善了居民的生活便利性。例如，县域景区停车场充足、标识清晰，则满意度评分较高，反映出基础设施的普惠性。

文化保护与社区互动的深化：游客对文化活动丰富性、历史底蕴的满意度需求（如民俗表演、非遗体验等），倒逼县域挖掘本土文化资源，增强居民文化认同感。例如，安徽黄山宏村通过旅游开发保护古建筑群，提升居民对文化遗产的自豪感。

3. 城市形象塑造：外部评价与内部认同的统一

游客满意度作为县域品牌的核心指标：游客通过社交媒体传播的体验评价（如抖音、小红书等）直接影响城市形象。县域若能提供优质服务，可塑造“友好、宜居”的城市标签，吸引投资和人才流入。

负面舆情对城市形象的破坏风险：服务质量问题会损害地方口碑，影

① 暑期小城游火出圈！上半年飞往三线以下城市机票预订量增长21%[EB/OL].(2024-07-16)[2025-07-10]. https://www.thepaper.cn/newsDetail_forward_28084841.

响居民对城市形象的认同感。因此，将游客满意度纳入幸福度评估维度，可推动地方政府主动优化服务。

4. 政策支持与治理能力：政府效能的综合体现

政府工作报告的明确导向：2024年国务院政府工作报告提出“培育县域经济，补齐基础设施短板”，将游客满意度纳入幸福度评估维度，并量化评估政策落地效果，督促政府完善公共服务。

同时，处理游客与居民矛盾（如交通拥堵、物价上涨等）的协调能力，反映着地方政府的治理水平。通过满意度指标，推动建立“游客—居民”的共治机制，减少冲突。

5. 可持续发展：生态与文化的长期保护

游客对自然环境保护性（如景区水质、植被维护等）的高满意度，要求县域在开发中注重生态红线，避免过度商业化破坏环境，保障居民长期生活环境质量。

游客对县域独特文化的认可（如特色小吃、传统工艺等），促使地方政府加强文化遗产保护，避免同质化开发，维护文化多样性。

（二）情绪KPI考核体系的“三阶梯递进模型”

情绪地理学提出把游客满意度当作县域情绪KPI的核心维度，借助构建“三阶递进模型”（基础服务层、情感体验层、幸福感知层），达成县域幸福度的可量化评估。

1. 基础服务层：功能保障的量化标准

（1）设施运维效能

县域基础设施完好率（90%达标）：细化为道路平整度、公共厕所清洁度、照明系统覆盖率。

维护响应机制：建立“预防性维护+应急抢修”双轨制，设施故障平均修复时间≤24小时。

基础服务可及性：设置15分钟便民服务圈（医疗站、警务室、自助服务终端覆盖率≥80%）。

（2）投诉处理体系

分级响应机制：电话投诉<2小时响应，线上平台<30分钟回复，重大投诉（如安全事故）需启动24小时专班跟进。

智能分流系统：通过AI语义分析自动识别投诉类型（如交通、卫生、消费等），分配至对应部门处理。

闭环管理：投诉解决率≥95%，定期回访满意度≥85%。

（3）多维服务覆盖

多语种导览系统：除英语外，增设日语、韩语、俄语等语种，景区标识双语化覆盖率100%，语音导览多语种覆盖率≥70%。

特殊群体适配：无障碍设施覆盖率（如盲道、轮椅通道等）≥90%，增设老年友好服务（大字版指引、人工帮扶点）。

2.情感体验层：情绪波动的动态监测

（1）游客情绪波动指数

基于游客在行程中各节点的情绪峰值（如景点打卡时的兴奋值）与低谷（如排队拥堵时的烦躁值），通过自然语言处理（NLP）分析社交媒体文本（如“震撼”“失望”等关键词）及语音情绪识别生成波动曲线。

权重分配：景点体验（40%）、交通效率（30%）、服务态度（20%）、意外事件（10%）。

（2）情感数据采集与分析

多源数据整合：融合OTA平台评论（如携程、马蜂窝）、短视频平台（抖音、快手）的实时弹幕、游客行为轨迹（GPS热力图）。

情感倾向值分级：采用五级量表（−2至+2），结合地域文化差异调整阈值（如南方游客对“拥挤”的容忍度可能高于北方游客）。

（3）体验优化机制

动态预警：当情绪KPI连续3天低于基准值时，触发服务升级（如增派导游、优化路线分流）。

个性化服务：通过游客画像（如亲子家庭、摄影爱好者）推送定制化路线，提升情感共鸣。

3. 幸福感知层：居民与游客的双向验证

（1）居民幸福指数（RFI）

核心指标包括以下几方面。

基础保障：人均可支配收入增长率（≥7%）、三甲医院15分钟覆盖率（≥60%）。

社会参与：社区活动参与率（≥40%）、志愿者注册率（≥15%）。

环境质量：PM2.5年均值（≤35 μg/m³）、绿地率（≥35%）。

测量工具：采用德尔菲法与问卷调查相结合，设置主观幸福感量表。

（2）游客重游意愿（RRI）

量化标准：通过问卷追踪6个月内的复游率（≥65%），结合消费复购率（如特产店二次购买占比）。

影响因子：建立回归模型，分析“美食体验”“文化独特性”“性价比”对重游率的贡献度。

（3）交叉验证模型

数据关联性：居民就业率与游客消费力呈正相关，医疗资源分布与景区安全满意度呈正相关。

政策协同：通过提升居民就业（如非遗手工艺扶持），间接增强游客文化体验深度。

4. 模型优化与实施路径

指标权重分配：采用美国匹兹堡大学教授萨蒂AHP层次分析法，确定基础服务（30%）、情感体验（40%）、幸福感知（30%）的权重，每季度动态调整。

技术支撑体系：搭建县域情绪监测平台，集成GIS地图实时展示KPI

热力图，预警阈值触发自动工单派发。

长效改进机制：设立“情绪KPI改进基金”，将评分结果与部门绩效考核挂钩，每年发布县域幸福度白皮书。

三、县域政策创新路径：夜经济顶层设计与试点推广

（一）国家级示范引领：以标准驱动县域夜间经济升级

对标文旅部标准，构建申报体系。依据文旅部“国家级夜间文旅消费集聚区”标准（如业态多样性、文化特色、消费便利性等），制定县域申报指南，明确硬件设施、服务配套、文化IP打造等量化指标。设立动态评估机制，定期复核示范项目运营成效，淘汰未达标的试点区域。

资金与技术扶持政策。中央财政设立专项补贴，对通过验收的县域给予资金奖励。技术赋能方面，引入AR导览、智慧灯光系统等文旅科技，降低县域数字化改造成本。

示范效应与区域联动。通过梅河口“东北不夜城”等成功案例，提炼可复制的运营模式（如“政府主导+企业运营+商户自治”），形成县域夜间经济“样板间”。推动跨县域合作，例如东北地区联动打造“夜经济旅游带”，共享客源与品牌效应。

（二）跨部门协同机制：破解行政壁垒的创新实践

专项小组职能整合。成立由文旅、商务、城管、公安等部门组成的夜间经济专项小组，明确分工（如文旅部门负责文化活动策划，城管负责市容管理）。

建立联席会议制度。定期解决商户经营、交通疏导、噪音控制等跨部门问题。

设立专职夜间经济协调官（如“夜生活首席执行官”）。统筹招商、宣传、投诉处理等全流程，减少多头管理。推广“错时监管”模式，例如延长餐饮商户营业时间，放宽特定区域摆摊限制。

效率提升与风险防控。通过协同机制压缩审批流程（如夜间市集许可办理时间缩短50%），降低企业合规成本。建立安全预警机制，联合公安、消防部门定期排查夜间经济场所安全隐患。

（三）数字化治理工具：精准化与体验升级

1. 大数据动态管理

部署人流监测系统（如热力图技术），实时追踪重点区域客流，动态调整安保、清洁等资源配置。分析消费数据（如支付平台交易记录），识别热门业态与消费盲区，指导商户调整经营策略。

官方小程序功能矩阵。整合电子地图、预约导览、商户评价、投诉反馈等模块，实现“一站式服务”。

创新应用。开发AR实景导航、夜间活动直播、虚拟试穿（如汉服体验）等功能，增强互动性。

2. 管理策略优化路径

基于用户行为数据，优化夜间公交线路（如延长末班车时间至凌晨1点）、增设临时停车场。利用AI算法预测客流高峰，提前协调交通管制与应急响应。

（四）长效保障机制：政府市场的可持续化运营

政策与市场双轮驱动。制定夜间经济发展促进条例，明确商户权益与责任，规范市场秩序。鼓励社会资本参与（如设立夜间经济产业基金），形成“政府引导+市场主导”的可持续模式。

文化IP与品牌塑造。深挖地方文化资源（如非遗展演、老字号夜市等），打造差异化夜间文旅品牌；通过短视频平台、直播带货扩大传播，吸引年轻客群。

情绪地理学在县域政策创新中的应用，特别是在轻资产不夜城模式下的夜经济探索，展示了如何通过释放“情绪生产力”来提升城市幸福度。

这种综合性的政策创新不仅有助于提升城市的吸引力和竞争力，还能有效改善居民的生活质量，增强社区凝聚力，推动地方经济的可持续发展。

通过情绪地理学的视角，我们不仅可以看到一个更全面的县域未来图景，还可以找到更多切实可行的路径，来解决当前县域发展中面临的挑战，为实现更加和谐美好的社会贡献力量。

情绪地理学

DI SAN BUFEN

第三部分

破局未来

第六章

CHAPTER SIX

城市文化乐园：高门票主题公园平价建设

在城市化进程中，传统主题公园因高昂建设成本与同质化竞争陷入困境，而“轻资产不夜城”模式通过模块化设计与在地化 IP 重构，开创了普惠型文化消费的新路径。

文化 IP 的低成本复用是平价乐园的核心竞争力。这一模式不仅是技术驱动的产物，更是情绪地理学“文化记忆载体”理论的实践。通过嗅觉（夜市烧烤香）、听觉（方言对话）、触觉（非遗剪纸工坊）的多维感官设计，将空间转化为情感联结的媒介，实现了“低成本—高体验—强文化认同”的三重突破，为城市文旅的普惠化与在地化开辟了新路径。

第一节 模块化场景的拼装式开发

SECTION

模块化拼装式开发是一种以系统性拆解、标准化重构和动态化协同为核心特征的创新方法论，其开发的理论根源可追溯至制造业的“平台化”理念。20世纪80年代，汽车行业率先提出产品平台概念，通过零部件通用化实现规模效应。随着技术迭代，其内涵从“固定零部件组合”演化为“模块化架构平台”，突破传统平台的物理边界，实现设计自由度与成本控制的平衡。这一演化体现了从“刚性集成”向“柔性拼装”的思维转变。

模块化拼装式开发的核心在于构建分层协同体系，具体包含三大层级。

物理层模块化：以可拆解的建筑单元或工业组件为载体。例如，文旅项目中的模块化街区（17天建成的东北不夜城），或建筑领域的iMBox模块化服务设施（含前台、餐厅等多功能单元）。这类模块通过预制化生产和标准化接口，实现快速装配与空间重组。

内容层模块化：表现为文化IP的萃取与场景化重构。例如，青岛明月山海间项目将《山海经》神兽转化为光影互动模块，南宁之夜通过壮锦纹样符号实现地域文化元素的标准化调用。这种“文化基因库”模式既保留文化独特性，又支持跨地域拼装复用。

运营层模块化：通过数据驱动的动态管理系统实现资源调配。例如，智慧管理平台集成客流预警、能耗监控等功能模块，商户生态采用“标签化筛选+动态淘汰”机制（如非遗手作、网红小吃等业态模块的按需组合），形成可编程的运营体系。

模块化拼装式开发重构了传统生产关系的三重维度。

空间维度：打破“场所绑定”，通过模块流通实现资源跨地域配置；

时间维度：异步开发机制将产品生命周期压缩为“并行迭代”过程；

价值维度：形成“模块供应商—系统集成商—场景运营商”的产业分工网络，推动轻资产模式崛起。

一、轻资产不夜城模式的成本控制体系

在文旅产业转型升级的背景下，传统重资产模式面临资金压力大、投资回收期长、场景迭代困难等痛点。青岛明月·山海间、南宁之夜等标杆项目通过技术创新与管理重构，构建起“技术驱动+数据赋能”的轻资产成本控制体系，将项目建造周期压缩80%、运营成本降低60%，为行业提供了可复制的解决方案。

（一）集装箱预制技术革命：重塑建造成本结构

1.技术原理与成本压缩机制

青岛明月·山海间项目通过“设计—生产—运输—拼装”全流程工业化体系，实现2年建设周期压缩至48天。其核心创新体现在以下几方面。

全生命周期成本模型：采用BIM（建筑信息模型）技术构建三维数字孪生模型，精准模拟建造损耗。通过参数化设计使预制构件误差率控制在3‰以内，材料浪费量较传统施工减少82%。以钢结构为例，每平方米钢材用量从传统模式的38kg降至23kg，单个项目节省材料成本超2000万元。

动态运输优化算法：基于GIS系统构建物流调度平台，将施工现场坐标与集装箱编码进行实时匹配。算法通过路径规划模型计算最优运输方案，使物流成本降低67%。在青岛明月·山海间项目中，1200个集装

箱运输路线优化后，单车次平均行驶里程减少42公里，燃油成本节约达百万元。

碳交易价值转化：通过钢结构循环利用认证体系，将建筑废弃物转化为碳配额资产。项目累计获得政府碳排放补贴百万元，同时实现建筑垃圾零填埋，环境成本降低率超过行业平均水平50%。

2. 工业化生产体系重构

青岛明月·山海间项目构建的“1+N”分布式工厂网络具有显著优势。

产能提升：主基地采用自动化铸造生产线，配合卫星工厂的表面处理与预装，日均产能达45个标准集装箱单元，较传统工厂提升300%。

成本控制：通过标准化生产流程，单箱生产成本从8.2万元降至4.7万元，其中模具费用下降45%，人工成本压缩60%。

质量保障：实施ISO 3834焊接质量体系认证，构件合格率提升至99.7%，现场施工人力需求压缩至传统模式的1/5。

该模式通过技术标准输出实现质量管控，避免重资产投入风险。卫星工厂采用“技术授权+订单分成”模式，使主基地固定资产投入减少70%，同时保持对生产质量的绝对控制。

（二）灯光租赁系统的动态计价模型：构建弹性成本结构

1. 多维数据定价体系

南宁之夜项目通过动态计价模型，实现成本与效益的精准匹配。

实时数据采集：部署2000个热成像摄像头，采集客流数据点；接入气象局API接口获取光照强度数据，误差率控制在 ±5%。

智能算法应用：采用LSTM神经网络模型，将瞬时客流量、设备使用率等参数转化为动态计费系数。系统每15分钟更新一次，使灯光能耗成本同比大幅下降。

例如，在2023年国庆节期间，南宁之夜项目系统自动降低白天自然光充足时段的照明强度，同时提升夜间客流高峰时段的灯光亮度，单位流明成本降至0.03元/小时，较传统模式节约电费支出超百万元。

2. 反向竞价采购机制

该模式通过“按需租赁+收益分成”重构供应商关系。

基础租赁费：按设备原值的20%收取年度保底费用，供应商承担设备折旧风险。

超额分成机制：当客流量超过设计承载量的120%时，供应商可获得超出部分营收的5%。在南宁之夜运营中，该机制使供应商年均分成收益增加15%～20%。

残值对赌条款：若设备回收时成新率高于70%，返还供应商10%押金。通过物联网追踪系统实时监控设备状态，使设备使用寿命延长。

此模式参考京东供应链金融“反向保理”逻辑，将固定成本转化为可变成本。南宁之夜项目通过该机制，年度灯光设备采购成本降低52%，同时供应商维护响应速度提升至2小时以内。

（三）场景模块的“乐高式”组合逻辑：实现价值倍增

1. 标准化接口技术体系

MCS 3.0系统多行业业务流程的自动化和数据管理构建了完整的模块化生态。

物理连接层：采用专利榫卯结构+液压快装接口，单模块拼装时间≤15分钟。东北不夜城通过该技术实现旺季每小时场景重组能力达800平方米。

数据交互层：5G-MESH网络支持设备即插即用，场景切换时延控制在200毫秒以内，确保游客体验无缝衔接。

供电系统：标准化电源总线支持300kW动态负载，模块复用次数达12次以上，年度维护成本降低56%。

2. 动态组合效益模型

通过蒙特卡洛模拟（又称随机抽样或统计试验方法）实现最优场景配置。

效益评估矩阵：建立包含停留时长、二次消费转化率等维度的评估体系，确定各单元组合优先级。

组合优化案例：天山明月城将沉浸式剧场与主题餐饮按1∶2比例组合，使单位面积营收提升至传统模式的2.3倍。

数据验证：通过万次模拟运算，验证“沉浸式剧场+互动装置区”组合可提升客均停留时长至65分钟，二次消费转化率突破50%。

该模型使场景迭代周期从传统模式的2周缩短至48小时，项目运营灵活性提升300%。

（四）成本控制体系的协同效应

1. 数字孪生平台整合

三大子系统通过数字孪生平台实现数据互通。

供应链金融协同：集装箱资产证券化融资，将建设期资金成本压降。轻资产不夜城项目通过发行ABS债券（资产抵押债券），从而能获得低成本资金。

能耗峰谷套利：灯光系统在电价低谷时段预制次日场景，单日节省电费1.2万元。南宁之夜年节约电费超百万元。

模块置换网络：建立跨区域场景单元交换市场，东北不夜城与南宁之夜的模块利用率互补提升40%，年减少库存成本千万元。

2. 创新理念融合

该体系融合了两大核心理念。

小米的“零库存管理”①：通过模块化设计实现“按需生产”，库存周转

① 向利亚. 浅谈小米的存货管理[J]. 商场现代化，2015（09）.

率提升至行业平均水平的3倍。

特斯拉的“软件定义硬件”①：利用数字孪生系统持续优化场景组合，使硬件设施价值提升200%。

青岛明月·山海间等项目的实践表明，轻资产模式通过管理重构与技术创新，可实现建造周期压缩75%以上，全生命周期成本降低60%，场景迭代效率提升300%，单位面积营收提升至传统模式的2～3倍。

未来随着5G+AI技术的深化应用，该体系将向“智能预测—动态配置—实时优化”的闭环方向发展，形成更具竞争力的成本控制护城河。

二、情绪地理学的“空间情感锚点”构建

文旅空间设计的底层逻辑正从物理功能导向转向情绪价值驱动，情绪地理学为城市文化乐园的模块化拼装提供了全新的理论框架。

情感锚点理论揭示了人类对空间的认知本质上是神经记忆的锚定过程。在文旅场景中，空间设计需突破传统功能导向，转向对情绪能量的精密调控。集装箱、灯笼阵列等模块化载体通过视觉符号、听觉符号、嗅觉符号形成多维锚点网络。当多感官刺激达到阈值时，海马体与杏仁核将协同激活场景记忆存储，形成稳定的情感锚点。

（一）从物理空间到情感场域的范式转换

1. 多维符号系统的神经编码机制

视觉锚点：南宁之夜将壮锦纹样解构为17个标准化图形单元，通过集装箱模块的拼装组合形成可识别度达92%的文化符号网络。每个模块采用3D打印技术实现纹样精度控制，确保视觉符号密度。

听觉锚点：低频声波（对应人体α脑波频率）的打更声频设计，通过声学仿真系统实现100米半径内声压级波动控制，刺激听觉皮层产生愉

① 恒大研究院，连一席，谢嘉琪. 特斯拉深度报告：用软件定义汽车［EB/OL］.（2019-05-15）［2025-07-10］. https://www.sohu.com/a/314192007_467568.

悦感。

嗅觉锚点：夜市烧烤区采用精准配比的焦香气味（肉类焦香+木炭气息+香辛料挥发物），通过气溶胶扩散系统实现20米范围内浓度梯度控制，激活嗅球与边缘系统的记忆关联。

2. 空间构建的神经认知模型

构建“三环嵌套”空间结构。

核心锚点区（半径50米）：每平方米布置1.2个强刺激点，采用模块化灯光矩阵实现文化符号密度≥3个/米^2。南宁之夜通过集装箱立面投影技术，使视觉信息更新频率达8次/分钟。

情绪过渡带（半径50～200米）：设计曲径通幽的动线，配合香氛浓度梯度递减（每10米降低15%），引导游客完成从兴奋到沉浸的神经转换。空间宽度的适当控制，能够形成“视觉饥饿”效应。

记忆强化圈（出口200米内）：部署AR合影装置与气味贩卖点，通过多巴胺分泌峰值（实测达基线值的2.3倍）强化消费转化。南宁之夜设置32个嗅觉记忆点，使衍生品购买率提升300%。

（二）模块化场景的情绪能效调控模型

基于上海迪士尼等项目的实证数据，游客情绪曲线呈现典型“双峰三谷”特征，需通过精密设计实现情绪能量的持续释放。

1. 情绪曲线的时空架构

导入期（0～15分钟）：通过空间压缩与高密度符号刺激，实现情绪唤醒阈值突破。南宁案例中，前10分钟游客心率平均提升22%。

高潮期（45～90分钟）：采用“时空折叠”技术，将3小时传统演艺压缩为45分钟峰值体验。通过模块化声光系统（声压级瞬间提升至95分贝，光照强度突变300%），使肾上腺素水平激增52%。

衰退期（120分钟+）：触发触觉反馈装置（如互动装置区的温度变化模块）与记忆工坊（定制气味瓶制作），将情绪能效转化为消费行为。

2. 场景切换的应用模型

视觉复杂度：通过模块化灯光矩阵实现动态符号密度调节（每秒更新12个视觉元素）。

声压级变化率：利用定向声场技术，使声压级变化率控制在0.5分贝/秒。

嗅觉浓度梯度：采用气流控制装置，实现每秒0.1%的气味浓度变化。

南宁之夜通过该模型，使场景切换时长缩短至12秒，游客眩晕感发生率降低至0.7%。

（三）神经认知优化的动态调优系统

1.LBS数据驱动的情绪流线算法

基于日均10万条游客轨迹数据，构建“刺激—舒缓—再刺激”节奏模型。

刺激阶段：每15分钟布置1个强刺激点（如灯光秀、互动装置），确保多巴胺水平维持在峰值的70%以上。

舒缓阶段：通过曲径空间（平均宽度3.2米）与低频声波（28赫兹）实现神经恢复。

再刺激阶段：在停留时间达20分钟时触发隐藏剧情模块，使游客平均停留时长提升至60分钟/人。

2. 实时情绪监测与响应机制

面部微表情识别：部署上千个热成像摄像头，实时监测愉悦度指数。当指数低于阈值时，自动触发备用演艺模块。

脑电波监测：在试点区域采集脑电图（EEG）数据，发现默认模式网络（DMN）活跃度提升，证明情感锚点对集体记忆的重塑效果。

动态参数调节：通过机器学习模型优化三环区域的参数组合，使情绪曲线平滑度减少。

（四）南宁之夜的实证启示

1. 文化符号的神经编码实践

壮锦纹样解构为多个标准化单元后，通过模块化集装箱的拼装组合，形成可识别度达92%的文化锚点网络。每个纹样单元包含三个维度。

视觉维度：R=230、G=100、B=30的主色调。

触觉维度：3D打印纹路深度0.8毫米。

交互维度：内置压力传感器触发AR解说。

2. 记忆强化的神经生物学效应

AR合影装置通过多感官刺激（视觉+触觉+听觉）实现。

视觉：叠加虚拟壮锦纹样与游客影像。

触觉：压力反馈装置模拟织物触感。

听觉：同步播放43赫兹声波与传统民谣。

神经影像学研究显示，该装置使海马体激活强度提升，杏仁核血氧水平依赖（BOLD）信号增强。

情绪地理学重构文旅空间的设计逻辑，其核心在于以下几方面。

神经编码的精准化：通过多感官参数的阈值控制实现情绪唤醒；

空间架构的动态化：模块化设计支持场景的实时重组与参数优化；

记忆存储的工程化：将情感体验转化为可量化的神经生物学指标。

南宁之夜成功激活了游客的默认模式网络，使与文化认同相关的脑区活跃度提升，验证了情绪锚点对集体记忆重塑的有效性。这种将物理空间转化为情感共同体的创新实践，为文旅空间重构提供了可复制的技术范式。

第二节 SECTION 文化符号的在地化提炼与低成本复用

在新型城镇化与消费升级的双重背景下，文化符号的在地化提炼与低成本复用已成为城市更新的核心命题。轻资产不夜城模式凭借“文化场景化、场景商业化、商业轻量化”的创新路径，通过开封万岁山武侠城、嘉兴“平湖山海几千重？”等项目的成功实践，验证了文化资源向文化资本转化的可行性。这类项目以“在地文化基因解码+文化符号矩阵构建+低干预场景营造”为方法论，在保留城市文化原真性的同时，实现了文化符号的可持续变现。

一、文化符号在地化提炼的三大核心路径

（一）文化挖掘：从历史脉络到现代叙事

文化符号的在地化提炼是轻资产不夜城成功的关键，其核心在于将地方文化基因与现代消费需求深度融合，形成独特的故事内核和体验场景。

1. 文化资源的系统性梳理

资源盘点与评估：通过田野调查、文献研究、口述史采集等方式，全面梳理地方文化资源，包括历史事件、民俗活动、非遗技艺、自然景观、名人故事等。例如，泰州兴化刁良村对会船习俗的挖掘，不仅记录了其800年历史，还深入分析了其“团结协作、祈福纳祥”的文化内核。

文化资源优先级排序：根据文化资源的独特性、可体验性，以及与现代需求的契合度进行筛选。例如，黄帝文化IP开发中，河南新郑聚焦“黄帝创制文字、嫘祖养蚕缫丝”等核心故事，而非泛泛而谈所有传说，确保文化符号的聚焦性。

2. 历史与现代的叙事重构

文化符号的现代化表达：将传统符号转化为易于传播的现代语言。例如，福建“卡通朱子”符号将朱熹的哲学思想转化为Q版动漫形象，通过社交媒体传播，吸引年轻群体。

历史场景的现代表达：通过故事化、场景化设计，让历史“活”起来。如黄冈东坡庙会以苏轼诗词为蓝本，创作《长江边的婚礼》等文化小剧，将东坡文化转化为可观赏、可互动的沉浸式体验。

3. 在地文化的社区共建

村民/居民的参与机制：文化IP的提炼需与当地社区深度互动，确保文化真实性。例如，刁良村“诸葛亮会”邀请村民、非遗传承人共同讨论会船活动的升级方案，既保留传统仪式，又加入现代灯光秀等元素。

文化传承的活化路径：通过“非遗工坊”“文化体验馆”等形式，让文化传承者（如手艺人、民俗专家等）成为IP开发的参与者。例如，邵阳湘窖生态文化酿酒城将酿酒工艺转化为工业旅游体验，邀请酿酒师现场演示，增强游客对酒文化的认知。

轻资产不夜城的在地化提炼始于对地方文化资源的深度挖掘。例如，“平湖山海几千重？”以“绿水青山”为设计主题，结合当地农耕文化与江南水乡特色，将“田”元素转化为“稻浪迷宫”“渔耕市集”等沉浸式场景，使游客在体验中感受地域文化。青岛明月·山海间以《山海经》神话为IP内核，但并非简单复刻古籍，而是结合青岛的海洋文化，将“山海经”中的异兽（如“应龙”“九尾狐”）与青岛的“海浪”“灯塔”等元素融合，打造“神话照进现实”的奇幻体验。

总的来看，文化挖掘分为两点：一是历史与现代的对话，将地方文化符号转化为现代语言，例如，将农耕文化转化为互动装置，将神话传说转化为灯光秀脚本；二是文化内涵的符号化设计，提炼地方文化的核心符号（如平湖的“稻田”、青岛的“海洋”），通过视觉设计、场景叙事等方式强化记忆点。

（二）创意转化：从文化符号到体验场景

文化符号的在地化需要通过创意设计转化为可感知的体验场景。

1. 文化符号的场景化落地

空间叙事设计：通过建筑、景观、装置艺术等手段，将文化符号转化为空间语言。例如，“山河明月·醉酒城”街区入口门楼提取泸州博物馆酒器元素，设置麒麟温酒器等装置，将文物转化为打卡场景。其建筑采用酒罐造型，诗词酒句融入墙面设计，形成“酒+X”主题动线。

业态与文化的融合：在商业业态中植入文化元素。“山河明月·醉酒城”以贵妃醉酒、青梅煮酒论英雄等典故编排26个主题表演，结合云南歌舞劝酒、贵州高山流水、酒城衙门、陕西摔碗酒等十个酒文化馆，让游客“入戏”酒文化故事。蛇年春节，“山河明月·醉酒城”推出“灵蛇降人间”情景剧，日均吸引超7万人次，布局“一街一园三广场”，主街串联酒文化商铺，郭家好酒广场展示酿酒六艺，泸州招婿广场以互动招亲活动强化参与感。2024年，试运营10天即突破百万客流。[①]

2. 互动体验的深度设计

参与式活动设计：通过角色扮演、手作体验、节庆活动等方式增强参与感。例如，南宁之夜设置“壮锦长廊”，游客可亲手编织壮锦纹样，加深对少数民族工艺的理解；青岛明月·山海间设计“神话角色换装区”，游客可穿着异兽服饰拍照打卡，增强沉浸感。

---

① 四川泸州：“不夜城”里的非遗新春［EB/OL］.（2025-02-08）［2025-07-10］. https://www.chinanews.com/shipin/cns-d/2025/02-08/news1012715.shtml.

数字技术的互动应用：利用AR、VR等技术实现虚实结合的互动。例如，轻资产不夜城设计方在2020年参与张家界七十二奇楼景区文旅项目筹建，很好地平衡了张家界旅游淡旺季。七十二奇楼高109.9米，是吉尼斯世界纪录中全世界最高的吊脚楼形态建筑。夜晚亮灯后，72种主题灯光秀让这座建筑如梦如幻。整个主楼安装了36000多盏RGBW灯，并运用7D全息影像技术，万灯万控，无限变色。①

张家界七十二奇楼凭借50亩弹丸之地，一举成为全球网红打卡目的地，接待中外游客近500万人次，门票销售突破1亿元，被文旅部认定为“国家级夜间文化和旅游消费集聚区”、被国家民委认定为“旅游促‘三交’计划试点项目”、被湖南省认定为“非遗街区示范点”“旅游休闲街区”等，成为张家界文旅夜经济项目典范，并频频得到央视、各卫视及地方重要媒体的宣传与推介，对地方经济复苏与产业发展作出良好贡献。

3.文化符号的衍生开发

文创产品的文化赋能：将文化符号转化为实用品或收藏品。例如，黄帝文化IP开发“创世故事”主题手办、服饰，将黄帝传说视觉化；“平湖山海几千重？”推出“稻田盲盒”，内含稻种与文化故事卡，兼具趣味性与教育性。

节庆活动的品牌化：将地方节庆活动升华为IP事件。例如，财神节源于胶东地区农历七月二十二日的传统祭祀活动，承载着人们对财富和美好生活的向往。青岛明月·山海间通过还原“增福财神”李诡祖的祭祀仪式（如焚香、祈福、舞龙舞狮等），强化文化认同感，同时引入非遗打铁花、火壶表演等技艺，以视觉震撼展现传统魅力。

场景化叙事：通过建筑、灯光、演艺等手段构建“故事化空间”，让游客成为文化体验的参与者而非旁观者。竹泉村保留明清古村落格局，茅

① 科技赋能，给游客“千面”张家界[EB/OL].（2024-04-02）[2025-07-10].http://www.hn.chinanews.com.cn/news/lyxw/2024/0402/489497.html.

舍、石磨、古井等元素还原沂蒙山乡原貌，游客可体验竹编、酿酒、纺线等传统工艺，感受“天人合一”的农耕文化。村民化身手工艺人，在修缮后的茅屋中展示竹编技艺，成为活态文化展示窗口。

互动性设计：设置参与性强的活动（如手作体验、角色扮演等），增强游客的情感共鸣。例如，新琅琊不夜城与《夜画琅琊》行进式游船演艺形成联动，游客在船上观看激光水幕、歌舞表演时，可与岸上街区灯光秀、艺术装置实时互动。

4.科技赋能：低成本实现文化IP的沉浸感

轻资产模式下，科技成为低成本提升文化体验的关键工具。例如，象州梦幻夜利用全息投影技术，将“人鱼传说”“电音派对”等元素结合，打造“虚实结合”的舞台效果，单场演出成本低于传统实景演出，但视觉冲击力更强。木兰不夜城通过AR（增强现实）技术，游客扫描街景中的“历史人物”画像，即可观看其生平故事动画，实现文化IP的数字化传播。

（三）科技赋能——低成本实现文化IP的沉浸感

通过技术创新降低文化IP的开发成本，同时提升体验的沉浸感与传播力。

1.技术替代传统基建

轻资产场景构建：用灯光、投影等技术替代高成本实景搭建。例如，象州梦幻夜用全息投影呈现“人鱼传说”舞台效果，成本仅为传统实景演出的1/3；南宁之夜通过LED灯带与可编程灯光，实现“四季变换”的夜间景观，增强视觉冲击。

模块化技术应用：采用可移动、可重复使用的设备。例如，集装箱建筑被广泛用于临时展陈区（如“平湖山海几千重？”的“渔村码头”），便于快速搭建与调整；数字屏幕可循环播放不同主题内容，减少重复制作成本。

2.数字化传播与体验

线上内容的裂变传播：通过短视频、直播等渠道将文化体验转化为可传播的内容。例如，《早安隆回》IP通过音乐与文旅相结合，带动隆回旅游热度，抖音相关话题播放量超10亿次。

虚拟与现实的融合体验：例如，仁兴里街区推出AR地图，扫描建筑可查看历史故事；黄帝文化IP计划开发虚拟博物馆，游客可线上“云游”黄帝故里，打破地理限制。

文化IP的在地化提炼需三者协同：文化挖掘奠定根基，确保IP的“魂”；创意转化塑造载体，赋予IP“形”；科技赋能提升效率，增强IP的“效”。

二、轻资产不夜城的低成本复用策略

文化符号的低成本复用是轻资产不夜城文旅项目实现规模化、可持续发展的核心策略。其本质是通过模块化设计、跨区域IP共享、IP衍生开发和动态迭代，将文化IP的价值最大化，同时降低开发与运营成本。

（一）策略一：模块化设计——标准化与灵活性并存

通过标准化模块降低开发成本，同时保留地方特色调整空间，实现快速复制。

1.标准化模块的构建

核心框架设计：提前规划可复用的核心模块，例如，固定开场舞、巡游、定点表演等框架，内容可根据地方文化替换；统一“美食+文创+娱乐”的业态布局，但具体商户引入本地品牌；通用灯光、投影设备，通过软件编程实现差异化效果。“轻资产不夜城”系列均采用“国潮+在地文化”的标准化框架，但具体场景根据城市特色调整。

轻资产硬件方案：使用可移动、可循环利用的设施，例如，用于临时展陈区或餐饮空间（如“平湖山海几千重？”的“渔村码头”）；通过组合不同灯光、幕布等方式实现多主题切换（如青岛明月·山海间的“神话舞台”）。

2. 灵活性调整机制

在地文化适配：通过不同方式融入地方特色。例如在标准化框架下南宁之夜将“壮锦纹样”融入文创产品，而青岛明月·山海间则突出“海洋神话”；利用城市标识突出主题，四川“山河明月·醉酒城”立足泸州“中国酒城”，展示白酒的酿造流程（选料、制曲、发酵等），体现泸州从秦汉至今的酒业发展史。

动态运营策略：根据市场反馈快速调整模块组合。例如，通过数据分析优化餐饮与文创比例（如南宁之夜发现文创消费占比低后，增加手作体验区）；南宁之夜中一些项目白天用于文化展览，夜间转为灯光秀场地，提升设施利用率。

（二）策略二：跨区域IP共享——降低开发与策划成本

通过IP的跨区域复用，摊薄创意与策划成本，形成规模效应。

1.IP内核的普适性提炼

文化IP的普适价值挖掘：提取文化IP中具有普适性的元素，使其可跨区域传播。例如《山海经》IP神话故事中的“人神共处”主题可适配不同地域（如青岛的海洋神话、平湖的农耕传说）；“夜经济”IP以“夜市文化”为核心，通过统一的灯光、演艺模式快速复制（如南宁之夜、八卦城之夜）。

IP品牌化运营：将IP升华为品牌，通过统一视觉系统、营销策略等方式增强辨识度。例如，洛阳IP通过“文企政”合作（爱奇艺+洛阳政府），将《风起洛阳》影视IP转化为文旅品牌，推出“神都”系列主题游线路；黄帝文化IP河南新郑将“人文始祖”形象标准化，衍生出服饰、手办等产品，跨区域推广。

2.资源协同与成本分摊

供应链共享：跨区域项目共享文创产品、演艺设备等供应商，降低采购成本。例如，青岛明月·山海间与“平湖山海几千重？”共用《山海经》主题手办生产线，通过批量采购降低成本；轻资产不夜城模式建立统一的IP衍生品仓库，按需配送至各地项目。

内容复用与创新：同一IP的演艺内容可跨区域使用，仅需调整方言或加入本地化桥段；数字资产复用如AR/VR内容、灯光秀程序可跨项目调用，仅需局部修改。

（三）策略三：IP衍生品开发——从体验到消费的全链条延伸

通过文化IP的衍生开发，延长消费链条，提升收益并增强IP生命力。

1.文创产品的文化赋能

符号化设计：将文化IP的核心符号转化为实用或收藏品。例如，南宁之夜以壮锦纹样设计服饰、家居用品，单价低至30元，但溢价率达300%；“平湖山海几千重？”推出“稻田盲盒”，内含稻种与文化故事卡，兼具教育性与趣味性。

场景化消费：将体验场景转化为消费场景。例如，青岛明月·山海间的“异兽换装区”带动服装租赁业务，单日收入超2万元；洛阳IP推出“神都探案”主题剧本杀，结合影视IP与实景，客单价提升50%。

2.跨业态融合开发

文旅+商业：通过IP联名合作扩大影响力。例如，黄帝文化IP与蒙牛合作推出“创世故事”牛奶罐，借力快消品渠道传播；邵阳湘窖文化园将酿酒工艺转化为工业旅游体验，并推出“文化酒”系列，溢价率达40%。

数字IP衍生：如《山海经》数字藏品、AR互动游戏，降低实体开发成本；将IP故事改编为短视频、有声书，通过流量分成获利。

3.线上线下联动营销

流量反哺：线下体验吸引线上传播，线上流量反哺线下消费。例如，山东竹泉村在村内开设直播间，实时展示农产品加工过程（如沂蒙香肠、小米等），结合“线上预售+线下提货”模式，既推广产品又引流至实体店铺；竹泉村举办“竹泉村桃花节”“国风文化节”等活动，通过线上预售门票、话题营销（如#山东最美乡村#）吸引年轻群体参与，活动期间同步开启直播，扩大影响力。

（四）策略四：动态迭代——低成本维持IP生命力

通过“小步快跑”的迭代策略，避免大规模投入，保持IP新鲜感。

1.主题化运营与快速调整

主题月/节庆活动：每月或每季度更换主题，利用现有资源并快速调整。例如，象州梦幻夜推出“电音狂欢月”“非遗手作月”，仅需更换灯光主题与活动内容；南宁之夜在春节推出“年货市集”，端午节增加“龙舟主题灯光秀”，成本仅为常规活动的1/5。

快闪活动：通过短期热点吸引流量。例如“平湖山海几千重？”邀请本地乐队举办“稻田音乐节”，利用现有场地与设备，成本低但传播效果显著；洛阳IP与《风起洛阳》剧组联动，推出“神都探案”快闪活动，吸引剧迷打卡。

2.数据驱动的精准迭代

用户行为分析：通过客流热力图、消费数据等方式优化运营。例如，东坡庙会发现游客停留时间集中在“美食区”，增设“文化小剧场”缩短游客分流时间；青岛明月·山海间通过问卷调查，将“神话巡游”表演频率从每日2场增至3场，提升参与度。

敏捷开发机制：建立快速响应团队，根据反馈24小时内调整内容。例如，南宁之夜发现游客对“壮锦手作”兴趣低，次日改为“壮族山歌对唱”互动活动；新琅琊不夜城根据抖音热榜，临时增加“国风舞蹈”表演，单日曝光量提升50%。

3. 跨IP联动与生态构建

IP矩阵化运营：将单一IP扩展为IP宇宙，形成协同效应。例如，洛阳IP联动《风起洛阳》《神都祭》等影视作品，打造“神都宇宙”文旅品牌；轻资产不夜城设计方将“不夜城”系列IP与“武侠城”“山海经”联动，推出跨城联票。

跨界合作：与非文旅品牌合作，拓展IP边界。例如，黄帝文化IP与华为合作开发“AR黄帝故里”App，借力科技品牌扩大用户群；“平湖山海几千重？”与本地农业合作社合作，推出“稻田认养”项目，将IP与乡村振兴相结合。

轻资产不夜城通过文化IP的在地化提炼与低成本复用，为中小城市激活夜经济、塑造文旅品牌提供了新路径。其核心在于以创意为引擎，以科技为杠杆，以在地文化为根基，构建“低成本、高体验、可持续”的文旅生态。

轻资产不夜城的本质是“文化资源的算法化运营”——通过精准提炼文化DNA、构建可复用的符号系统、设计低干预的变现通路，实现文化价值与经济价值的动态平衡。这种“轻资产、重运营、深文化”的模式，为城市更新与乡村振兴提供了可复制的创新范式。

第七章
CHAPTER SEVEN

沉浸式不夜村：乡村旅游市场的消费盘活

乡村夜间经济的激活，本质是乡土 IP 的现代性重构与城乡情绪资本的循环再生。情绪地理学视角下，乡村空间不仅是物理场域，更是情感记忆的容器。

从治理维度看，乡村夜游是“情绪基础设施”的构建。通过“农事认养”“乡土市集”等互动形式，城乡群体在协作中重构信任关系，而数字平台（如抖音乡村直播）则放大了情感共鸣的辐射范围。沉浸式不夜村的实践反映，情绪地理学的“空间情感映射”理论能够将文化资源转化为治理效能，为乡村振兴提供“情感—经济—生态”三位一体的解决方案。

第一节 乡土IP的现代性重构

SECTION

一、乡村场域的双重属性：地理坐标与集体记忆的叠加态

情绪地理学将空间视为情感流动的载体，强调物理空间与情感体验的互动关系。传统乡村空间正经历从物理容器到情感介质的范式转换。

（一）地理坐标的物质性重构

建筑空间的叙事转化：废弃老宅改造为民宿时，保留70%原始结构以维系“乡愁记忆”，同时植入智能温控系统提升舒适度，形成“废墟美学”与现代体验的共生。

自然景观的情绪编码：沂蒙山区的梯田通过AR技术叠加虚拟农耕动画，使二十四节气知识从抽象概念转化为可交互的沉浸式体验，游客参与度提升。

（二）集体记忆的情感性激活

民歌符号的AR场景化：沂蒙山小调通过声景地图定位技术，在特定地理坐标触发全息投影演出，使民歌从听觉艺术扩展为多感官叙事。

仪式空间的情绪共振：竹泉村篝火晚会通过“火光—星空—民谣”三重元素构建仪式场域，提升游客体验感和停留时间。

情绪地理学为乡村旅游提供四种创新路径：

空间生产范式：从功能导向转向情感密度计算，量化场景情绪价值。

文化转化逻辑：建立“符号—体验—记忆”三级转化链，如将民歌转化为AR交互装置、非遗技艺转化为研学课程。

治理模式升级：以“30%文化控股权”制度保障村民情感资本权益，避免商业开发中的文化主体性丧失。

可持续发展机制：构建情绪价值评估体系，平衡文化真实性与商业可行性，实现情感资产的代际传承。

二、乡土IP的再生产逻辑

乡土IP的再生产逻辑建立在文化符号学与产业经济学的交叉领域，其核心是通过内容创新、主体激活与价值平衡，实现乡村文化资源的可持续开发。

根据《关于推动文化产业赋能乡村振兴的意见》精神，乡土IP的再生产需完成“从文化符号到产业生态”的跃迁。以福建省泉州市蟳埔村“簪花围”、贵州省榕江县“村超”等案例为参照，乡土IP的再生产需遵循“叙事重构—主体协同—价值评估”的三元模型，形成文化传承与产业发展的闭环系统。

（一）“星空故事会”的叙事策略：口述史与星象文化的时空编织

1. 口述史的沉浸式转译

通过数字技术将口述史转化为可体验的叙事空间，是乡土IP再生产的核心路径。江西省婺源县篁岭村以“晒秋”农俗为基础，将传统晾晒场景与星象文化结合，构建“星空故事会”夜间体验项目。游客通过AR眼镜扫描星空，触发虚拟场景中村民口述的农耕传说，形成“天象—土地—记忆”的立体叙事网络，使文化传播效率提升3.2倍。该模式需遵循“双轨制叙事”原则：

历史真实性：邀请非遗传承人参与口述史采集，确保故事内核符合地方文化基因。

技术适配性：采用基于位置服务技术实现场景化触发，如篁岭村根据北斗七星方位设计不同故事节点。

2. 星象文化的符号化延伸

将天文知识与乡土信仰相结合，开发“星座农事历”等衍生IP。例如，丽水应星楼以南宋古楼应星楼为核心，复建九层塔楼，展示少微处士星宿、二十八星宿等传统星象文化符号，同时还结合丽水千位进士历史打造“天人合一”主题展览。此类设计需规避文化误读风险，建议成立由民俗学者、天文学家组成的“文化真实性委员会”，对符号转化进行伦理审查。

（二）新乡贤生态圈构建：上海艺术家驻村计划的蝴蝶效应

1. 多元主体的协同创新机制

新乡贤生态圈通过“外部智力导入＋在地能力激活”实现文化再生产。例如，福建省屏南县龙潭村引入艺术家林正碌团队，发起“人人都是艺术家”项目：

技能赋能：农民通过油画创作将农耕记忆转化为艺术商品，年销售额超800万元。

制度创新：政府颁发“新村民居住证”，赋予外来创客村级事务参与权，形成“老村民—新村民—游客”的三元治理结构。

该模式已复制至前汾溪、前洋等10余个村落，带动文创产业增长。

2. 跨地域资源的产业链整合

上海宝山区月浦镇“月小狮”IP的孵化，体现了城市艺术资源与乡村文化的深度融合。月浦镇艺术家以传统舞狮为原型，植入当地葫芦雕刻技艺，开发出涵盖动漫、手办、主题民宿的IP矩阵；通过“设计在上海—生产在乡村—销售在云端”的协同模式，带动周边农户年增收。此类实践需建立“创意共享平台”，通过区块链技术实现IP版权确权与收益分配。

（三）IP价值评估体系：文化真实性与商业可行性的动态平衡

1. 文化真实性的量化监测

建立“文化纯度指数”（CPI），从符号完整性（如传统建筑原貌保留度）、参与深度（如村民在IP开发中的决策权重）、情感共鸣度（如游客情绪指数）三个维度进行评估。

比如，就符号完整性方面而言，以北京中轴线“数字中轴系统”项目为例，通过生成式AI、云游戏传输流控算法和虚拟化云渲染技术，对北京中轴线核心遗产区进行完整场景重建，实现文化遗产的数字化保存。利用3D建模和大数据分析，动态监测建筑群、植被等元素的形态变化，确保数字孪生场景与实体遗产的高度一致性，间接量化文化真实性。

2. 商业可行性的动态建模

采用“IP生命周期曲线”预测价值变现能力。

导入期：通过抖音直播、跨界联名等方式获取流量，如“村BA”与运动品牌联名球衣单日销售额破千万元。

成熟期：延伸至研学、康养等衍生业态，如篁岭村开发“晒秋研学课程”，客单价提升至680元/人，包含民俗记录、非遗制作、导师课题指导等。

衰退期：启动“IP焕新计划”，通过故事情节迭代（如新增AR剧情支线）延长生命周期。

3. 社会效益与经济效益的均衡算法

构建“乡村IP价值评估矩阵”，将文化传承度、村民参与率、旅游收入增长率等指标纳入权重计算。例如，荆州八岭山镇铜岭村采用“村委会+农户+基地”模式，全村一起发展农业观光游，深度挖掘本土历史文化资源（如铜铃岗传说、关羽练兵故事等），将文化叙事转化为文旅品牌的核心竞争力。村民人均年收入增加万元，全村350户参与分红。通过联农带农机制（如入股、分红、培训）提升村民主体性，确保IP开发与村民利益共享。[①]

三、乡土IP的现代性重构核心路径

（一）符号创新：从静态文化遗产到动态文化基因

1. 形神兼备的IP塑造

乡土IP需兼顾“形”（视觉符号）与“神”（文化内涵）。例如，贵州“村超”“村BA”通过提炼乡土体育文化的精神内核，结合现代竞技形式，将传统民俗转化为具有大众参与感的符号。上海“月小狮”IP将舞狮民俗与葫芦产业符号结合，形成兼具传统底蕴与现代审美的视觉形象。

2. 叙事逻辑的现代转译

传统乡土故事需通过“再叙事”与当代价值观共振。例如，西南小凉山的“甘嫫阿妞”传说，通过舞蹈、音乐剧、沉浸式演出等多元表达，将彝族文化转化为可体验的现代叙事。类似地，哪吒IP从“宿命论”转向“我命由我不由天”的个体觉醒，为乡土IP提供了叙事重构的范例。

（二）技术赋能：数字技术驱动的形态跃迁

1. 文化遗产的数字化转化

利用VR、AR等技术活化静态资源。例如，重庆蚩尤九黎城将苗族建筑、刺绣等元素植入网络游戏，实现文化符号的跨媒介传播；成都“动态水墨渲染引擎”将三星堆纹样转化为数字粒子流，为乡土IP的视觉语法提供技术参考。

2. 虚实融合的沉浸式体验

元宇宙技术为乡土IP创造新场景。例如，“山河社稷图”被转化为虚拟制片系统，游客可通过VR设备进入神话空间。江西婺源“晒秋”景观通过数字传播形成全球文化符号，展示了物理空间与数字流量的协同效应。

---

① 荆州区成立铜岭岗蔬菜主题公园 让村民都当老板［EB/OL］.（2018-03-08）［2025-07-10］. http://news.jznews.com.cn/system/2018/03/08/011930013.shtml.

（三）产业生态：从单一开发到三产融合

1. 产业链的延伸与增值

乡土IP需构建“文化+产业”生态。福建蟳埔村“簪花围”通过非遗技艺开发文创产品，带动旅游、手工艺和电商产业链。成都“科创+人文”模式以超算中心、区块链技术支撑IP开发，形成从数字资产到实体经济的闭环。

2. 社区参与的共创模式

村民作为文化传承主体，需深度参与IP运营。例如，中国台湾“电音三太子”将传统庙会与电子音乐结合，形成两岸文化对流；贵州民族村寨通过村民主导的文化工坊，实现IP内容的生产与传播一体化。

（四）传播升维：从地域叙事到全球话语

1. 全媒体传播矩阵

借助短视频、社交媒体扩大影响力。例如，“村超”通过直播裂变式传播，吸引超千万人次在线观看；《哪吒》电影系列以IMDb8.3分和烂番茄98%好评率打入国际市场，[①]证明本土IP的全球兼容性。

2. 文化解码与价值共振

乡土IP需提炼普世性主题。例如，哪吒与敖丙的“身份认同”议题引发全球观众共鸣；彭水蚩尤文化通过游戏叙事连接历史与虚拟世界，形成跨文化对话。

（五）价值转化：从文化保护到持续变现

1.IP衍生品经济开发

超越门票经济，发展数字藏品、主题体验等业态。例如，成都“哪吒NFT”通过区块链确权实现文化资产交易；篁岭“晒秋”衍生出主题民宿、

① 哪吒电影系列以IMDb8.3分和烂番茄98%好评率打入国际市场［N/OL］.（2025-03-01）［2025-07-10］. https://baijiahao.baidu.com/s?id=1825344960135325223&wfr=spider&for=pc.

农产品品牌等复合收益模式。

2.生态系统的可持续性

需建立政府、企业、村民协同机制。例如，贵州“数字雨林”生态整合高校、企业资源，形成技术研发与艺术创作的共生网络；福建推动“全员持股”机制，平衡文化保护与商业开发。

乡土IP的现代性重构，本质上是将传统乡村文化符号、资源与当代技术、产业和价值观相融合的过程。这一重构既需要保留乡土文化的内核，又需通过创新表达和传播方式实现文化价值的再生与经济效益的转化。

第二节　城乡情绪流动的治理价值

SECTION

在城乡二元结构长期存在的背景下，城乡之间的“情绪流动”——情感、文化、经济、信息等要素的双向互动与融合——成为乡村振兴的重要驱动力。山东省临沂市沂南县竹泉村，通过系统性治理策略，将原本封闭的乡村转化为开放的文旅综合体，不仅实现了经济转型，更重构了城乡关系中的情感纽带与价值认同。

一、文化认同的重塑：从“文化孤岛”到“情感共同体”

1. 传统民俗的活态传承

竹泉村以“竹泉古村”为核心，通过保护与活化传统建筑、手工艺和节庆习俗，构建了文化认同的物质载体。例如，村内保留的明清古宅、竹编技艺、沂蒙民歌等，被融入旅游体验中。竹泉村竹编手艺人被景区聘为文化展示者，其竹编技艺不仅成为游客体验项目，更让村民重拾对本土文化的自豪感。这种文化符号的具象化展示，打破了乡村文化“边缘化”的负面情绪，转而形成“文化自信”的正向流动。

2. 城乡文化的融合创新

竹泉村在保留传统的同时，主动吸纳城市文化需求。例如，2025年“凤凰文化主题活动”中，汉画像石凤凰元素与现代艺术结合，形成“古今对话”的文化景观。此外，景区引入“汉服体验”“文创雪糕”等年轻化业态，既吸引城市游客，又让村民感受到传统文化的现代价值。这种双向的文化流动，消解了城乡文化割裂的对立情绪，构建了“传统与现代共生”的情感纽带。

3. 红色基因的当代诠释

作为沂蒙红嫂精神的发源地之一，竹泉村将红色文化与旅游深度融合。例如，“红石寨凤凰民艺馆”展示红嫂用草药救治伤员的历史，并通过现代扎染技艺延续其精神内核。红色文化的情感共鸣，不仅强化了村民的集体记忆，也通过旅游叙事将红色基因传递给城市游客，形成跨越城乡的情感认同。

二、经济利益的共享：从“资源掠夺”到“共富共赢”

1. 资源转化的“借景生金”模式

以竹泉村为代表的“外部资金撬动模式”，最初就决定了由市场主导的首要原则，开发、经营和管理均采取市场化运作。县、镇两级政府分别成立旅游开发建设指挥部，选派专人专岗，出台扶持政策，协调处理关系，解决制约因素。

将闲置土地、竹林、泉水等资源转化为资产。例如，竹泉村2期红石寨项目流转范家庄1500亩，村民年均增收816元，村集体年增收60余万元。[①]这种“资源变资产、农民变股东”的路径，打破了城乡经济利益的零和博弈，让村民从“被动旁观者”变为“主动参与者”，缓解了城乡收入差距引发的负面情绪。

2. 就业机会的“家门口”供给

旅游业创造了大量就业机会。相关资料显示，景区直接用工200余人，80%村民家庭收入依赖旅游，而民宿、农家乐等业态更吸引年轻人返乡创

① 文旅部微调研：临沂沂南打造旅游扶贫新模式［EB/OL］.（2020-01-15）［2025-07-10］. https://www.sdnews.com.cn/wenlv/lyjj/202001/t20200115_2665259.htm.

业。就业机会的本地化供给，减少了青壮年外流导致的“空心化焦虑”，增强了村民对乡村的归属感与希望感。

3.利益分配的“风险共担”机制

竹泉村探索“国有公司+村集体+经营主体+农户”的多方合作模式，通过利润共享、风险共担机制，避免资本单向剥削。例如，景区与村民共建商铺、民宿，确保村民获得稳定分成。这种“共富”模式缓解了城乡经济利益冲突，将“被开发”的被动情绪转化为“共同致富”的积极预期。

三、生态价值的转化：从“环境焦虑”到“生态福祉”

1.生态保护的“生命共同体”理念

竹泉村在开发中坚持“先保护后开发”原则，通过铺设污水管网、建设污水处理站等措施，将生态治理纳入基础设施建设。泉水、竹林、古村落的保护，不仅维持了生态系统的完整性，更让村民意识到“绿水青山”是可持续发展的根基。这种生态治理的共识，缓解了开发与保护的矛盾情绪，形成“生态即资本”的认知转变。

2.绿色经济的“循环链条”

竹泉村构建了“三产融合”模式：第一产业（竹林种植、采摘园）、第二产业（山泉水加工、手工艺品）、第三产业（旅游服务）之间形成闭环。例如，竹编技艺转化为文创产品，竹林资源支撑生态旅游，农产品通过电商销往城市。这种循环链条将生态价值转化为经济收益，使村民从“环境破坏者”转变为“生态守护者”，强化了城乡生态协同的正向情绪。

3.碳中和目标的“实践探索”

竹泉村通过推广太阳能、节能建筑等方式减少碳排放。同时，其“田园综合体”模式将农业与旅游结合，减少资源浪费。这种可持续发展路径既回应了城市对低碳生活的追求，也提升了乡村在绿色经济中的价值认同，推动城乡生态治理的协同合作。

四、社会参与的机制：从“被动治理”到“共建共治”

1.党建引领的“核心凝聚力”

竹泉村构建了“县委把关、乡镇主体、村支部落实”的党建体系，通过党员带头示范，动员村民参与环境整治、文化传承等事务。例如，2024年开展捐赠活动，乡贤捐赠清扫设备，企业捐赠音响，形成“党员+乡贤+群众”的治理网络。党建的引领作用，将分散的个体情绪凝聚为集体行动力。

2.乡贤反哺的“情感纽带”

竹泉村通过乡贤捐赠、返乡创业等政策，吸引外出人才反哺家乡。例如，临沂双状元食品厂捐赠物资。乡贤的回归不仅带来资金与技术，更传递了“回报乡土”的情感价值，缓解了城乡人才单向流动的焦虑，形成“反哺—回报”的良性循环。

3.基层协商的“民主参与”

竹泉村通过“村民议事会”“合作社会议”等平台，让村民参与决策。例如，环境改造中征求村民对道路硬化、垃圾处理的意见，确保治理措施符合村民需求。这种协商民主增强了村民的主体意识，将“被治理”的被动情绪转化为“共建家园”的主动参与。

五、数字化治理的创新：从“信息孤岛”到“智慧互联”

1.智慧旅游的“精准触达”

竹泉村通过线上平台（如景区官网、社交媒体等）推广文旅产品，吸引城市游客。同时，利用大数据分析游客偏好，优化服务供给（如增设亲子研学项目）。这种数字化触达打破了城乡信息壁垒，让乡村文化通过数字渠道获得更广泛的情感共鸣。

2. 电商平台的“产销对接”

竹泉村发展农产品电商，将沂蒙煎饼、竹叶青豆浆等特产直供城市消费者。线上销售不仅增加了村民收入，更通过产品故事传递乡村文化，形成“消费即支持”的情感联结。

3. 数字化管理的“效率提升”

景区引入智能监控、电子票务系统，提升服务效率。同时，通过App提供导览、投诉反馈等功能，增强游客体验。数字化工具的运用，缩小了城乡公共服务的差距，减少因效率低下引发的负面情绪。

竹泉村的实践表明，城乡情绪流动的治理并非简单的资源调配，而是通过文化重塑、经济共享、生态协同、社会参与等路径，构建起“情感共同体”与“利益共同体”。这种治理模式不仅破解了乡村衰败的困境，更探索出城乡融合发展的新范式——让乡村成为承载文化记忆、实现生态价值、凝聚社会共识的“情感纽带”，最终实现“各美其美，美美与共”的乡村振兴图景。

第八章

CHAPTER EIGHT

海外中国之夜：中国爆款文化符号的创意出海

中国文化的全球化传播面临“文化折扣”困境，而轻资产不夜城模式通过符号的跨语境转化与标准化操作系统，正在重构“情感外交”的新范式。

“海外中国之夜”不仅是文化展演，更是情感共同体的构建。通过“365天春节主题街区”与“杂技餐秀”“龙舟宴”等沉浸式体验，中国符号从“他者”转为“参与者”，通过情感共鸣消解意识形态差异，为全球化时代的文化对话提供了轻资产、高黏性的中国方案。

第一节 文化符号的跨语境转化

SECTION

在全球化与数字化的双重浪潮下，文化符号的跨语境转化成为文明对话与文化认同的关键议题。文化符号不仅是特定文化的核心标识，更是跨越地理与语言壁垒的“通用语言”。然而，文化符号的跨语境传播往往面临“文化折扣”(cultural discount)的困境——符号在不同语境中的意义可能被误解、弱化甚至扭曲。如何通过系统性策略实现文化符号的跨语境转化，使其在保留核心价值的同时获得目标受众的共鸣，成为当代文化传播的重要命题。

一、从“文化折扣”到“熟悉感中的陌生化”

在跨文化传播的语境下，文化折扣始终是难以逾越的鸿沟。霍斯金斯(Colin Hoskins)提出的理论揭示，文化产品因价值观、审美习惯差异导致的目标市场价值衰减，其核心矛盾在于编码与解码的不对称性。以中国传统文化符号为例，水墨意境的抽象性与节气哲学的隐喻性，与西方受众对直观叙事的偏好形成结构性冲突。

情绪地理学的引入为破解这一困境提供了新视角。该理论强调文化传播不仅是符号的物理位移，更是情绪体验的空间重构。哈格里夫斯(Hargreaves)提出的五维度模型(社会文化地理、道德政治地理、专业地理、物理地理、时间地理)，揭示了跨文化传播需突破的复杂场域。

（一）解构文化折扣：理论框架与实践挑战

1. 文化折扣的结构性矛盾

符号解码困境：东方文化符号的深层意涵常依赖集体记忆与隐喻系统。例如，水墨画中的“留白”美学在西方观众眼中可能被视为“未完成”，而非“意境留白”。

价值体系冲突：儒家文化中的“和为贵”与西方个人主义价值观的冲突，导致文化传播中的意义扭曲。

技术适配滞后：传统传播手段（如静态展览）难以激活跨文化受众的感官共鸣，数据表明72%的海外观众对文化符号的参与度不足。

2. 情绪地理学的传播突破

通过三维度模型重构文化传播路径。

社会文化地理：调整情绪表达方式（如将京剧的“含蓄之美”转化为西方可感知的肢体语言）。

物理地理：利用空间场景的异质性嫁接（如伦敦酒吧中的水墨粒子）。

时间地理：通过历史记忆的当代转译（如AR重现敦煌壁画与街头涂鸦的对话）。

（二）科技赋能文化叙事：消解隔阂的沉浸式体验

1. 全息投影与AR/VR技术的符号可视化实践

数字技术正在重构文化符号的感知维度。敦煌莫高窟的数字化实践堪称典范：通过高精度图像采集与三维重建技术，壁画中的飞天衣袂褶皱动态被毫米级复现，游客佩戴AR眼镜即可透视颜料层下的线描底稿。这种“解剖式观赏”打破了文物保护与展示的二元对立，使北魏至元代的艺术流变成可追溯的视觉叙事。更突破性的尝试来自“数字藏经洞”项目，游戏引擎的全局动态光照技术让藏经洞文物在虚拟空间中重现历史光泽，用户通过手势交互可“拾取”经卷并查看多语言注解，使文化遗产的阐释权从专家系统向公众开放。

2. 科技作为“中性媒介”的意识形态消解策略

在跨文化传播中，技术的中立属性成为化解争议的润滑剂。北京亮马河国际风情水岸的实践颇具启示：激光投影打造的“星空走廊”用抽象光粒子替代实体灯笼，既保留春节符号的欢庆内核，又规避了一些宗教文化对明火装置的禁忌。类似地，少林功夫的海外巡演引入动作捕捉系统，将武僧的拳法轨迹转化为实时数据可视化，使“力量美学”脱离东方神秘主义语境，转化为全球青年共享的身体语言数据库。

这种技术赋能的“去政治化”在故宫《石渠宝笈》数字展中达到新高度。通过AI算法动态调整《千里江山图》的色彩饱和度与构图比例：当观众注视山体时增强青绿对比度，聚焦亭台楼阁时凸显透视关系。技术在此成为文化认知的调谐器，使意识形态争议让位于普世审美体验。

3. 多模态感知系统的文化通感构建

沉浸式体验的核心在于激活身体的认知潜能。湖南省博物院的马王堆汉代文化沉浸式数字大展构建了跨感官叙事矩阵：当观众触摸全息投影的帛画时，骨传导耳机同步播放对应纹样的编钟音律，足底压力传感地板则模拟汉代墓道的夯土质感。这种多模态交互暗合梅洛·庞蒂的具身认知理论，使汉代宇宙观从抽象哲学转化为可体验的“身体记忆”。

箭扣长城的修缮中通过无人机、AI图像识别等技术精准记录长城现状，遵循“最小干预”原则进行修缮，确保历史原真性。腾讯公司主导开发“云游长城”小程序，利用VR技术让用户在线“触摸”长城砖瓦，突破地理限制，使文化遗产触手可及。技术在此扮演文化守门人与破壁者的双重角色，既维护文化尊严又消解观赏隔阂。①

（三）算法适配语境：数字叙事网络的全球化渗透

5G与云游戏技术正在重塑文化传播的地理边界。敦煌研究院推出的

---

① 让“修长城”，走出去［N/OL］.（2024-09-06）［2025-07-10］. https://www.bjnews.com.cn/detail/1725621136168618.html.

“数字敦煌”国际版，允许欧洲用户通过云端渲染在本地设备体验4K级洞窟漫游，网络延迟控制在12毫秒以内。[①]更革命性的突破来自首钢园发布的沉浸式科幻技术空间协同创新平台，[②]该体系整合实时渲染、动态捕捉与无线传输技术，未来能使三星堆青铜神树在柏林博物馆实现AR叠加展示，德国观众扫描展签即可触发古蜀国祭祀场景的数字孪生。

这种技术驱动的“文化超链接”在商业领域展现强大势能。成都旭靖芳华影业运用AI视频生成工具，将中国短剧元素拆解为“东方美学符号包”，通过算法适配不同文化语境，其年营收突破1200万美元。技术叙事在此超越语言障碍，构建起基于图像符号的全球对话网络。

（四）符号转化逻辑：在地化叙事与普世情感的平衡

实现从文化折扣到情感共鸣的转化，需要遵循三层逻辑框架。

1. 符号层：元叙事解构与超文本重组

将传统文化符号（如龙纹、书法）剥离原有语境，提取“力量”“自由”等普世母题。例如，轻资产不夜城沙特项目中，丝绸之路IP与阿拉伯香料文化通过“商队叙事”融合，以“探索精神”替代历史话语，规避政治敏感话题。

2. 技术层：感知系统的跨文化适配

采用神经美学（Neuroaesthetics）原理，通过眼动追踪与脑电波测试优化视觉焦点（如将京剧脸谱核心纹样置于西方观众的黄金视域）。

3. 制度层：动态数据库的符号匹配机制

建立包含2000多个文化关键词的IP适配库，实时匹配本地文化禁忌与情感偏好。例如，在印尼市场，自动屏蔽“龙舟竞渡”中的竞赛符号，

① “数字藏经洞（国际版）”发布，海外用户将可一键“穿越”游敦煌［N/OL］.（2023-11-13）［2025-07-10］. https://tech.huanqiu.com/article/4FL9f5B0uhy.

② 沉浸式科幻技术空间协同创新平台在首钢园发布［N/OL］.（2024-12-13）［2025-07-10］. https://baijiahao.baidu.com/s?id=1818334392849941840&wfr=spider&for=pc.

强化“团结协作”元素以契合集体主义价值观。

这种转化机制通过创造“既熟悉又陌生”的混合体验，中国符号得以在跨文化语境中实现从“他者凝视”到“主体间性”的范式转换。

二、文化符号跨语境转化的实践路径

（一）技术驱动的空间重构：从符号解码到情感沉浸

1.数字技术赋能的空间叙事

虚拟现实（VR）与增强现实（AR）的地理化应用。通过VR/AR技术，文化符号可被嵌入目标受众熟悉的地理空间中。例如，故宫博物院与腾讯合作的“数字故宫”项目，将《千里江山图》转化为可漫游的虚拟山水场景，游客在虚拟空间中“行走”时，可通过地理坐标触发历史事件的叙事片段，形成“人在景中，景生情”的沉浸体验。这种技术重构的空间叙事，将文化符号的视觉符号（如青绿山水）转化为可感知的地理情感体验。

地理信息数据（GIS）的符号定位。利用GIS技术，可将文化符号与特定地理坐标绑定，形成“符号—空间—情感”的三维关联。例如，敦煌研究院通过AR地图标注莫高窟壁画中的飞天形象，游客扫描洞窟时，飞天图像会“飞出”壁画并与当地地貌（如鸣沙山）互动，强化“飞天源于自然”的情感联结。

2.情绪地理学的空间设计策略

情感化地理场景的构建。在旅游目的地设计中，通过景观符号的排列组合与空间节奏的控制，引导游客产生特定情绪。例如，竹泉村将竹林、泉水、古村落的空间布局设计为“渐进式情感旅程”：入口处的竹林小径引发期待，中心古泉激发敬畏，民宿群落营造归属感。这种空间动线与情感曲线的匹配，使文化符号的体验更具层次感。

数字孪生技术的情感映射。通过数字孪生技术，可将物理空间与虚拟情感数据叠加。例如，杭州西湖的“情绪地图”项目，通过游客行为数据与社交媒体情绪分析，将湖心亭、苏堤等景点标注为“浪漫”“宁静”的情感节点，再通过AR引导游客在特定地点触发文化符号（如苏轼诗句的全息投影），实现空间与情感的精准匹配。

（二）叙事创新与地理记忆的融合：从符号到情感共同体

1. 地理叙事的跨文化转译

地方性知识的全球化表达。将文化符号嵌入具有普遍意义的地理叙事中。例如，中国“茶文化”的传播可结合“丝绸之路”地理叙事，纪录片《茶路》通过展现茶树从云南古茶山到欧洲港口的地理迁徙，将茶的符号与“交流”“和平”等普世价值绑定，使目标受众在地理空间的流动中理解其文化内核。

本土化地理隐喻的创造性转化。通过目标文化熟悉的地理意象重构符号意义。例如，非洲观众对“黄河”的认知可能模糊，但若将其与“尼罗河”类比（如“黄河文明与尼罗河文明的对话”展览），通过地理隐喻的关联，可激发其对中华文明的探索兴趣。

2. 情绪地理学的情感记忆点设计

地理地标的情感符号化。将文化符号与目标受众心中的“情感地标”相结合。例如，法国巴黎的埃菲尔铁塔是自由与现代性的象征，中国艺术家在巴黎举办“铁塔上的中国红”展览，将传统灯笼与铁塔的几何结构结合，通过地标的情感价值传递文化符号的现代性。

集体记忆的地理唤醒。通过文化符号激活特定群体的地理记忆。例如，针对东南亚华人群体，可设计“南洋之路”主题展，将福建土楼、妈祖信仰等符号与南洋移民的地理迁徙路线相结合，唤起其族群记忆中的情感纽带。

（三）生态协同与情绪共鸣：从符号消费到文化共生

1. 跨文化IP的地理生态构建

地域文化符号的产业链延伸。通过文化符号的地理化IP开发，形成

“符号—产品—体验”的生态闭环。例如，少林寺将“禅武文化”与河南嵩山的地理特征相结合，开发“少林禅修之旅”线路，游客在登山过程中通过AR学习武术动作，将符号体验与地理探索结合，形成深度情感联结。

全球协作网络的地理化布局。在海外建立“文化符号体验中心”，将其融入当地地理环境中。例如，伦敦的“中国园”将苏州园林的符号（如亭台、太湖石等）与泰晤士河畔的地理景观结合，游客在行走中感受“东方美学与西方城市空间”的对话，实现跨文化符号的共生。

2. 情绪地理学的社群参与机制

在地化情感社群的培育。通过地理标记（如Instagram的“文化符号打卡点”）激发用户参与。例如，敦煌研究院发起“飞天手势挑战赛”，鼓励游客在莫高窟外拍摄与飞天壁画相呼应的姿势，通过地理定位分享，形成全球社群的情感共振。

数字游民的符号地理实践。针对Z世代的“数字游牧”趋势，设计“文化符号地理寻宝”活动。例如，用户通过App在特定地理坐标上解码隐藏的汉字或纹样，解锁文化故事，将符号传播转化为地理探索游戏，增强参与感与情感投入。

文化符号的跨语境转化需超越符号的表层移植，通过技术赋能的空间重构、叙事创新的地理转译、生态协同的情感联结，构建“符号—空间—情感”的协同系统。情绪地理学在此过程中扮演关键角色：它不仅揭示了地理环境如何塑造符号的情感意义，更提供了通过空间设计、数据驱动与社群参与实现文化共鸣的实践框架。

未来，随着元宇宙技术的成熟，文化符号的跨语境转化将进入“虚实共生”的新阶段，而情绪地理学的理论与方法，将成为解码人类情感与空间关系的核心工具，推动文化符号在全球化语境中实现从“符号传播”到“情感共生”的跃迁。

第二节　轻资产模式的国际复制路径

SECTION

在“一带一路”倡议背景下，沙特阿拉伯作为倡议的重要节点，其“2030愿景”与中国的“轻资产出海”战略高度契合，中国与沙特阿拉伯的文化合作项目也成为符号嫁接的典范。2025年轻资产不夜城设计团队与沙特阿拉伯签订相关文旅项目，以丝绸之路IP为核心，通过“香料叙事”重构文化符号系统，将阿拉伯半岛的乳香、没药等贸易史与中国茶马古道符号进行跨时空嫁接。

轻资产模式以“技术输出、品牌授权、运营管控”为核心，通过降低重资产投入（如土地、设备、厂房）实现风险分散与资源优化。其优势有以下几个方面。

资本效率：减少初始投资，依赖合作方资金或当地资源。

风险可控：通过管理费、分成收益等获得稳定现金流。

文化适配：灵活调整产品与服务以适应本土需求。

沙特“2030愿景”[①]提出到2030年将旅游业收入提升至1万亿里亚尔（约合2667亿美元），并计划将非石油经济占比从18%提升至50%。沙特计划投入1.1万亿美元用于基建，包括NEOM智慧城市、利雅得娱乐

---

① 列国鉴 · 沙特 | 记者观察：摆脱“石油依赖” 沙特坚定转型［EB/OL］.（2024-06-03）［2025-07-10］. http://www.xinhuanet.com/world/20240603/539ce0197e3a4b068383270ab1f0a014/c.html.

设施等，为轻资产文旅、物流等项目提供落地场景，而中国“春节文化”与沙特本土节庆的融合（如开斋节、沙特国庆等），也为文化输出提供情感纽带。

一、沙特案例的核心要点

（一）丝绸之路IP与阿拉伯香料文化的融合策略

历史符号的共情重构：提取丝绸之路“商队精神”作为元叙事，弱化具体朝代背景，强化“探索”“交流”“共赢”等普世价值。例如，在利雅得文化街区设计中，采用驼队雕塑与泉州港帆船元素的抽象融合，通过光影装置呈现香料运输路线与茶叶贸易路线的空间叠合。

嗅觉符号的在地转化：开发“丝路香氛矩阵”，将阿拉伯传统香料（如乌木沉香）与中国沉香进行分子级气味融合，形成具有双文化记忆点的复合香型。

仪式符号的动态再生：打造“香料市集”沉浸式演出，将中国茶道仪式与阿拉伯咖啡礼宾传统进行行为符号嫁接，通过“递—接—共饮”的交互设计，消解宗教仪式差异带来的文化隔阂。

（二）场景化叙事中的“去政治化”设计

面对伊斯兰文化中的禁忌体系，符号嫁接需遵循三级过滤机制。

禁忌符号库预筛：建立伊斯兰文化禁忌关键词的数据库，通过NLP技术自动识别设计素材中的风险元素。例如，自动屏蔽龙纹中的爪部细节（避免与《古兰经》中猛兽象征冲突），将凤凰图案简化为几何化尾羽。

场景化叙事隔离：在文化传播或符号运用中，通过情境的隔离与重构，将敏感符号从特定语境中剥离，避免直接触碰禁忌，同时保留其文化意涵的可传递性。例如，麦地那文化中心项目中，采用“时空抽屉”设计策略——主体建筑外立面使用阿拉伯几何纹样，内部展厅通过可伸缩全息幕布分隔展示空间。当涉及佛教文物展览时，不同场景自动触发物理隔离装置，确保不同宗教符号不发生视觉交叠。

情感替代策略：针对斋月期间的文化活动，开发“光之馈赠”替代方案。例如，用激光投影替代实体灯笼，通过光影变化模拟开斋时刻的集体欢庆，既保留节日氛围又规避明火禁忌。

（三）情绪地理学视角下的空间设计

地理情感锚点：将沙漠景观转化为情感符号。例如，利用沙丘轮廓设计“星空帐篷”，结合当地神话中的“沙漠精灵”故事，通过灯光秀讲述阿拉伯传说，增强游客对自然与文化的归属感。

气候适配：气候不仅是物理条件，更是塑造人类情感体验的重要变量。通过分析不同气候类型对人类情绪的直接影响，优化空间布局与材料选择。例如，高温迫使活动集中在夜间，项目通过“反差体验”设计（如沙漠中的清凉水幕表演、星空下的篝火晚会等），满足游客对“逃离日常”的情感需求。

文化符号的地理绑定：其核心在于将特定地域的历史记忆、集体情感与物理环境深度融合，从而在情绪感知层面强化空间叙事的真实性和文化意涵。例如，将阿拉伯传统建筑（如“法拉杰”水塔）与现代集装箱街区相结合，形成“新旧对话”的空间叙事，强化文化认同。

（四）轻资产模式的实践路径

快速复制与模块化：采用装配式建筑（如耐高温集装箱）和标准化运营手册，3个月内完成建设，降低重资产投入。

本土化运营：与沙特艺术家合作设计“沙漠主题”演艺（如骆驼赛跑、贝都因人舞蹈等），通过“对赌协议”激励本地团队提升游客复购率。

技术赋能：运用AR导航、智能票务系统优化体验，同时开发“沙漠不夜城”元宇宙空间，延长虚拟经济价值。

二、轻资产模式的国际化复制路径要点

1. 政策对接：嵌入“一带一路”与“2030愿景”双重框架

战略协同：中国企业的轻资产项目需与沙特“2030愿景”中的“旅游经济”“青年就业”“文化多元化”目标深度绑定。例如，“轻资产不夜城”项目通过夜间经济激活当地消费市场，直接对接沙特“娱乐城市化”战略。

政策谈判与牌照获取：通过中沙双边合作机制，快速获取关键牌照与政策支持。例如，通过“轻资产不夜城”模式，利用沙特旅游发展基金（TDF）的资本支持，并获得相关牌照。

2. 技术输出：将中国经验转化为“可复制的模块”

标准化产品包设计：将国内成功案例（如开封万岁山武侠城）拆解为可模块化输出的解决方案。

文旅项目模块：包括灯光秀、主题市集、非遗演艺等“文化符号组合包”。

运营系统模块：如库存管理、智能调度技术等。

技术适配与创新：针对沙特气候（如高温、沙漠环境）与文化需求，进行技术改良；“春节限定版不夜城”采用耐高温LED灯饰，并结合沙特本土神话故事进行叙事重构。

3. 本土化运营：构建“文化混血”与“利益共同体”

文化符号的跨语境转化：将中国符号（如春节、武侠文化）与沙特文化（如阿拉伯神话、沙漠生态）融合。

春节元素本土化：计划在沙特阿拉伯不夜城中，将“灯笼”与沙特传统“法拉杰”水塔造型相结合，形成“沙漠红灯笼”景观。

叙事重构：将《山海经》中的“美人鱼”故事与沙特民间传说相结合，设计沉浸式表演。

利益分配机制：通过“轻资产合作框架”实现多方共赢。例如，沙特

方负责投资与土地，轻资产不夜城设计方以“对赌协议”激励本土团队，项目中设定营收目标，超额部分与沙特合作方分成。

4.资本合作：轻资产与重资产的“混合生态”

股权合作模式：轻资产不夜城设计方参考“青岛公路港模式”，通过股权转让与地方国资合作降低风险并保留运营权，实现“零库存”与现金流优化，与沙特主权基金或地方企业合资，分摊基建成本。

金融工具创新：轻资产不夜城设计方利用沙特旅游发展基金（TDF）的低息贷款，或发行不动产投资信托基金（REITs）盘活资产——通过REITs将项目资产证券化，吸引国际资本；探索“春节文化IP”与沙特本地节庆的IP联名，通过衍生品开发获取分成收益。

5.数字化赋能：构建“虚实结合”的运营网络

智能管理系统：通过AR导航、智能票务系统提升游客体验，数据反哺运营优化，实现库存实时监控与智能调度。

虚拟经济延伸：开发“沙特不夜城”元宇宙空间，线上销售数字藏品（如虚拟灯笼、NFT门票等）；利用区块链技术实现跨境支付与分成结算，降低交易成本。

通过政策借力、技术赋能、合作分险、资本撬动与数字转型的五维协同，将中国经验转化为可复制的跨国模式。政策对接为项目出海提供合法性与资源，技术输出确保本地文化适配性，合作模式平衡利益分配风险与收益，资本工具降低重资产压力，数字化则提升合作项目运营效率与价值延伸。这一路径以“轻资产”撬动“重资源”，在沙特及更广泛的国际市场实现可持续增长。

三、轻资产模式出海的三大战略逻辑

1.情绪价值优先：从功能消费到情感绑定

海外轻资产不夜城项目的成功验证了情绪地理学的实践价值——通过

文化共鸣（如《一千零一夜》的故事沉浸）和场景仪式感（如沙漠灯会的视觉震撼），将游客从“旁观者”转化为“参与者”，形成深层次情感黏性。

2. 轻资产复制的全球化适配性

模块化架构与低投资门槛（如集装箱市集）使项目可快速适配不同地区。例如，沙特项目通过“24小时营业+本土化”策略，平衡了夜间经济与沙漠气候的挑战，为其他高温地区文旅开发提供范本。

3. 文化输出的“双向赋能”路径

海外轻资产不夜城项目不仅输出中国运营经验，更以“IP共生”实现文化双向赋能：春节灯会吸引国际游客，而阿拉伯文化元素（如香料美学）反哺中国市场的产品设计，形成全球—本土的价值循环。

沙特阿拉伯项目通过情绪地理学的场景建构与轻资产模式的高效运营，开创了跨文化文旅项目的新范式。

未来，随着“一带一路”倡议的深入推进，此类项目有望成为文化软实力输出的重要载体，在全球夜经济版图中点亮“中国模式”的创新之光。

情绪地理学

DI SI BUFEN

第四部分

寻访笔记

第九章

CHAPTER NINE

让爱深深地踩在田埂上

过去三年，我们跨越大江南北，寻找轻资产不夜城亲历者：他们既是城市管理者，也是街区运营者；既是商铺老板，也是装置舞者；既是本地居民，也是外地游客……

这些轻资产不夜城摒弃了传统文旅项目的重资产路径，转而以“情绪地理学”为坐标：用三维壁画激活沉睡的废马路，用现代表达手法解构游客的时空认知，最终在“新地块、废马路、老景区、产业园”等非典型场域，搭建起连接地方记忆与未来想象的桥梁。

这是中国县域在现代化浪潮中独特的生存智慧：让爱深深踩在土地里，让光轻轻洒在历史的褶皱中。

第一节 南宁之夜寻访

SECTION

项目概况

位于广西南宁五象新区核心，毗邻五象湖中央公园及广西美术馆，总投资仅不到1亿元，占地3万平方米，主街长666米，以“精致国潮+壮乡风情”为主线，融合广西12个世居民族文化元素成为城市新地标，其成功直接拉动片区消费复苏，带动周边15公里就业。被列为广西首批夜间文旅消费集聚区，成为“中国不夜城·浪漫夜广西”品牌的重要载体。

☆ ☆ ☆

情绪是什么？它与地理区位又有何联系？轻资产不夜城又是如何根据区域情绪特征的不同，设计产品特性的呢？其实这次寻访第一站特别安排在南宁，是专门过去赶广西三月三的一场区域性的盛大节日，最能反映当地的情绪特点，怎能错过上天赏赐的好时机。

南宁之夜项目负责人是广旅集团南宁之夜商业管理公司总经理韩娅娜，2024年12月我们在北京县域消费预判与投资促进大会上见过一面，于是早早与韩总约好采访。

2025年3月30日从北京到南宁吴圩机场，飞机由于整修而晚点两小时。

南宁是座慢城，连到这里的航班都是慢的。下机不准开窗，从落地滑行、排队出舱到滑道取行李，像是开了0.5倍速，连我这个自诩慢性子的人都开始担忧起接机人等太久，“算了，既来之，则……按这里的节奏走吧！”

约定的9号门出口封锁，终于在7号门见到来接我的孟兆征（南宁之夜负责人之一）。孟总为了等我，在高速上绕了一圈又一圈。他说：“习惯了，从北京到南宁的航班很大概率不准点，我从西安到这待了三年还是不太习惯这边的节奏。”

上车，他一脚油门踩到了南宁之夜所在地五象新区。幸亏北京这段时间低温，早上穿着棉服来到南宁，没成想四季如春的南宁这两天也在断崖式降温。孟总裹了裹身上的黑色羽绒服，笑了笑说：“从过年到前天一直穿着短袖，昨个把羽绒服从底柜翻出来，扛不住了。”

一路上韩总一直在担心我们到哪了，原来两位为了等我，到下午4点还未吃早午饭（夜文旅人大多日夜颠倒，没有早饭一说）。南宁之夜附近有个商场因街区建成爆火也逐渐有了人气，我们在这里快速吃了饭，离开街还有1小时，抓住时机，与韩总就在饭桌上聊了起来。

采访南宁之夜项目负责人实录

采访人物：韩娅娜，西安人，“轻资产不夜城”东南区域总负责人。2023年9月3日跟随项目驻扎南宁，至今已快三年，对于这个初到的日子她记得尤其深刻。

☆ 第一次对谈 ☆

采访地点：南宁之夜附近商场某餐馆

采访时间：2025年3月30日16：00

一方水土养一方人

编：（夹起面前铁盘里一块牛蛙，有点犹豫但还是放入口中）韩总，您从西安来到广西负责南宁之夜项目也有段时间了，广西和西安各方面差异挺大，您这感受肯定不少。

韩：（笑着点头）是啊，差异太明显了。就说这气候，我最受不了南方的回南天，一般三月之后特别多，天花板上都滴水，特别潮湿，和西安的干燥气候比起来，反差太大了。

编：看来这气候适应起来还挺难。那在生活习惯上呢，您觉得广西这边有啥特别的地方?

韩：（放下筷子，饶有兴致地说）这边人的生活状态和西安太不一样了。街道特别干净，大道两旁全是盛开的花，像黄花风铃木、三角梅、紫薇花和凤凰花，还有芒果树，自然和人类生活区融合得特别好，绿化相当不错。

而且这边的人很随意，好多人喜欢穿拖鞋，我见过一个本地城管在咱们不夜城干活都穿拖鞋，我还经常说他呢。另外，这边夜生活丰富得很，比广东还厉害，晚上十一二点还能看到抱着睡着的孩子逛街的家长。这边下午五六点街上人比较少，神奇的是越晚人越多。

编：这夜生活确实很有特色。那饮食习惯呢，毕竟“一方水土养一方人”，饮食上的差异肯定也反映着区域情绪。

韩：（端起水杯喝了一口）饮食差异可太大了。广西水果特别便宜，我朋友去西双版纳买水果，20块钱一斤，回来广西一看，5块钱一斤。还有这边人爱吃粉，我刚到这连吃了30天粉，后来看到粉就摇头，就想着囫囵一碗西安的大碗面。

南宁口味挺独特，清淡且狂野，以酸辣臭为主，你看像白切鸡带着血水，黄骨鱼都不刮鳞，南宁人觉得这样最新鲜。我刚开始真的接受不了，可在这待三年后，现在回西安吃个肉夹馍都觉得咸了。

编：听您这么一说，感觉广西人的生活挺松弛的，幸福感也强。您觉得这些和区域情绪有啥联系不?

韩：（思考片刻）我觉得关系挺大的。这边自然环境好，水果又便宜，生活压力小，大家就过得很随意，幸福感就强，情绪也比较松弛。就像晚上十一二点还抱着孩子逛街，这要是在西安，可能很少见。这种轻松的氛围能让人的情绪也跟着放松下来。

编：最近刚好赶上广西三月三，听说这对他们来说是个与春节等同的大节日，韩总，您对这个三月三节日感受咋样?

韩：要说这三月三啊，我感受还挺深的。没想到这边放假能放六天，你看这商场都没啥人了，大家都回村里了，那里有很多活动。

编：六天假可太让人羡慕了。那村里都有啥活动呢?

韩：可多啦，村里对歌，好多年轻人聚在一起，歌声此起彼伏的，特别热闹。而且，三月三祭祖在他们心里那可是重中之重，比平时任何一个节日都重要。

去年街区有个员工向我请假回家祭祖，那正是街区最忙的时候，就说让他等两天，没想到他直接说不干了，宁愿辞职也得回去祭祖，这一刻我也明白了广西人对祖先的敬重，也就准了他。

编：他们从内心把这排在了第一位，在咱们的情绪地理学里，不同地域的传统节日其实最能反映当地的情绪特征。

韩：是的，从我的观察来看，广西人很重视家族和传统。祭祖的时候，大家都特别虔诚，那种对祖先的敬畏和对家族的归属感特别强烈。感觉他们的情绪里有一种很深厚的根基，很稳定。他们除了三月三，每逢“六月六、九月九”这种双数日子也会祭祖，这说明他们一直把传统和家族观念刻在心里。

编：您说得太对了。这种浓厚的祭祖文化确实能塑造出稳定、有归属感的区域情绪特征。那您觉得这种情绪特征对南宁之夜项目有啥影响不？

韩：我觉得影响还挺大的。南宁之夜是一个展示广西文化的窗口，广西人这种稳定、有归属感的情绪能让项目更有内涵和底蕴。我们在策划活动的时候，就可以融入更多像三月三这样的传统元素，让游客能更深刻地感受到广西的文化魅力，也能让广西本地人更有认同感。

南宁之夜的情绪空间设计

编：那您当初是怎么接了这个项目？

韩：（*思考片刻*）其实2023年广旅集团希望盘活广西美术馆旁的一块低效用地，但位置偏僻、配套匮乏。他们找到我们团队时，现场还是一片空闲马路，周边缺乏成熟商业氛围。我们与广旅合资成立运营公司，采用“文化+轻资产”模式，前期投资主要用于场景改造而非硬件建设，比如用投影技术替代实体建筑，用移动装置降低固定成本。

编：我们观察到南宁之夜作为文旅融合的标杆项目，在短短两年内实现了超1500万人次的客流量，且多次登上央视报道。从情绪地理学视角，空间设计与人的情感体验密不可分。能否先谈谈项目初期如何规划情绪触点？

韩：南宁之夜的核心逻辑是“用场景唤醒文化记忆，用体验激活情绪共鸣”。我们在一期666米主街中布局了16个行为艺术舞台、30余场非遗主题活动，例如，壮锦灯笼矩阵和打铁花表演，本质是通过视觉冲击与参与式互动，让游客从“旁观者”变为“沉浸者”。比如篝火广场的集体舞蹈环节，就是通过群体情绪共振打破社交隔阂。

编：这很有意思，空间设计能够直接影响人的情感流动。南宁之夜如何通过动线规划或场景设置引导游客情绪？

韩：我们注重“情绪节奏”的设计。比如主街区入口以壮乡铜鼓和灯光秀营造震撼感，中段穿插互动表演（如刘三姐对歌等）拉近距离，尾声的篝火广场则通过集体舞蹈释放欢乐情绪。此外，元宇宙体验馆、碰碰车等设施，通过科技与娱乐的结合，满足年轻人对新鲜感的追求。

编：现在南宁之夜看起来是进入一个稳定期了，后期如何再上一个台阶呢，二期规划有哪些突破？

韩：二期我们打破了夜概念，向日间业态衍生，以“欢乐世界”为核心，分两期建设37项游乐设施，重点解决三个问题。

业态互补：一期以步行街为主，二期增加机动游乐、低龄乐园等，延长游客停留时间。

空间联动：利用中央公园资源，通过巡游、灯光秀串联一二期，避免割裂感。

消费场景：新增主题酒店、青年营地等过夜业态，试点“夜游+研学”产品，破解“日间闲置”难题。

编：二期建设的“欢乐世界”与一期街区的烟火气形成差异化。这种业态分层是否考虑到不同群体的情绪需求？

韩：确实如此。一期侧重文化沉浸与感官刺激，二期则强化家庭亲子与青年社群的深度体验。比如，低龄游乐区通过安全友好的设施设计缓解家长焦虑，山顶酒吧则瞄准年轻客群的夜间社交需求。我们通过用户调研发现，家庭游客更关注安全性与互动性，而Z世代更追求“打卡传播”和情绪释放，空间功能分异能够影响情绪阈值。

编：我看到南宁之夜的非遗打铁花登上央视，这类传统文化活动如何平衡观赏性与游客参与感？

韩：非遗不仅是展示，更要“活态传承”。例如，打铁花表演后设置手工艺体验区，游客可参与制作简易绣球或铜鼓文创；三月三歌圩活动中，游客与演员对歌互动。这种设计让文化从“观看”变为“体验”，从而强化情感联结。

编：这呼应了情绪地理学中“身体在场”的理论。但文旅项目常面临“同质化”争议，南宁之夜如何保持独特性？

韩：我们的差异化体现在两方面：一是“在地性”，比如壮锦纹样融入装置展览、酸嘢和五色糯米饭等本土美食；二是“动态更新”，每月推出主题活动（如泼水节、王者荣耀联动），甚至与五菱汽车、茅台汉酱等品牌跨界合作，让游客每次来都有新发现。

编：这正是情绪地理学的应用方向！如果为南宁之夜绘制一张“情绪地图”，您认为哪些区域的情感浓度最高？

韩：篝火广场的集体狂欢、非遗展演区的文化认同感，以及美食街的烟火气，可能是情绪峰值点。我们也发现，游客在沉浸式剧场中的情感投入度是普通区域的3倍以上。

轻资产不夜城适配本地生活调性

编：韩总，看您在这儿待了这么久，有没有想过留在广西？

韩：（笑着说）我现在也算半个广西人了，去年就回去几次，而且每次一到咸阳机场，就碰上项目有事需要回来，甚至有一次刚落地，就把我第二天回来的机票给订好了。

不过我还真推荐你在南宁定居呢。这边环境好，房价还便宜。在这生活时间长了，慢慢也习惯了。虽然回南天有点难受，但总体来说，还是挺喜欢这边的生活状态的。

编：（点头笑道）看来广西确实有它独特的魅力。我们就是想探讨不同区域环境对人情绪的影响，您说的这些对我们很有启发。

韩：其实南宁之夜项目就是想打造一个能让人们放松、享受生活的地方。我们希望游客来到这里，能感受到广西这种松弛、惬意的氛围，就像在南宁的街道上漫步一样，自由自在地享受夜生活。我们会在项目的设计、活动的安排等方面，尽可能地体现广西特色和这种独特的情绪特征。

编：非常感谢您和我分享这么多在广西的经历和感受，相信南宁之夜项目在您的带领下，一定能成为展示广西独特魅力的窗口。

韩：不客气，其实由于我们这个项目社会效益很突出，时任广西壮族自治区党委书记还专门为项目批示了一句话："名声鹊起、各方关注、群众喜乐、要保持住。安全第一、做出品牌、不断提升满意度、幸福感"。我也希望通过我们的努力，能让更多的人了解广西、喜欢广西。

由于南宁之夜当晚7点有两拨接待，这次谈话我们很快结束，相约第二天继续

☆ 第二次对谈 ☆

采访地点：南宁之夜街区游客中心

采访时间：2025年3月31日16：30

当天是农历三月初三，南宁之夜提前至下午四点半开街迎客，空气中弥漫着节日的喜悦和期待。

听说今晚韩总要接待三批重要客人，时间紧迫，不容耽误。趁着夕阳余晖，我们来到相对安静的游客中心四楼办公区，开始这次宝贵的交谈。

抓城市符号，设计产品个性

编：（环顾四周）今天是农历三月初三，楼下游客熙熙攘攘，但咱们这办公区倒是闹中取静。南宁之夜开街三年，客流量稳定在1700万，您觉

得核心的运营逻辑是什么？

韩：（笑）您这问题开门见山啊。其实就两个字——“变”和“稳”。每月一小变、三月一大变，装置、商户、活动不断迭代，但内核要稳。比如，坚持本地文化符号，像刘三姐的Q版IP、铜鼓门头，游客一来就知道这是广西。

编：但“变”的成本很高吧？我听说第一年淘汰了5%的商户，现在本地品牌占比45%。这种快速迭代，怎么平衡投入和营收？

韩：我们靠两点：一是跨界合作，比如和茅台联名活动，双方分担成本；二是让商户“自带干粮”。比如，商户装修自己负责，街区只做统一氛围调整，像喷漆改色、加个小打卡墙这些改动，成本低但效果直接。

淘汰机制也严格，三年前开街时，我们一个月淘汰了5%的商户。比如朝鲜冷面、卷饼，本地人吃不惯甜口，逼着我们“试错”。现在街区45%是广西本土产品，像老友粉、酸嘢，外地小吃也按本地口味改良——西安的𰻞𰻞（Biangbiang）面减了分量，臊子面调淡了咸味，连肉夹馍都加了辣椒。（笑）游客要的是“熟悉的陌生感”，既新鲜又接地气。

编：频繁换商户，会不会让游客觉得“没记忆点”？

韩：恰恰相反，游客要的是新鲜感。比如去年有个冷锅串串店，业绩差到快被淘汰，结果店主女儿暑假过来穿萝莉装跳舞，单日营收就翻了10倍，现在这类“展演结合”的店成了标配。数据证明，游客偏爱现做手作和互动表演，所以我们引导商户往这个方向走。

编：街区装置艺术与商户展演如何形成情绪递进？例如，您提到“手作类店铺受游客青睐”，这是否与情绪体验的“真实性”相关？

韩：正是如此。我们通过三级情绪设计构建体验闭环。

视觉层：16个固定装置（如摩托车雕塑、刘三姐IP）强化“广西符号”的第一印象。

互动层：网红打卡墙、篝火表演等低成本新奇特元素，激发游客拍照分享的即时情绪。

情感层：手作类店铺（如现制米粉等）通过“透明厨房”展示，满足游客对食品安全与文化溯源的心理需求。

编：听说你们计划2025年在品牌和服务上做更多文章?

韩：没错，今年我们的重点就是精细化品牌管理和提升服务质量。我们希望引入更多知名品牌，并且把现有的产品和服务都标准化。这样不仅能吸引更多外地游客，还能让本地居民感到自豪。

编：那未来品牌化升级后，引入麦当劳这类连锁，会不会冲淡本地特色?

韩：这是误区。品牌化≠同质化。我们筛选的是“有地域根基的品牌”，比如柳州螺蛳粉、老友粉，它们自带客群，但产品按广西口味改良。像你昨晚去的那家西安𰻝𰻝面，在南宁减量、加汤，本地人反而觉得是“新粉类”。明年还要推进服务标准化，培训服务员怎么招呼客人。

编：标准化和个性化似乎矛盾?

韩：不矛盾。比如所有餐饮店明厨亮灶，这是标准；但“老友粉”店老板可以穿壮锦围裙吆喝，这是个性。我们要的是“统一框架下的百花齐放”。

编：说到数据，您刚提到“情绪标签”——昨天采访了不少本地人，他们说南宁人相对比较内敛，“爱看不爱互动”，你们的活动设计会因此受限吗?

韩：（点头）确实。像我们在东北不夜城，那边游客喜欢看篝火晚会，但广西人更爱站着围观。所以我们的凤凰飞天秀、民族杂技，全是“大场面”表演，中间穿插送绣球、餐饮券、朱槿花种子等，用小福利拉近距离，这叫“被动互动”，效果不错。

编：广西文化符号很多，你们为什么选择摩托车和铜鼓这些作为街区标志?

韩：这是深度调研的结果。当初我们走访广西下面很多县市和博物馆，发现两个共性：一是城镇摩托车保有量很高，二是村村寨寨逢节必敲铜鼓。这些东西都是早已渗进广西人日常生活。

编： 南宁之夜已成区域标杆，与周边其他文旅产品，如何维持差异化？

韩： 我觉得要保持三点：一是情绪标签固化，通过三年运营，游客已将“夜经济”“无门票”“慢生活”与南宁不夜城深度绑定；二是在地情绪深挖，如将广西人“无摩托不爱情”的民俗转化为摩托车装置的艺术表达；三是数据驱动创新，每周监测商户动线、停留时长等数据，动态调整活动主题。未来，南宁之夜还将与中央公园联动，打造“文旅+游乐”复合情绪场域，形成区域情绪生态。

编： 相比较而言，南宁之夜的“情绪符号”是什么？

韩：（沉吟片刻）慵懒的热闹。你看，游客从傍晚逛到深夜，没人催他们消费，累了坐台阶吃酸嘢，年轻人围着网红墙拍照。这种“不赶时间”的惬意，就是南宁的脾气。

编： 所以2025年的升级，也是想把这种“脾气”标准化？

韩：（笑）是打磨得更精致。就像三月三的彩调，老戏新唱，调子不变，但舞台更亮。

编： 情绪不是制造出来的，是空间和文化自然生长出来的。看来今晚我得再多逛几遍，重新解码这里的情绪逻辑。

韩： 记得尝尝改良版的𰻞𰻞面，四两重，绝对不撑。

考虑到韩总前几天感冒，嗓子沙哑咳嗽，不好多打扰，很快结束了这次对谈。起身，街区的灯光次第亮起，壮乡山歌的旋律隐约飘来。

采访“南宁之夜”商铺老板实录

我曾以为，城市的情绪是飘散的，像风掠过楼宇的间隙，看不见摸不着。直到走进轻资产不夜城——这片用灯光、美食与表演编织的“情绪磁场”，我突然意识到：情绪，原来可以被设计、被量化、被转化为商业价值的密码。

此刻我就像一名“拾荒者”，试图在喧闹的市井烟火里捕捉那些隐秘的神经震颤。南宁之夜的商铺经营者们，像一群在情绪磁场中游走的导体——他们卖出的不只是老友粉的酸香、五彩糯米饭的斑斓，更是将地域记忆、消费欲望与集体无意识搅拌成具象的情绪符号。

一晚我在南宁之夜街道来回走过六遍，听喧嚣中夹杂的方言对话、看商户与游客的讨价还价，突然觉得：这片轻资产构筑的“情绪飞地”，或许正是当代人对抗孤独的乌托邦。轻资产不夜城真正的“重资产”，是藏在烟火气里的、永不落幕的情绪引力。

采访人物：韩文龙，陕西咸阳人，皇守义陕面王𰻞𰻞面餐馆负责人（中国驰名商标、2020最佳品牌TOP50餐饮、2020中国粉面餐饮品牌TOP50），在多个“轻资产不夜城”都有分店。

采访地点：南宁之夜街区西安特色小吃馆

采访时间：2025年3月31日22：30

深夜十点半，霓虹与灯笼在寒风里闪烁着暖黄的光斑。南宁之夜入口不到50米处，一家西安特色小吃𰻞𰻞面馆里仍有三五食客倚在原木长凳上嗦面，油泼辣子的辛香裹着关中口音的吆喝声漫过街道。

老韩头戴一顶草帽、套着靛蓝粗布围裙，正将扯开的面片甩进沸水中，手臂随着动作绷出流畅的弧度，蒸腾的雾气模糊了他眉骨上的面粉，衬得眼角笑纹愈发清晰。

经营策略：轻资产如何撬动情绪消费

编：（裹紧外套进店）韩老板，这寒风里您这倒热闹得很，连门口的“𰻞𰻞面”三个字都成了网红打卡点。

老韩：（擦手迎上）您看这字像不像黄河九曲十八弯？其实来南宁前我们在平湖、象州、重庆都有店，我家是陕西西安“皇守义”的一家品牌店，这可是中华老字号，公司有300多家门店，我还是合作总监呢。去年在平湖开了一家店，后来又到南宁开了这家。

编：那两座城市生意会有差异吗？价格方面你们定的可是一样？

老韩：要说生意啊，南宁这边还是相对好点，南宁人愿意消费，爱吃爱喝爱玩。南宁这边一碗面18块，平湖那边定的是28块。南宁人消费意愿强，单价低些也能有不错的收益，我这店每晚能卖300碗，将近7000块左右的收益呢。

编：广西人很爱吃粉，您是怎么在这边推销面食的呀，还长期做到街区业绩第一名？

老韩：这可有不少办法。首先，我让员工都穿着陕西乡村特色服饰，你看我这门口还备着好几套呢。员工戴着草帽，站在门口用陕西话吆喝，就跟喊麦似的，特别能吸引顾客的注意。还有啊，𰻞𰻞面这个特殊的字形和读音，总能引起顾客的好奇。

编：（举起手机拍摄墙上介绍）文化符号确实能引发好奇，很多人都不知道这个字怎么写、怎么读。

老韩：是啊，大家一看就想来尝尝。而且我这店铺设计也花了心思，（站起身）这边是陕西方言墙，还有𰻞𰻞面的文化介绍，店里还有拉面手工表演，音乐放的都是陕西民歌，像《西安人的歌》《大碗宽面》，整个氛围特别有陕西特色，顾客一进来就感觉新鲜。

而且我们对面的品质也极其讲究，我这边会根据本地人口味调整。我们陕西面讲究薄精光、香而不辣，“碗比头大、肉烂饼酥、肥而不腻”，能满足不同客人的需求。我们这有很多团餐，有时候人多得店铺都坐不下，越南团比较多，他们大多不吃辣。

编：非常有趣！那您认为在这种氛围下，顾客的情绪是如何影响他们消费决策的？

老韩：如果顾客在店里感受到了热情、友好和独特的文化氛围，他们会更愿意尝试新的菜品和服务，甚至会在社交媒体上分享自己的体验，带来更多的潜在顾客。

编：说到社交媒体，你们有没有专门做一些线上推广或者营销活动？

老韩：我们确实有一些线上的推广策略。比如我们会鼓励顾客在社交媒体上打卡，并且会定期举办一些抽奖活动，奖品包括免费餐券或者特色纪念品。通过这种方式，可以吸引更多人关注我们的店铺。

产品逻辑：从老字号到本土化

编：您如何平衡老字号传统与地方口味？

老韩：我来南宁驻扎前，经过15天考察，发现南宁这边人饮食清淡，平湖那边爱吃醋或者细面多，所以我在南宁这边调料会放轻点，少放辣子，这样更符合当地人口味。南宁人爱尝鲜，所以我们把拉面表演、大碗的强视觉都搬来了。

编：这些方式确实能让顾客感到被重视。那在实际操作中，有没有遇到过一些挑战？比如有些顾客可能比较犹豫或者不太愿意尝试新东西？

老韩：当然有这种情况。有时候顾客会犹豫要不要点某些菜品，这时候我们就会采取一些小策略，比如给犹豫不决的顾客先来一碗面尝尝味道。“您看这碗面，一人来一碗试试，感觉好吃再点别的。”这种方法往往能打消他们的顾虑，增加消费的可能性。

编：这个方法很实用，既能降低顾客的心理负担，又能提高满意度。除了这些，还有没有其他特别的做法？

老韩：我们还会根据顾客的不同需求提供个性化的服务。比如，对于家庭顾客，我们会推荐适合全家共享的套餐；而对于情侣或朋友聚餐，我们会建议他们尝试一些特色拼盘。这样不仅能提升顾客的用餐体验，还能增加客单价。

编：看来你们在细节上下了不少功夫。那在轻资产不夜城的背景下，您觉得如何才能更好地经营一家店铺？

老韩：轻资产模式下，成本控制非常重要。我们会尽量利用现有的资源，比如从西安直接采购原材料，保证质量和口味的同时降低成本。此外，我们也会定期更新菜单，推出一些季节性或限时性优惠产品，保持顾客的新鲜感。

合作模式：轻资产不夜城的互利共赢

编：能具体讲讲你们作为外来商户，与南宁之夜的合作模式吗？

老韩：我们采用的是联营模式，不需要支付租金，但需要按照营业额的一定比例给管理方分成。这种模式的好处是我们可以将更多的资金投入到产品和服务的提升上，而不用担心高昂的租金压力。

编：听起来这是一种双赢的合作方式。那在实际运营中，这种合作模式给你们带来了哪些具体的帮助和支持？

老韩：首先，南宁之夜的品牌效应为我们带来了大量客流。其次，管理方会定期组织一些大型推广活动。这些活动不仅提升了整个街区的知名度，也间接地为我们的店铺带来了更多曝光机会。此外，他们还会提供一些基础的服务支持，比如安保、清洁等，这让我们能够更专注于经营本身。

编：那在日常运营中，你们是如何与管理方沟通和协作的呢？

老韩：我们会定期参加管理方组织的商户会议，讨论近期的经营情况和遇到的问题。如果有什么新的想法或建议，我们也可以在这个平台上提出来。此外，管理方也会不定期地派人来店里检查，确保我们的服务质量和卫生标准符合要求。

每天闭店前拍六张死角照片上传，比我在西安总店还严。但值啊！我这店月月都是销量第一，街区给颁发奖牌，能给商户带来很大的积极性，第二年还能续签。这里的老板也经常来我这吃面，为啥？是因为大家觉得在我这能够吃得放心。（眨眼）情绪？安全感才是最贵的情绪。

编：那在具体的市场推广方面，你们有没有一些联合的策略？

老韩：有的。比如，管理方经常会组织一些主题活动，像美食节、文化节等。我们会根据这些主题调整菜单和服务内容，推出相应的促销活动。另外，管理方还会与其他商户合作，互相推广。比如，如果我们推出了新品，他们会帮忙在其他商户的店铺里宣传。

编：听起来这种合作模式非常注重整体性和协同效应。那在实际操作中，有没有遇到过什么挑战？

老韩：当然有。最大的挑战之一就是如何在保持自身特色的同时，融入整个街区的主题和氛围。毕竟每个商户都有自己的文化和风格，但又需要与整个街区的整体形象相协调。这就需要我们在设计和运营上作出一些调整。

编：那您是怎么解决这些问题的呢？

老韩：首先，我们会充分了解街区的整体定位和发展方向，并在此基础上进行创新。比如，我们会结合陕西的文化特色，设计一些互动环节，让顾客不仅能品尝到地道的陕西美食，还能体验到独特的文化氛围。其次，我们会积极参与管理方组织的各种培训和交流活动，学习其他商户的成功经验，不断提升自己的服务水平。

编：那您觉得这种合作模式对未来的发展有什么影响？

老韩：我认为这种合作模式为我们提供了很好的发展平台，让我们能够在一个更大的舞台上展示自己的特色和优势。未来，我们希望能够继续优化产品和服务，提升顾客满意度。同时，我们也会跟着轻资产不夜城在其他城市开设分店，把这种融合了地方文化的经营模式推广出去。

编：非常期待看到你们的发展，您觉得这种合作模式对整个街区的生态系统有什么贡献吗？

老韩：我觉得这种合作模式不仅促进了商户之间的良性竞争和协同发展，还提升了整个街区的品牌影响力和吸引力。通过资源共享和优势互补，我们可以共同打造一个更加丰富多彩的文化旅游目的地，吸引更多游客前来体验。

南宁观察：一碗面里的城市性格

编：（望向街边）最后问个私人问题——您觉得南宁人的性格，和陕西人比，有什么不同？

老韩：（擦擦桌子）陕西人实诚，南宁人洒脱。你看那些拖人字拖的本地仔，消费时从不含糊。我们这碗面，既要让他们觉得“新奇”，又要让他们觉得“值”。

编：（起身）寒风里一碗面，吃的是人间烟火。韩老板，您这面馆，倒像是一本活的《情绪地理学》。

听您这么一说，我对这种经营模式和南宁的消费氛围有了更深入的了解。您觉得在调动消费者情绪方面，最重要的是什么呢？

老韩：我觉得最重要的就是营造独特的氛围和提供优质的产品。就像我这店里，从装修到员工穿着，再到音乐，都充满陕西特色，能让顾客有不一样的体验。而且我们的面味道好，符合不同客人的口味需求，客人来了一次就还想来第二次。

编：您说得很有道理，独特的氛围和优质的产品确实能很好地调动消费者情绪，从而促进消费。（整理录音笔）最后一个问题：您觉得情绪地理学在餐饮业的核心是什么？

老韩：（晚上11点半，老韩用力眨眨眼驱散困意）是让顾客从“好奇”到“上瘾”。陕西面有3000年辣子味，但到了南宁，得用方言、表演，甚至一碗大汤面，把人从米粉世界拽进面碗里。

寒风渐起，面馆的霓虹灯在夜色中摇晃。远处传来《西安人的歌》热闹旋律，韩文龙又端起一碗面走向顾客。

采访南宁之夜街区商管实录

作为城市夜间经济的核心样本，南宁之夜日均6万客流的背后，商管员们既是秩序维护者，也是情绪疏导者。他们需要精准判断何时该调整舞台射灯亮度缓解人群焦躁，怎样在垃圾桶间距设计中平衡便利与嗅觉舒适，甚至通过监控人流密度预判冲突风险。这些决策直接影响着摊贩的经营信心、游客的消费愉悦，以及整个街区持续至凌晨的集体亢奋与倦怠。

这里没有镜头面具，只有被汗渍浸透的制服、被对讲机磨出茧子的手，以及商管员手机里存着的上百个摊主微信——这些细节构成的情绪图景或许比任何数据更能回答：一座城市的夜晚，如何在秩序与活力的拉锯中，找到属于它的呼吸节奏。

☆ 实录一 ☆

采访人物：王文，32岁，广西南宁人，原在通信行业工作10年，3年前通过社招进入南宁之夜，负责街区安保工程及日常物业运营工作。

采访地点：南宁之夜街区花廊门口

采访时间：2025年3月30日20：00

街道画廊门口白色帐篷内，寒风掀起布帘。孟总送来一壶六堡茶，茶香氤氲。王文套着灰色工作马甲，对讲机频繁闪动又被他按灭。

街区运营模式与选商

编：（端起茶盏暖手）这“六宝”茶喝着浑身都暖和起来了，这名字的意思是用六样宝贝制成的吗？

王：哈哈，“六堡茶”是堡垒的堡，这是广西非遗，有着非常深厚的历史底蕴。它属于黑茶，在清朝嘉庆年间就以独特的槟榔香味而闻名。茶汤红浓明亮，滋味醇厚甘和，还具有独特的陈香。

编：（恍然大悟，轻抿一口茶汤）原来如此。您看这六堡茶的陈韵像不像南宁之夜的烟火气？——既要有让人沉醉的温度，又得守着不烫手的火候。

王：（点头）您说到了关键。我们街区每天6万客流，高峰期人挤得像三月三的青石板路。商户们靠吆喝调动情绪，但商管员要像这茶一样，既要提神醒脑，又得润物无声。

编：我了解到南宁之夜采用了对商户免租的运营模式，这在很多街区中是比较少见的，您能谈谈这种模式的优势吗？

王：（认真回忆）这种免费模式其实优势挺多的。像其他街区收租金，对摊位管理会很严格，但我们免费，就能有更大的自主性去选择合适的商户。我之前在通信行业干了10年，3年前通过社招来到这儿。刚来时我们是等待商户报名，后来就主动外出选商。我和同事深入大小夜市、县域城镇，去寻找本地非遗、地道小吃。毕竟来我们这儿的游客60%～70%都是本地居民，选这些商户能更好地吸引他们。

编：主动选商这个转变很不错，能精准地为街区定位。那在选商过程中，有没有遇到什么困难呢？

王：困难肯定有。比如有些商户不太理解我们的模式，觉得免费会不会有其他附加条件。我们就得耐心地跟他们解释，介绍我们的运营理念和发展前景。还有就是要筛选出真正符合街区定位的商户，也需要花不少时间和精力去考察。

游客互动与矛盾调解

编：您负责的工作集品宣、工程、物业等运营于一体，那在商户管理方面，您是怎么做的呢？

王：（把对讲机调成振动）我们有一套完善的管理机制。街区有100多家店铺，每天档前档后我都会去检查。主要看三个方面：一是食材准备的新鲜程度和保质期，这关系到食品安全；二是流水情况，分析店铺的经营状况，找出问题所在；三是安全管理，确保店铺的设施设备等都符合安全标准。

编：听起来很细致。那淘汰机制是怎么执行的呢？

王：我们会对比店铺的月销量。如果某个店铺连续几个月销量都很低，而且经过我们的指导和培训还是没有改善，就会考虑淘汰。不过淘汰不是目的，我们更希望通过这种机制激励商户提升品质和服务。

编：平均每天约6万的客流量，在维护街区正常运转过程中，肯定会遇到一些游客和商户之间的矛盾，您是怎么处理的呢？

王：这种情况还挺常见的。比如说有人醉酒来街区骚扰演员，或者有人觉得东西不好吃。遇到这些情况，我都会耐心劝解。像游客觉得东西不好吃，我会让店家重做一份，然后让游客再尝尝看。在这个过程中，重要的是稳定游客的情绪，也要让商户理解游客的需求。（茶壶突然被风吹得叮当响，他伸手扶稳）

编：在处理这些矛盾的时候，确实需要很强的沟通能力和情绪调节能力。您在处理这些矛盾时，有没有什么特别的小故事呢？

王：有一次，有个游客买了一份小吃，吃了两口就说不好吃，情绪很激动。我先安抚了游客，然后和店家沟通。店家一开始不太愿意重做，我就跟店家解释，游客的满意度对我们街区很重要，而且我们不能让游客带着不好的体验离开。最后，店家重新做了一份，游客尝了之后觉得还不错，情绪也缓和了。

编：我注意到一个挺有意思的点，街区的功能其实是要调动游客的情绪，让大家玩得开心、玩得尽兴，可你们商管员的任务却是稳定情绪，像是情绪下的秩序守护者，您怎么看这个事儿？

王：这确实是我们工作的一个特点。您想啊，南宁之夜就是要给游客营造一个轻松、欢乐的氛围，让大家来了就觉得这儿好玩、有趣，所以街区得搞各种活动、布置各种场景来调动游客情绪。但我们作为商管，得保证一切都在有序的范围内进行。比如说那些演出活动，得保证演员和游客的安全，不能因为太热闹就出乱子。要是游客在游玩过程中遇到什么问题，像和商家起了争执，我们就得及时介入，稳定双方的情绪，让大家都能继续开开心心地玩或工作。

编：您在南宁之夜工作了几年，对街区的发展有什么建议吗？

王：我觉得可以增加更多与消费者之间的互动性。像之前我们有个户外美人鱼的出圈事件，吸引了很多游客。我们可以多举办一些类似的活动，让游客更有参与感。另外，对于商铺的培训也可以进一步加强，除了品宣和服务，还可以增加一些营销方面的内容，帮助商户提升经营能力。

编：来南宁之夜工作后，对你个人有什么改变吗？

王：广西人比较内敛，我以前也是。但在这儿工作后，我变得更注重细节了。因为在处理商户和游客的问题时，一个小细节可能就会影响到整个事情的发展。而且和不同的人打交道，也让我的沟通能力和应变能力得到了很大提升。（远处传来铜鼓表演的轰鸣，他抬腕看表）我得去盯花车巡游了。

（说完抓起对讲机匆匆离席，又回头指了指茶壶）这六堡茶能暖到凌晨两点，留着您慢慢喝。

☆ 实录二 ☆

采访人物：杨理富，广西南宁人，在南宁之夜做街区商管两年。

采访地点：南宁之夜街区

采访时间：2025年3月31日16：30

农历三月三的下午四点半，南宁之夜街区入口处，街区商管杨理富头戴工作鸭舌帽，正来回检查每一家商户的开档工作，我快步跟上，边走边聊

万步丈量的“存在感”

编：小杨老师，我看您在这街区来来回回走，工作挺繁忙的。您在南

宁之夜工作两年了，感觉咋样？

杨： 挺好的，我是南宁本地人，能在家门口有个稳定工作就很不错，照顾家里也方便。街区发展起来了，带动了周边的就业，很多年轻人都在这儿工作，大家一起把街区建设得越来越好。看到街区热闹起来，游客也越来越多，我心里也挺有成就感的。

编： 您日常主要检查哪些方面呢？这么多商户，检查工作也挺复杂的。

杨： 是啊，检查的事儿还挺多。主要是卫生，像地面、桌面干不干净；还有消防，得保证安全；用电方面不能有隐患，食品原材料也得确保新鲜安全。每天检查的重心不一样，周一查用电，周二查食品，周三查三包（包卫生、包秩序、包绿化），周四查消防，周五检查店面装饰，周六日则以活动安全为核心，确保高峰人流的安全有序。

编： 这些检查内容还挺细致全面的，为什么要安排不同的检查重点呢？

杨： 这样能保证各项工作都能覆盖到，而且能深入检查。比如用电安全很重要，专门安排一天检查，就能仔细看看线路有没有老化、电器使用是否规范。食品这块最麻烦。食品原材料直接关系到游客的健康，一点儿都马虎不得。得仔细检查保质期、新鲜度，还得看储存条件合不合适。有时候商户不理解，觉得我们太较真，但我们得对大家负责啊。

编： 每天您在街区上一遍一遍来回重复走，走的时候在想些什么呢？

杨：（停下脚步，望向远处熙攘的人群）其实每走一步，脑子里都在想不同的事。比如，前面那家臭豆腐摊子，我刚才看到他们的排风扇有点松动，得提醒他们加固——万一砸到人可不好。再比如，那边的消防通道，虽然今天不是消防检查日，但看到地上有游客丢的纸巾，还是顺手捡了起来。（轻笑）咱们这工作嘛，得像走钢丝，哪儿都不能马虎。

幸福感的“非标答案”

编：在这干了这么久，这里面的商户情况您肯定门儿清吧。那在和商户相处过程中，有没有遇到什么比较难处理的事儿呀？

杨：（随手帮一商铺的灯打开）有啊，有时候商户会因为一些经营上的问题产生矛盾，比如，摊位位置、顾客资源这些，我就得去协调。我得站在公平公正的角度，跟他们讲道理，让大家都能接受解决方案。

比如，之前有两家相邻的小吃摊，因为顾客排队占位的事儿起了争执，我就去跟他们说，咱们街区是一个整体，大家互相照顾，一起把生意做好。后来他们也都理解了，现在相处得还挺好。

编：您处理得还挺有一套。那面对游客呢，您觉得最主要的工作是什么？

杨：对游客来说，我觉得最重要的就是保障他们的游玩体验。要保证街区的秩序，像安全问题、环境卫生这些问题都得做好。有时候游客遇到问题，比如迷路了或者有消费纠纷，我们就得及时帮忙解决。

有一次，有个游客在一家店里买东西觉得质量有问题，找到我，我就带着他去和商户沟通，最后商户给游客退了款，游客也挺满意的。

编：那您在帮助商户和游客的过程中，自己会有工作幸福感吗？

杨：肯定有啊。我这人就是喜欢默默干事，看到商户生意好，游客玩得开心，我就觉得自己的工作有价值。每天晚上在这街区一遍一遍地走，走上万步，虽然累，但心里踏实。而且我在这儿工作久了，和很多商户都成了朋友，大家互相理解，互相支持，工作起来也很舒心。

编：确实，这种工作中的人际关系和成就感很重要。那您觉得作为街区商管，和商户、游客共处的秘诀是什么呢？

杨：我觉得就是要真诚、耐心。对商户，要多理解他们的难处，能帮的就帮一把；对游客，要热情服务，遇到问题及时解决。其实很多事儿，只要大家心平气和地沟通，都能解决。

编：是的，这样游客的满意度才会高。我了解到南宁之夜给了很多像您这样的青年提供了就业机会，这对大家来说意义挺大的吧？

杨：那意义可太大了。在这儿工作，能接触到各种各样的人和事，自己也成长了不少。就像刚才处理商户和游客的问题，我现在处理起来越来越得心应手，也更有自信了。我身边也有很多年轻人在这里工作，大家都很珍惜这个机会，也都在努力提升自己。

编：（站在竹筒饭摊边）您刚才一直说自己“没故事”，但听商户们总说“有事找小杨”。

杨：哪有什么大故事，就是把小事做到底，让这些细节能让他们觉得“被看见”。

编：（记录）所以你的幸福感，是藏在游客的镜头和商户的笑声里？

杨：（笑）没那么文艺。就是每天下班时，看到街区灯火通明，知道没出什么岔子，（眺望街区另一头）心里就踏实。

夕阳西下，杨理富又走向下一家商户，望着他的背影我记录道：在规则与烟火之间，有人正用脚步丈量一座城市的温度。

情绪地理学的重要课题，或许不仅是如何激发情绪，而是如何让情绪在空间中自由流动，又不失控。他们的工作，恰是这种流动与失衡的完美注脚。

采访南宁之夜街区游客实录

南宁之夜的霓虹光影中，游客能迅速感知到这座城市的情绪密码：一种糅合亚热带松弛感与民族生命力的复合情绪。当马山会鼓的声浪穿透夜空，壮族铜鼓与电子音乐的碰撞既释放着原始野性，又展现着现代活力，这种矛盾张力恰似南宁作为面向东盟门户的开放胸襟。

“文化展演—空间叙事—感官刺激”的三维情绪编码，南宁之夜将抽象的城市性格转化为可感知的街区体验。游客在此既感受到“老南宁”的市井温情，也体验到“新南宁”的创新锐气，这种复杂情绪交织恰恰构成城市独特的地理人格。

采访人物：黄毅聪，26岁，山西人，曾来南宁旅游，后留在本地做街区活动总导演。

采访地点：南宁之夜篝火对歌广场

采访时间：2025年3月31日20：00

篝火台上火星飞溅，巨型凤凰装置悬于半空，游客手持荧光棒沿石板路往里聚集。远处传来刘三姐山歌声，民族乐队正在调试月琴。人潮涌动，我被挤进舞台一角落，恰巧碰上黄毅聪在内区测试，简单聊上几句。

编：黄导，听说您最初是以游客身份来到南宁，如今却成了这座不夜城的“造梦者”。从山西到广西，从游客到导演，这种身份转换的契机是什么？

黄：我第一次来南宁是2023年，当时被南宁之夜的篝火晚会吸引。山西没有这样的夜文化——上千人围着火堆跳竹竿舞，壮乡敬酒歌混着烧烤香，那种集体狂欢的感染力太独特了。

后来我带家人重游，发现这里不仅是景点，更像一个“情绪容器”——游客从五象对歌的羞涩到篝火晚会的放声大笑，情绪被层层点燃。我忽然想，或许我能用导演的视角，让这种“情绪地理”更立体。

编：那么，是什么让您决定留下来，并投身于这样一个充满活力的地方呢？

黄：其实，最初我只是想体验一下不同的生活方式，但随着时间的推移，我发现南宁有着丰富的文化底蕴和无限的可能性。尤其是在南宁之夜，每天都有新的创意、新的挑战等待着你去实现。这种不断变化的工作环境让我感到兴奋，也促使我想要更深入地参与其中。

南宁的多元文化像榕树的根系——壮族、东盟、现代潮流，层层交织却和谐共生。

编：这种“共生感”如何体现在您的活动设计里？比如今晚的刘三姐与火凤凰，看似传统与现代的碰撞，但观众反馈活动很自然。

黄：（指向舞台）火凤凰的机械结构是科技感，刘三姐的扮演者是本地山歌传承人，穿插了电子音乐的即兴改编。我们不做简单的符号堆砌，而是让情绪流动起来——比如让游客在篝火旁即兴对歌，哪怕唱跑调，那份松弛感反而成了记忆点。

编：您从山西到南宁，南北文化差异巨大，作为外来者，您如何把握本土文化的情绪内核？

黄：当时遇到不少挑战，包括文化和语言上的差异。虽然广西的文化丰富多彩，但对于一个北方人来说，理解和融入需要时间。为了更好地了解当地文化，我花了很多时间和当地人交流，学习他们的风俗习惯，甚至尝试学习一些方言。同时，我也积极参加各种文化活动，通过实践去感受和理解。慢慢地，我发现这不仅帮助我更好地融入了这里的生活，也为我的工作提供了很多灵感。

比如最初设计“绣球招亲”环节，我按北方庙会思路搞成热闹的抛接游戏，但本地团队提醒我，绣球在壮族文化中是定情信物，必须还原民间传说。后来我们加入情景剧，让游客在互动中感知文化重量。现在您看——（指向舞台）刘三姐和阿牛哥的对歌不仅是表演，观众也会自发接唱，情绪从“旁观”变成“共演”。

编：这种设计是否刻意制造了“文化奇观”？比如火凤凰飞天和铜鼓大器的机械装置，是否会消解传统仪式的神圣性？

黄：（沉吟）我们做过取舍。农历三月三原本是祭祀祖先的日子，但现代游客需要更轻松的参与感。比如，我们保留“篝火祈福”点圣火的仪式感，火凤凰配合《山歌好比春江水》的旋律升空——科技是工具，核心仍是传递“团结欢庆”的壮族精神。

编：作为一名活动总导演，您觉得最大的挑战是什么？特别是在这样一个多元文化交融的地方。

黄：最大的挑战在于如何将传统文化与现代元素完美结合，创造出既能让本地居民感到亲切，又能吸引外地游客的独特体验。比如这个刘三姐与火凤凰的飞天表演，就是我们团队精心策划的结果。我们需要考虑到观众的情感需求，同时也要确保每一个细节都能达到最佳效果。

编：的确，在这样一个充满活力的环境中，情感联结显得尤为重要。您认为南宁之夜是如何做到这一点的？

黄：我认为关键在于互动性和参与感。南宁之夜不仅是一个观看表演的地方，它更像是一个大家共同创造美好回忆的空间。无论是篝火晚会还是各种民俗活动，我们都鼓励游客参与其中，让他们不仅是旁观者，而是成为整个活动的一部分。这样，他们才能真正感受到这个地方的魅力所在。

编：在这个过程中，有没有哪一刻让您觉得所有的努力都是值得的？

黄：有几次特别难忘的经历。比如，去年春节前夕，我们策划了一场大型民俗表演，吸引了大量市民和游客参与。看着大家脸上洋溢的笑容，听到他们对活动的好评，那一刻我深深体会到自己的工作意义非凡。还有一次，一位老奶奶特意找到我，说她很久没有感受到这么浓厚的新年气氛了，感谢我们让她找回了儿时的记忆。这些瞬间都让我感到无比欣慰。

编：听起来真的很感人。除此之外，您认为自己从一个外乡人变成了新南宁人之后，最大的改变是什么？

黄：我觉得最大的改变是我对这个地方的感情越来越深了。以前我只是个过客，现在我已经完全融入了这里的生活。每天走在街头巷尾，我都能感受到这座城市的温暖与活力。更重要的是，通过我的工作，我有机会为这座城市贡献自己的力量，让更多的游客和市民在这里找到属于他们的快乐时光。这种归属感和成就感，是任何东西都无法替代的。

编：通过您以及其他工作人员的努力，南宁之夜已经成为一个非常成功的品牌。那么，对于未来的发展方向，您有什么规划或期望吗？

黄：我希望未来能够进一步挖掘南宁乃至整个广西的文化资源，推出更多具有代表性的作品。同时，也希望借助这个平台，吸引更多像我这样的外乡人加入进来，共同为这座城市增添新的色彩。毕竟，文化的交流与碰撞往往能激发出意想不到的火花。

山西的晋剧和南宁的山歌，看似遥远，但都承载着对土地的眷恋。我常跟团队说，做活动不是复制粘贴，而是像熬制五色糯米饭——用本地的“染料”（文化符号），但火候（情感传递）要自己把控。

编：世上的一切相遇都是命运安排，感谢黄土与青山的相遇，敬所有在异乡扎根的人。

黄：也敬那些流动的根。

舞台处传来山歌的前奏，火凤凰的翅膀在夜色中缓缓展开，对话在渐起的喧闹中自然收尾。

采访南宁之夜街区演员实录

在南宁之夜演员眼中，街区是流动的剧场，游客是未完成的剧本。他们手持火把穿梭于篝火广场，铜鼓声与电流音碰撞出兴奋的节拍；不倒翁在灯笼架下摇晃，将游客的惊呼声编织成新的城市记忆。当打铁花的火星坠落人们瞳孔，这些演员们成为情绪的导体——他们既是壮乡神话的具象化符号，又是解码现代人孤独的摩斯码。

这里的情绪地理没有坐标轴，只有千万次眼神交接的瞬时共振：孩童触摸星际飞船时流露的惊奇，异乡人在刘三姐对歌台前突然湿润的眼眸，情侣在无人机下交握的掌心温度。这些演员用身体表达着城市情绪的感染力，让每个游客都成为街区叙事的临时作者，我们不禁感动：当表演消融于日常，谁在定义真实。

采访人物：小鹿，23岁，广西南宁人，舞蹈演员，负责南宁之夜通宝装置舞蹈演出。

采访地点：南宁之夜街区花廊门口

采访时间：2025年3月30日21：00

刚从装置跳完舞下来，连妆都还来不及卸去，小鹿便匆匆套上羽绒服走了过来。她那灵动的身影和清新脱俗的气质，在不经意间流露出一种独特魅力，给这略带寒意的深夜注入了一丝温暖而又活泼的气息。

街区互动与氛围的带动

编：（递上热茶）这大冷天的，先喝点热茶。你这精神状态看着挺好的啊，每场20分钟的高强度，如何保持如此饱满的情绪的？

鹿：（捧着茶杯暖手）就像煮火锅，火候要掌握好。其实观众比我们更懂情绪，他们用手机闪光灯当背景，用欢呼声当鼓点，我们只是把他们的热情编进动作里。

编：作为舞蹈演员，在表演的时候是怎么和观众互动，带动咱们街区情绪氛围的呢？

鹿：其实一开始我也不太懂怎么互动。刚当演员的时候，就只专注于自己跳好舞。后来发现，观众喜欢和演员有更多交流。现在我跳舞的时候，会用眼神和台下观众对视，他们给我鼓掌，我就会笑着回应。

发现很多小朋友特别喜欢看我跳舞，我会在舞蹈间隙，稍微蹲下来和他们互动一下，比如，给他们比个爱心。大人们看到小朋友这么开心，也会被带动起来，氛围一下子就热闹了。南宁之夜人很多，大家在看我跳舞的时候会不自觉地聚集在一起，我会利用这个时机，通过舞蹈动作引导他们跟着节奏一起摇摆，慢慢地大家就都参与进来啦。

编：听起来这些小举动很有效果啊。那你在表演过程中，能明显感觉到观众情绪的变化吗？

鹿：（眼睛亮起来）能感觉到。要是我动作做得漂亮，观众的欢呼声就特别大。有时候我故意做个可爱的小表情，下面的观众就会跟着笑。像之前跳采茶舞，我模仿采茶动作，还假装不小心摔一跤又马上站起来，观众们都被逗乐了，现场那气氛，热乎得很。

而且要是人多，大家都在拍照、鼓掌，我就会更投入地跳，把动作幅度放大一些，节奏也稍微加快点。要是人少一点，我就会放慢节奏，多一些眼神交流，就像在和他们一对一表演似的。

街区演员的舞蹈编排与更新

编：（翻看笔记本）了解到咱们街区的舞蹈更新还挺频繁的，最多2～3天就要编排一个新舞蹈上演，你们在编排新舞蹈的时候，会考虑怎么和观众互动吗？

鹿：肯定会考虑啊。（手指无意识比画着手势）比如，我编排新舞蹈，就会设计一些简单的动作，像挥手、转圈等，引导观众跟着一起做。之前我编了个简单的民族舞，里面有一些摆手的动作，我在台上一边跳一边喊“大家跟我一起动起来”，好多观众都跟着学，现场就像开了个小型的舞蹈派对一样。

编：咱们舞蹈更新频率这么高，一个月微改，三个月一次大更换，你觉得这样做对带动街区氛围有什么帮助吗？

鹿：帮助可大了。观众来这儿玩，就希望每次都有新的体验。如果一直跳一样的舞蹈，他们看几次就腻了。经常更新舞蹈，观众每次来都能看到新鲜的东西，就更愿意来。像咱们这儿节庆多，不同节日跳不同主题的舞蹈，比如，花神节跳一些优美的花舞，观众看到就会觉得特别应景，氛围感一下子就起来了。

编：这么频繁地更新舞蹈，你们的压力应该不小吧？

鹿：压力肯定是有的，但更多的是动力。我们舞蹈演员就是要不断挑战自己嘛。有时候时间紧，舞蹈编排起来会有点着急，但大家一起努力，总能想出好点子。而且每次看到新舞蹈得到观众的认可，就觉得一切都值了。

编：您平时会怎么提升自己的表演呢？

鹿：我平时自己有好的想法，就会记下来，在编排舞蹈的时候和大家讨论。工作结束后，我也会看抖音，看看观众的评价和意见。比如，有的观众说某个动作可以再柔美一些，或者某个造型可以更有创意，我都会记下来反馈给大家，一起改进。

编：你平时也会关注观众的反馈，还会提一些关于街区舞蹈发展的建议。你觉得咱们街区舞蹈想要获得更多流量，留住客人，具体还能怎么做呢？

鹿：我觉得应该跟上时代的发展。现在观众喜欢民族类的舞蹈，咱们就在日常舞蹈里多加点古典舞元素。比如，在苗族舞里融入一些古典舞的水袖动作，这样既有民族特色，又有古典韵味，而且现在短视频很火，咱们可以把精彩的舞蹈片段拍下来发出去，吸引更多人来街区。

编：那你有研究过什么特殊舞蹈吗？

鹿：我最近正好在研究一种京族舞，有很浓郁的民族特色，观众更多是被这种独特的文化所吸引，我在跳的时候会更注重展现舞蹈里的故事和韵味。广西有很多少数民族舞蹈，都特别有特色，我想多学一些，丰富自己的舞蹈风格。

编：街区对舞蹈演员有什么选拔要求吗？

鹿：最重要的还是舞蹈功底啦，只有基本功扎实，才能把舞蹈的魅力展现出来，更好地带动氛围。还有不能看起来太胖，这样在做动作的时候会更轻盈、更美观，观众看着也会更赏心悦目。

（用竹签挑起桌上一颗裹着辣椒面的青杏）减肥归减肥，但我们广西有句俗语："英雄难过美人关，美人难过酸嘢关"，我对这酸嘢是一点抵抗力都没，哈哈。

中途，孟总送来一盘酸嘢，特点的红糖口味，以防我们吃不惯。菠萝、芒果、西瓜、木瓜、甜杨桃……加上辣椒粉、红糖、香菜叶腌拌，这颠倒三观的新鲜水果吃法倒是勾起我这"不怕死"的胃跃跃欲试，眼睛一闭，塞进一块撒上辣椒面的青芒果，眉头一皱，“上头，广西果然很嘢。”

这次南宁行程最感谢这边项目负责人之一孟兆征，本想深入体验他作为负责人一天的工作，没想到他洒脱地抛出一句“我不用工作”。这话语刚落，他手中电话、对讲机就忙个不停，那反差感让我对他的日常更充满好奇。

跟随他的脚步，看到他宛如一位全能指挥家。一会儿穿梭在各个商铺之间，仔细检查卫生状况，眼里容不得一点瑕疵；一会儿又认真交代接待事宜，确保每一位来到南宁之夜的游客都能有良好体验；遇到舞蹈NPC的演出问题，他也能迅速上前沟通解决。这一桩桩、一件件无不显示出这份工作的繁杂与重要。他就像南宁之夜这部精彩大戏背后的总导演，时刻把控着每一个环节的顺利进行。

访谈结束时，有个小插曲。桌上还剩半盒酸嘢，孟总用对讲机把小姑娘喊回去，那严肃的架势让我以为出了什么大事，结果只是让小姑娘把酸嘢拿去吃，这一细节太有意思了。我忍不住打趣是不是街区员工都挺怕他，他坦诚回应，在工作上要求严格，希望每一位员工都能在能力范围内尽最大努力把事情做好。但他也明白，结果有时并非完全可控，所以他更看重员工对待工作的态度。

这种张弛有度的管理方式，或许正是南宁之夜能够保持活力与吸引力的秘诀之一。这不仅是一个热闹的旅游街区，更是一个充满人文关怀的大家庭。

第二节 开封万岁山武侠城寻访

SECTION

项目概况

万岁山武侠城升级前，景区以北宋武侠文化为主题，但整体知名度有限，缺乏全国性影响力。2023年10月，开封万岁山景区与轻资产不夜城设计方达成合作，共同打造武侠主题夜经济项目“仙侠奇境”。2023年12月，万岁山大宋武侠城更名为“万岁山武侠城”。2024年2月13日，“仙侠奇境”盛大开幕，使万岁山武侠城从单一的白天旅游景区转变为“白+黑”模式。2024年春节假期，万岁山武侠城在抖音《2024年春节消费数据报告》中，排名全国“热门景区”第一名。2024年十一假期，万岁山武侠城荣登全国热门景区排行榜第四位，居全省接待量第一。

☆　　☆　　☆

从新郑机场开车一个半小时到达开封，高速出口就看到万岁山武侠城指示牌。从广西到河南，从岭南峻岭到中原大地，气温上升，周边人群密度也直线上升。

万岁山武侠城仙侠奇境项目驻场师提前发消息提示：“约有‘1亿人’在武侠城，请做好拥挤准备”，我一笑置之，心想：“今天周二，怎么可能那么多人，大家都不用上班吗？”载我的司机师傅是开封本地人，他说：“开封旅游不分淡旺季，节假日甚至能翻4～5倍，开封全市一般能玩上四天，就万岁山都能玩两天了。自从去年加了夜游项目，人气更是大大提升，外地很多年轻人都是冲着万岁山来的，上次载个小姑娘在里面玩了三天，最后还没尽兴，哈哈。”

半信半疑下午三点入园，早已人山人海。

采访万岁山武侠城仙侠奇境运营人实录

采访人物：张顺，万岁山武侠城仙侠奇境项目驻场师

李超，万岁山武侠城仙侠奇境项目驻场师

采访地点：万岁山武侠城

采访时间：2025年4月1日15：00

从“性价比之王”到“夜态补足”，万岁山的底层逻辑

场景一：夜幕下的万岁山仙侠广场，灯笼高悬，NPC巡游队伍渐次经过，游客身着汉服与仙侠装扮穿梭互动，灯光映照下人声鼎沸

编：今天我们站在万岁山武侠城的仙侠奇境中，头顶星河灯阵，四周是NPC巡游，游客的喧闹声与仙侠奇境交织成独特的场域情绪。

听说万岁山武侠城在抖音《2024年春节消费数据报告》中，排名全国“热门景区”第一名。这种爆发式增长背后，团队做了哪些关键决策？

张：（沉吟片刻）核心是补足夜态短板。过去景区日间游客停留几小

时，夜间游客流失率超70%。我们引入“仙侠奇境”项目，通过环形动线设计让游客停留时间延长至6.8小时，关键是把《仙侠穿越快闪》《天女散花》等20个演艺节点植入商业动线，让消费自然发生。

编：（点头）很多网友称这里是“文旅性价比之王”，日均消费不到百元就能沉浸式体验武侠主题。这种定位是刻意为之还是市场自然选择？

张：这背后是“高频刚需”的逻辑。最初我们调研发现，传统景区门票+二次消费的模式让年轻人望而却步。武侠城白天主打实景演出和场景打卡，夜间通过轻资产改造增加互动业态，比如，篝火、打铁花这类零门槛社交活动把人均消费拆解到餐饮、道具租赁、NPC打赏等碎片化场景中。消费看似单价低，但复购率高——游客为“情绪体验”而非单一项目买单。

编：那作为从“性价比之王”跃升为“全天候文旅标杆”的案例，两位能否从空间运营与设计视角，谈谈这种转型的底层逻辑？

张：其实这个问题要从2023年改名开始讲起。过去我们叫“大宋武侠城”，产品风格限制宋元素，游客停留时间也很短。改名“万岁山武侠城”后，通过仙侠奇境的夜游项目，游客平均停留时间延长到6小时左右。

这种“时间溢价”背后，本质是情绪价值的重构——白天看实景剧《三打祝家庄》，晚上在仙侠奇境里参与《天女散花》这些沉浸式演出，让游客从“观光客”变成“故事角色”。

我们用“强符号弱叙事”降低体验门槛。仙侠奇境的NPC不仅追求角色深度，而且通过标志性动作（如挥剑、撒花等）制造记忆点，让游客拍照、互动零压力。

编：这种时空延展是否意味着成本压力？毕竟夜间运营需要大量灯光、演员和安保等投入。

李：这正是设计的关键。仙侠奇境采用“环形多动线+模块化场景”，游客在400米范围内就能体验12个主题场景，每个场景复用基础灯光装置，通过NPC换装实现内容迭代。比如“玄妙仙境”的云雾装置白天是宋代市井的背景布，夜晚切换成仙侠特效光源，这种“一景两用”模式还可以降低硬件投入。

有个小细节，武侠场景的“留白感”很重要。比如，我们刻意减少固定灯光装置，改用可移动的灯笼、火把，既降低硬件投入，又能让游客手持道具参与光影构建。这种“半成品”状态反而激发用户共创欲。

编：咱们这景区到处都能看到游客们分享在这儿的游玩体验。您觉得景区人气爆火的主要原因是什么呢？

张：这主要有两个方面。一方面，我们河南人口基数大，本身就有庞大的游客基础。另一方面，河南人实在质朴、接地气，我们景区也延续了这种特质，主打“景区性价比之王”。80元的门票，一天有上百场演绎，而且还能三天任意入园，真正把“玩”做到了极致。

编者说

万岁山的爆火，本质是中原文化基因与当代消费心理的共振。河南人口基数大，但景区未陷入“流量陷阱”，反而以“接地气”为锚点——80元门票、三天无限入园、上百场次演绎，将“性价比”升维为“尊严感”。这种设计暗合河南人“实在”的集体性格：拒绝花哨，但追求“物超所值”的踏实。

编：确实，这样的性价比在旅游市场上很有竞争力。李老师，从您设计师的角度看，景区的哪些设计元素吸引了这么多游客呢？

李：我在设计的时候，注重营造仙侠氛围。像仙侠魔广场，就是一个核心的打卡点。这里的建筑风格、灯光效果，都能让游客仿佛置身于仙侠世界。而且，我们结合了上百场演绎，以大IP带动小演绎，让游客在游玩过程中不断有新鲜感。

编：那您如何理解“性价比”与“体验感”的平衡？

李：（点头）性价比是万岁山的底色，但仙侠夜游需要“超预期”。比如，巡游队伍里，我们给每个角色设计了互动动作——神仙会撒花瓣，妖魔会喷雾，游客举着荧光剑跟拍时，能拍出电影感。

编：那你们在设计仙侠奇境景区的时候，如何通过场景来提升游客的性价比体验呢？

李：我们在设计时，就想着要把每一处空间都利用起来，打造出丰富多样的场景，让游客在不同的场景中都能有新的发现和体验。

比如说，我们在仙侠魔广场周边设置了很多互动环节和小型演出点，游客在游览过程中随时都能参与其中，感觉自己花一份门票钱，能享受到很多不同的乐趣，这其实也是一种性价比的体现。

编：仙侠魔广场建成后，夜游人气超过日游。张总，您如何解释这种反差？

张：白天景区的活动以各种演绎和游玩项目为主，而夜晚的仙侠景区则营造出了一种完全不同的氛围。它能让游客在一天游玩后，有新的体验和感受。

而且夜晚的灯光效果和仙侠元素的结合，能给游客带来一种梦幻般的感觉，这是白天所没有的。另外，夜游项目也延长了游客在景区的停留时间，增加了他们的消费机会，对景区的商业收入也有很大促进作用。

李：在设计夜游场景时，我主要考虑如何营造出仙侠世界的氛围。我们运用了大量的灯光效果，比如在一些建筑和景观上设置了不同颜色的灯光，让整个景区在夜晚看起来更加神秘和奇幻。

同时，我们还增加了一些夜晚特有的互动项目，比如夜间的仙侠巡游、灯光秀等，让游客能够更加深入地参与仙侠世界中，而且，我们在设计夜游路线时，也会考虑到游客的视觉体验和游览节奏，让他们在游玩过程中始终保持新鲜感。

编：李老师作为设计师，“轻资产”会不会对创作进行限制呢？

李：哈哈，其实限制反而催生创新。比如，如果预算无法支持大型水景，我们改用“雾森系统+镜面地台”，配合仙侠主题灯光，造价降低也能成为网红打卡点。我们会更看重“氛围大于实体”，我们甚至发现，游客排队两小时去坐落日过山车自发创作的短视频，比精装修场景传播量更高——这说明情绪价值可以通过“未完成感”释放。

编：在设计夜游项目的时候，您遇到了哪些挑战，又是如何解决的呢？

李：设计夜游项目确实面临一些挑战，比如，如何在保证安全的前提下，营造出最佳的视觉效果。我们在灯光设计上花了很多心思，既要突出仙侠主题的特色，又不能让灯光过于刺眼而影响游客的体验。

我们采用了多种灯光组合，如暖色调的灯光营造温馨浪漫的氛围，冷色调的灯光突出奇幻神秘的感觉。同时，我们还设置了一些动态灯光效果，如流星划过、云雾闪烁等，增加了夜游的趣味性。对于安全问题，我们在景区内设置了充足的照明设施和安全标识，确保游客在游玩过程中的安全。

“破圈”逻辑：轻资产运营与在地文化重构

场景二：夜晚的万岁山武侠城魔力广场，《大话西游》演出正酣。舞台前游客摩肩接踵，笑声与喝彩声交织

编：（指向舞台周围挤满的游客）今晚的魔力广场让我想到一个词——“情绪密度”。游客为了一场演出挤得水泄不通，这种狂热背后，是否意味着夜游经济已经从单纯的视觉刺激转向更深层次的情绪共鸣？

张：（点头）确实如此。去年仙侠奇境刚开街时，我们主打的是“网

红打卡”，比如仙侠巡游的即时互动、打铁花的视觉震撼。但很快发现，游客要的不只是拍照发朋友圈，而是能代入角色的情感体验。比如《大话西游》演出中，观众会自发喊出台词，甚至流泪——这种共情才是“破圈”的关键。

李（补充）：于是在设计上，我们刻意模糊了舞台与观众的边界。比如，用环形动线让游客“误入”剧情，用雾气、灯光和NPC的即兴对话等方式营造“偶然性”。游客不再是旁观者，而是成了故事的一部分。这种设计本质上是情绪的“诱捕器”。

编：许多景区靠重金砸硬件破圈，但仙侠奇境似乎走了另一条路？

张：是的。我们采用“轻资产+高频更新”模式。更重要的是，我们挖掘的是本地“武侠基因”——开封的小说《水浒传》文化、怀旧影视剧等，这些在地叙事比人造景观更有生命力。

李（插话）：但文化不能直接照搬。我们做了艺术化处理，用投影在地板上投射诗词，游客踩过时会触发光影涟漪。历史符号必须转化为可交互的“情绪触点”。

编（转向李）：这种设计是否会让文化变得肤浅？

李（摇头）：恰恰相反。游客在互动中会主动追问“这是什么”，反而带动了地方史的传播。就像今晚的《大话西游》，紫霞仙子飘过观众头顶时，没人觉得她在演戏——大家相信这个武侠世界是真实的。

编：我注意到武侠城近两年从传统景区转型为现象级网红地标，从白天到晚上，“轻资产运营”是核心逻辑，能否具体解释其与传统文旅项目的差异？

张：传统文旅依赖重资产投入，比如大规模硬件建设，但风险高、迭代慢。我们的破局点在于“以内容换空间”——比如用沉浸式剧本杀串联武侠城现有建筑，通过与NPC互动激活游客参与感。成本不到传统实景演艺的1/3，但用户自发传播量翻了5倍。

李：补充一点，设计上我们刻意“留白”。比如在原有宋代街巷中嵌入仙侠元素灯笼和全息投影，白天是历史场景，夜间通过光影切换为仙侠世界。这种“轻改造”既保留在地文化基底，又降低硬件翻新成本。

编：我想到有个“空间情绪层叠”理论——同一物理空间通过符号叠加可承载多重文化记忆。但过度依赖“网红打卡”是否会导致文化表达的碎片化?

张：文旅项目必须直面市场生存。我们选择“武侠+仙侠”混搭，是因为武侠对应开封的宋文化基因，仙侠则嫁接了年轻群体的二次元审美。比如《大话西游》实景剧，台词融入网络热梗，但内核仍戳中年轻人的怀旧情怀。

李：争议点在于“真实性”。我曾担心加入仙侠特效会消解历史感，但看现场反馈，游客对紫霞挂着吊索“飞行”的共情度远超传统静态展陈。或许，情绪共鸣比刻板还原更重要?

编：这正是情绪地理学的核心——空间的意义由使用者定义。比如“万岁山”原为北宋皇家园林，如今被重构为武侠江湖，本质是借历史符号激活当代人的情感投射。但需警惕“文化空心化”，比如过度依赖短视频引流而忽视深度叙事。

张：我们的瓶颈在于内容迭代压力。轻资产项目生命周期短，必须每月更新互动玩法。我们最近开发“宋词密码”解谜游戏，将古人诗词融入景区动线，用知识付费反哺运营。

李：设计端也在探索“用户共创”。比如，邀请游客录制武侠配音片段，通过AI生成专属角色卡，让游客成为内容生产者。这种UGC模式能降低创作成本，但需平衡审美统一性。

编：从学术视角看，这种模式暗合“情绪资本主义”逻辑——将文化体验转化为可量化的情绪商品。但文旅项目的终极价值应是促成“地方认同”，比如，通过武侠城联结开封的古今身份认知。你们如何平衡商业性与文化公共性？

张：坦白说，现阶段引流优先，但我们正尝试“分圈层运营”：区域做流量玩法，核心区保留非遗工坊和宋代礼仪展演，用门票收入反哺文化保护。

李：我的责任是找到“最大公约数”。比如，用AR技术还原汴河漕运场景，游客既能拍照打卡，也能通过交互了解历史细节。娱乐是入口，文化是暗线。

编：是的，今天的对话让我看到一种可能——轻资产不仅是运营手段，更是文化重构的方法论。通过情绪触点唤醒地方记忆，或许能为中小城市文旅提供低成本活化样本。

踩中年轻人需求，将玩演绎到极致

场景三：今天最后一场打铁花，排了一个小时队入场。篝火余烬未散，铁花碎屑在夜空中渐次坠落，远处仍有零星游客举着手机拍摄。我们仨继续坐在看台座位上，游客一窝蜂冲向舞台中央的篝火处，牵手狂欢

编：今晚的活动真的非常精彩，从大型演唱会到打铁花场景剧，再到最后的篝火狂欢，现场的气氛一直都很热烈。张经理，您在活动过程中有观察到游客们的反应吗？

张：（笑）我一直在留意现场的情况，游客这种兴奋和惊奇我每天晚上都能看到。尤其是打铁花表演的时候，大家都纷纷拿出手机拍照，现场欢呼声不断。而且有很多年轻人参与篝火狂欢中，互动活力特别强。

编：刚结束时我旁边有游客大喊：“万岁山真的有把我当人看”，你们真的有做到将外地人和本地人一视同仁。李老师，您在设计项目的时候，

是如何考虑到年轻人的喜好呢？

李：我们在设计过程中，重点抓住了“00后”、“10后”这些年轻人的喜好。他们喜欢拍美景、人多、搞笑场景，所以我们打造了“一步一景、一步一特色”的游览模式。比如，仙侠奇景项目，就有很多适合拍照打卡的地方，也有一些有趣的互动环节，就是为了能留住这些年轻人。

张：没错，我们在设计的时候就抓住了这些年轻人的喜好，先把人留住，做微文旅，针对20公里范围内的年轻人，打造他们喜欢的游玩环境。

并且我们一直强调要将外地人和本地人一视同仁，在服务和体验上不搞差别对待。无论是门票价格、活动内容还是景区服务，都力求公平公正，让每一位游客都能感受到我们的诚意。

编者说

万岁山的活力密码，最重要还是在于对“年轻群体情绪需求”的精准捕捉：大学生、年轻人占比高，景区通过沉浸式演绎、互动装置，将“玩”转化为情绪释放的出口，使景区成为情绪共鸣场域——游客在此既是消费者，也是文化参与者的双重身份。

编：做得很好，听说你们内部商业控价也超严，能给我们讲讲这方面的情况吗？

张：是的，我们对景区内的商铺价格控制非常严格。我们希望游客在景区内消费时能有一个合理的价格体验，不会因为是景区内的商品就被抬高价格。商铺的收入主要是通过量的积累到质的转变，而且我们对商品的文化质量设计也有很高的要求，要让游客觉得在这里购买的商品是有特色、有价值的。

编者说

万岁山的商业策略颠覆传统景区逻辑，它不依赖高价商品来盈利，而是通过控制价格来实现从“量变到质变”的飞轮效应。商铺收入依赖“高频小额消费”，这与年轻人（主力客群）的“轻决策、重体验”消费习惯高度契合。

游客说“万岁山真的有把我当人看”，实则是对“被尊重”的情绪投射——控价严苛、商品文化设计高，让消费回归本质，即人与人的平等交易。每家商铺“本地人与外地人一视同仁”的运营理念，则消解了传统景区的“游客—本地人”对立。这种平权姿态，实则暗合河南人“不排外”的地域性格，让景区成为跨越身份的情绪共同体。

编：有个词叫“流量漏斗反向设计”。传统景区是先吸引人来，再想办法留住人。但你们是反着来——先通过“一步一景”的强视觉符号（比如武侠城的NPC互动剧）让年轻人拍照发圈，形成自发传播。等他们来了，再用“全时段旅游”（夜游、篝火、市集）把停留时间拉长，最后通过商业控价体系（统一标价、严控差价）把消费转化率做上去。

李：是的，年轻人他们不需要宏大的叙事，但需要“每一步都能拍出朋友圈封面”的细节。比如武侠城的“搞笑场景”（如“侠客coser街头吵架”），本质是降低参与门槛，让游客从“旁观者”变成“剧情共创者”。

编者说

从南宁之夜到万岁山，情绪地理学的终极命题或许在于：如何让一座城、一个景区，成为承载集体记忆与个体情绪的容器。当河南人的“实在”遇见年轻人的“活力”，当控价严苛遇见文化升维，万岁山给出的答案是——情绪共鸣，始于尊重，成于共鸣。

编：我觉得万岁山相比较其他轻资产不夜城模式上有很大区别，那这种不同项目的模式区别最初定位看什么呢？

李：不同项目关键在“文、商、旅、地”四个字，看甲方需求拆解这四个板块的权重。如果甲方更注重城市名片的打造，那我们在设计上就会更突出文化元素；要是更看重经济增长，就会在商业布局上多下功夫；如果是为了吸引人气，那就会在旅游体验和场景设计上做文章。

张：但核心逻辑是“用年轻人激活全年龄段”。武侠城的客群覆盖“80后”、“90后”，但真正带火的是“00后”——他们打卡拍照，而“90后”带娃体验，“80后”怀旧消费。比如，在篝火晚会上，年轻人跳街舞，中年人唱老歌，小孩玩卡丁车，这种共融性恰恰是中原文化“质朴包容”的投射。

编：您提到的这个“共融性”角度很有趣，我觉得万岁山之所以出圈和中原区域包容、质朴、接地气的城市性格相关。景区的设计和运营也充分体现了这种包容的特质，让不同背景的游客都能在这里找到归属感，融入景区的氛围中，最终得到了市场的喜好，实现全民营销。

企业自身的传播、游客的口碑传播，还有当地网红博主的常年自发宣传，都让更多的人了解到“万岁山武侠城”。你们当真把“玩”演绎到了极致，让游客在这里能真正享受到游玩的乐趣，所以才能在市场上获得成功。

编：最后一个问题：如果用一个词来形容万岁山的“情绪地理”，您会选什么？

张：（停顿）“松弛感”。白天看戏，晚上看仙，饿了吃胡辣汤，累了在长椅歇脚——这里没有“必须打卡”的压力。

李：我选“共情”。仙侠巡游里，神仙会蹲下来给小孩变魔术，妖魔会假装被游客的荧光剑“打败”——这些设计，都是为了让游客觉得自己是故事的一部分。

（夜深，篝火渐熄，三人走向景区出口）

张：（回头）明天试试开封凌晨四点的小笼包——只有本地摊主和赶早的游客，那种市井气，才是真正的“人味儿”。

编者说

万岁山的“轻资产不夜城”模式，本质是用文化符号重构情绪价值：

人口密度提供流量基础，但需文化内核激活情绪；

商业控价打破景区“割韭菜”刻板印象，建立信任纽带；

年轻化生态让情绪表达更开放多元。

情绪地理学不是静态的“地域标签”，而是动态的“需求响应”——用在地文化基因，回应当代人对“被尊重”“被认同”的深层渴望。

第三节 青岛明月·山海间寻访

SECTION

项目概况

位于山东省青岛市城阳区，是全国首个以《山海经》文化为主题的特色文旅街区。街区和游乐场相结合，集娱乐、夜游、教育、亲子为一体，呈现具有鲜明地域特色的城市微旅游目的地。

自开街以来，青岛明月·山海间迅速打响知名度，运营一年客流量突破1000万人次，央视报道11次，抖音话题量超过亿次。

☆ ☆ ☆

上午十点从开封出发，乘坐高铁5个小时到青岛红岛站，据说这是山东第二大火车站，2023年启用。由于地处青岛郊区，周边人口产业少，导致红岛站使用相对较少。从红岛站到青岛明月·山海间距离极近，车程不到15分钟，街区的爆火给红岛站也带来不少人流量。

下午五点海滨城市的夕阳极美，青绿复古配色的青岛明月·山海间在橙光的笼罩下庄严神圣，仿佛进入《山海经》构建的真实世界，青龙、白虎、朱雀、玄武四大神兽威武而可爱，回字形街区中央巨大的圆柱泳池，一条曼妙英姿的美人鱼正左右摆尾，围绕龙宫石柱盘旋上行。

那一刻，因长途跋涉的疲惫心灵像被某种温软的力量猛击了一下，我就那么久久地、痴痴地站在柱子前，仰头望着那离我越来越远的美人鱼，不知想些啥？“咚咚咚……”一阵有节奏的鼓声把思绪拉了回来，街区巡游开始

采访青岛明月·山海间运营人实录

采访人物：刘林，青岛明月·山海间总体运营，四川人，在该项目工作两年。

采访地点：青岛明月·山海间街区

采访时间：2025年4月2日17：00

编：（驻足于海礁姑娘装置演出前）刘总，听说两年前这里还是荒地，如今却成了青岛新地标。您最初接手时，政府和居民是否都对这个项目充满疑虑？

刘：（轻抚装置基座）质疑声当然有。2023年我刚到的时候，这片地连外卖骑手都不愿来——方圆5公里没有商贩，晚上漆黑一片。政府想盘活红岛站周边经济，但商业用地空置多年，大家觉得这里“穷得连风都带土味”。

（指向前方夜市）您看现在马路对面的那些招财猫集市和海鲜城摊位，500多个小商户，90%是本地村民。我们从没把盈利作为首要目标，而是想把这里变成一个“流量交换器”——用免费街区吸引人流，反哺周边商业。比如，夜市摊主王大姐，现在旺季月入都能过万了。

编：（点头）太棒了，所以这个项目当初选择免费开放而非门票景区，

是刻意打破传统文旅模式？

刘：（指向游乐场方向）刚开始由于地方偏，怕收不回成本。有人提议做成收门票的景区，但后来觉得还是应该对公众免费开放。这样能让更多的人走进来，感受这里的氛围。我们希望打造一个开放、包容的空间，让大家都能在这里玩得开心。我们街区每个月都有不同的活动，17个行为艺术装置，就算不花钱买票，也有很多可看可玩的。

编：但免费模式下，二次消费如何突破？

刘：我们不做"消费陷阱"，而是让商户自己创新。比如，海鲜摊主推出"夜游套餐"，夜市摊位被分成给街区。其实，当一个街区成为"生活容器"，钱自然会流动。

编：这个免费开放的决策很明智，能吸引更多人来，但48天从空地变景区，听起来像天方夜谭。

刘：（摆手）轻资产模式的关键是模块化。灯光、集装箱商铺、预制舞台都是全国统一的供应链，但内核必须"青岛化"。比如，把《山海经》里的神兽和青岛的海洋传说结合，像朱雀衔着崂山茶，玄武驮着蛤蜊雕塑——游客觉得新奇，本地人觉得亲切。

编：但全国轻资产不夜城那么多，青岛明月·山海间凭什么持续火？

刘：我们的流量逻辑分三层。第一层是"快"：开业前抖音铺上千条探店视频，用"青岛美人鱼""龙王招婿"这类爆点话题引流。第二层是"黏"：我们要求商户必须30%是青岛老字号，比如，王姐烧烤、崂山凉粉等，游客吃的是网红氛围，但味蕾记住的是本地符号。第三层是"变"：每季度更新30%的业态，去年引入非遗渔灯巡游，今年主打"元宇宙山海经"AR互动等。

编：我看这里的主题好像和《山海经》有关，能和我说说设计灵感是怎么来的吗？

刘：没错，我们的设计取自青岛山水内容，以《山海经》为主题，结合了青岛手绘。为了做好设计，我们还去青岛博物馆调研，从里面汲取了很多元素，像水母姑娘、崂山道教文化、青岛市花、剪纸姑娘等。

（*走到望夫石表演装置前*）就拿这个装置表演海礁姑娘来说，很多游客一开始不理解为啥演员一直面无表情，其实她演的是一位等了多年夫婿归来的妇人，我们就借机讲故事。现在，孩子们会主动问家长“为什么人会变成石头”，文化就这样自然传递了。

编：这样独特的设计和丰富的活动，肯定吸引了不少游客。从游客类型来看，有什么变化吗？

刘：项目初期主要是本地人来，外地人相对少一些。经过这两年的发展，现在以外地人为主，本地人反倒成了辅助。这说明我们的项目影响力越来越大，已经吸引到了更多外地游客。我们的努力也得到了当地政府、社区、居民的高度认可，多次在当地政府工作报告会上被提及表扬，还连续两年被街区评为“特别贡献企业”。

编：这真的是非常好的成绩。你们在运营上肯定也下了不少功夫，能和我分享一下运营策略吗？

刘：我们是基于项目做活动，做到月月有主题、周周有活动，还会一直更改演出内容。就像现在正在举办的花朝节，评选十二花神。

同时，我们也会结合青岛这边特殊的节庆，比如，在财神节举办相关活动，让游客感受到青岛的特色文化。财神节的“撒金箔”仪式，原本是庙会小众项目，我们改良成游客可参与的互动游戏，结果日均参与超万人。

编：现在青岛明月·山海间这么受欢迎，会不会也遇到一些问题呢？

刘：目前确实有一些受限的地方。青岛明月·山海间占地才30多亩，节假日人一多，就要进行限流。不过我们已经在计划进行扩建了。

编：街区面积小、距离远，重复到访率低，如何破局？

刘：（*指向巡游队伍*）您看这些NPC，他们既是演员也是“情绪催化剂”。每场表演后，演员会在台下和游客玩15分钟游戏，年轻人拍照发圈，老年人看热闹，这种低成本互动反而比大牌演出更黏人。还有就是由于青岛气候原因，这边淡旺季相对比较明显，每年6—10月份才是旺季。在淡季的时候，我们也在想办法推出一些适合这个时间段的活动，吸引游客。

（笑）您知道山东人多早睡吗？我们发现，10点后街上基本没人了。所以冬季闭街时间提前到10点，夏季也卡在23点——既尊重本地人的“规律”，又为游客保留弹性。

编者说

青岛人可能受儒家文化“礼制”“秩序”与海洋地貌文化的双重影响，他们和大海一样，热情且有节制，起风时波涛汹涌，无风时冷静克制。

编：相信通过不断地改进和规划，青岛明月·山海间会越来越好。您觉得从“情绪地理”角度看，青岛明月·山海间最大的贡献是什么？

刘：大概是证明了“边缘也能成为中心”。以前青岛人觉得城阳是睡城，现在这里成了跨年看烟花、求婚拍短视频的圣地。一个街区能改写一片土地的情绪基因——从“被遗忘”变成“被渴望”，这就是我们的野心。

编：（望向暮色中的街区）从荒地到文化地标，青岛明月·山海间证明了文旅项目不仅是商业行为，更是城市情绪的重塑者。

刘：（点头）对，我们不是在建一个景区，而是在这片曾经被遗忘的土地上，重建人与人、人与城市之间的情感联结。

晚上十点，迎来闭街时刻，刘林完成最后一轮巡查，在值班日志上签完字，说：“回去，吃晚饭。”

采访青岛明月·山海间演员实录

采访人物：双胞胎姐妹花张欣与张园；19岁，青岛明月·山海间不倒翁演员，经中国网、央视《越战越勇》栏目等媒体报道，不倒翁表演已成街区最火热的演出节目之一。

采访地点：青岛明月·山海间不倒翁表演处

采访时间：2025年4月2日18：30

不倒翁表演台旁，两位梳着古典发髻的少女在护栏中央左右摇摆，笑靥如花，时近时远，俏皮可爱，晚风带起她们缀着流苏的发簪，叮当清脆，心情也不由地轻松愉悦起来。

表演初体验与城市情绪传递

编：欢迎两位可爱的姑娘，听说你们的不倒翁表演可火啦，好多人都爱看，你们学习不倒翁表演多少年了，能分享下刚开始接触这个表演时的感受吗?

欣：我们当时学习了三年，一开始觉得很新奇，但是真正练起来才发现特别难。就像控制不倒翁的平衡，要身体好多地方一起协调发力，从腰、胯到脚背都得使劲。

园：对呀，而且一开始也不太适应那种晃动感，总是找不到感觉。

编：那后来是怎么克服这些困难的呢?

园：就是不断地练习，摔倒了再起来接着练。练得多了，慢慢就掌握技巧了。

编：你们觉得在表演不倒翁的过程中，是怎么向游客传递青岛这座城市的情绪的呢？

欣：我觉得我们的笑容就是一种传递吧。青岛是个很有活力、很热情的城市，我们表演的时候就把这种热情通过笑容传递给游客。

园：还有我们表演的动作，都是自己编排的，加入了一些轻快、活泼的元素，就像青岛的海风一样，让人感觉很舒服。

找到工作的归属感与幸福感

编：你们来青岛应该有一年多了吧，而且看每天都要表演，都没时间回家，那在这工作的时候，有没有让你们产生归属感和幸福感的事儿呢？

欣：有呀，这里的领导和同事都特别好。工作上他们给了我们很多引导意见，就像家人一样。

园：对，还有那些粉丝。有一次一个小朋友跟我说“姐姐，你们在摇动的时候要小心腰喔”，当时我心里特别暖。

编：看来大家的关心让你们在这里感受到了家的温暖。这么多粉丝不远万里来看你们表演，会不会有压力呀？

欣：其实刚开始会有点压力，怕表演不好让大家失望，但后来就觉得这是一种动力，让我们更努力地去把表演做好。

园：是呀，我们对不倒翁表演满怀热爱，又有这么多支持我们的粉丝，所以必须更加努力。

编：你们对未来有什么期待吗？比如对青岛明月·山海间、对自己的表演是什么期待？

欣：我们希望青岛明月·山海间能够做得更大一些，让更多的人知道这里，也让更多的人看到我们的表演。

园：我还希望自己的表演能越来越好，能把不倒翁表演这种形式传播得更广，让更多人喜欢上它。

编：你们的想法很棒。我相信只要你们一直保持这份热爱和努力，未来一定能实现这些目标。你们在传递快乐的同时，也把青岛这座城市的美好情绪传递给了更多人。

采访青岛明月·山海间商户实录

采访人物：付娅丽，铝艺老板娘，青岛本地人

采访地点：青岛明月·山海间铝丝手工艺店

采访时间：2025年4月2日20：00

晚风裹挟着海浪的咸香掠过街道，铝艺店铺内，金灿灿的吊顶与陈列架上的招财树、元宝挂件相映成趣。付娅丽正跟两位顾客介绍铝丝手艺。

轻资产模式下的商户共生逻辑

编：付姐，您好呀！今天来到这充满艺术氛围的铝艺手工艺店铺，感觉特别新奇。您这店里的每一件铝艺品都散发着独特的魅力。

付：欢迎欢迎！快进来坐。这铝艺品啊，看着普通，做起来可费工夫呢。

编：这青岛明月·山海间街区人来人往特别热闹，您当初是怎么想着来这儿开店的呀？

付：（擦拭着铝丝摆件）这缘分说来也巧。2023年7月的时候，街区第二批招商，我就想着来试试。而且我觉得这街区的氛围特别好，人流量

大，肯定有不少游客会喜欢我们家的铝艺品。来了之后发现街区管理水平真的不错，我特别喜欢。

编：听说商铺和街区是联营的模式，能和我详细说说这种合作经营机制是怎么回事吗？

付：没错，就是联营。街区给我们提供场地，还有一系列的配套服务，然后我们就负责把自己的店经营好。每个月街区还会给我们商铺进行培训呢，能学到不少东西，像服务接待游客、穿特色服饰吸引游客这些。

他们还会给我们小商店提很多实用的建议，比如说怎么摆放手工艺品、怎么装饰店铺。就像我这吊顶设计，就是管理人员在外看到后拍照分享给我的，弄成金灿灿的，漂亮得很，吸引了不少游客呢。

编：听起来这种合作模式还挺不错的，街区会参与你们店铺的日常经营决策吗？

付：不会过多干涉啦。他们主要是从整体的街区运营和游客体验方面给些建议，具体的经营还是我们自己来做。

像产品的设计、定价这些，都是我们自己根据市场情况和成本来定。街区也会根据不同的节日和活动，统一规划宣传。带动整个街区的人气，我们店铺也能跟着受益。

本土文化拥有多元的情绪载体

编：付姐，您的店铺在街区里算是很有特色的。您是怎么通过这些铝艺产品向游客传递青岛的本土文化和城市情绪的呢？

付：这我可有经验啦！青岛有个特色节日，就是农历七月二十二过财神节，家家户户会放鞭炮、摆水果和猪头迎接财神爷。我就根据这个特色，对产品进行创新，做了很多发财树或小挂件，这些寓意好的工艺品很受游客喜欢（说着拿下一顶很大的财神帽给我戴上）。

编：这真是个很巧妙的结合。通过有地域特色的节日元素，让游客更能感受到青岛的文化氛围。那除了节日元素，您觉得还有哪些方面能体现青岛的城市情绪呢？

付：我觉得青岛人的热情好客也能体现在我的店里。我是典型的东北性格，大大咧咧，爱和游客开玩笑。游客来店里，我就像招待朋友一样，给他们介绍我的铝艺产品，而且我的产品能长时间存放、能水洗，这些特点也代表着青岛这座城市的坚韧和包容。

编：您说得太对了！从产品到您的经营方式，都能让游客深刻感受到青岛的魅力。那在和游客的交流中，有没有遇到什么特别有意思的事情呢？

付：有啊！经常有韩国团来街区，他们特别喜欢我的工艺，有时候定制还会现场让我给他们制作，他们还会提一些建议，让我的产品得到提升，像元宝树就是这么来的。还有一次，一个巴基斯坦的客人买了我的产品，还跟我来了一个“12年之约”，可有意思了。

居民的微笑，是城市最真实的代言

编：在和街区合作的过程中，您有没有感受到生活上的一些变化呢？

付：变化可大了！这街区不仅让我的生意越来越好，还帮助了很多青岛大姨再就业。我觉得这就是一种城市的温暖和活力，而且，通过和游客的交流，我也更爱这座城市了。一家人守着这店铺，日子过得有滋有味的，幸福感满满。

编：这种幸福感是实实在在的。轻资产不夜城给了大家一个展示自己和相互交流的平台，也让城市更有魅力。您觉得这种模式对青岛的发展有什么意义呢？

付：意义很大。一方面能把咱们青岛的文化推广出去，让更多人了解青岛；另一方面也能带动经济发展，让大家的日子越来越好。就像我的店铺，很多游客了解了我的产品后，回去还会买，我还经常给广西、福建、韩国那边发货呢。

编：那您对未来店铺和街区的发展有什么期望吗？

付：我希望未来能和街区继续保持良好的合作，把我的铝艺产品推广到更多地方。也希望街区能发展得越来越好，吸引更多的游客，让更多的人了解青岛的本土文化和我们的铝艺手工品。

编：（整理录音笔）最后一个问题：如果用一件铝丝工艺品形容您与街区的关系，您会选什么？

付：（快速抽出一根铝丝，手指翻飞）这您得看好了！（片刻后递出一个“钥匙”造型）钥匙能打开门，就像街区给咱打开新世界的大门。不过——（眨眼）您要是问咱家老头子，他准说选刚才你戴的那顶“财神帽”，因为这玩意儿最招财！

店铺外传来游客的惊叹声：“这铝丝编的财神爷，金灿灿的，像真的一样！”

采访青岛明月·山海间本地居民实录

采访人物：姜富国，本地居民，25岁，自街区建设起，连续两年，每周来街区三到四次。

采访地点：青岛明月·山海间游客中心

采访时间：2025年4月2日21：30

初次见面，他说他叫“姜富国”，也可以叫他“姜三多”，即“福多、禄多、寿多”，25岁，在青岛城阳区一家国企造高铁。

"减肥圣地"到"精神角落"——个体视角下的街区生长

编：你这名字挺有意思的，三多，当初你是怎么发现这个地方的？

姜：（笑）其实一开始是为减肥！以前饭后都会去方特散步，后来觉得那边游客太多，路又绕。听说这边在建一个新文旅项目，就想"反正要建，不如当免费工地监工"（笑）。我就住在附近，每三天就会在晚饭后，大概六点，从家里走到这来消食。

你知道最开始连路灯都没有，我摸黑摔过两次，现在这路灯全都修好了。相当于我见证了它从一块空地变成现在这么繁华的全过程。以前这里就是荒坡，现在连遛狗的大爷都绕着街区走，上个月遇到他说"以前在这儿摔过跤，现在整得跟画似的"。

编：这缘分还挺奇妙的，看着它一点点建起来，感觉就跟自己参与了一样。看着它慢慢发展，你心里是啥感受呢？

姜：那感受可多了，就觉得特别有成就感，看着它一天比一天热闹，心里就挺乐呵的。感觉自己也算是它成长的一部分了。而且这地方越来越有活力，每次来都有新变化。

编：街区节假日的时候人特别多，你在这遇到过啥有趣的事儿不？

姜：节假日这人多得哟，有时候都能看到有人丢鞋子、丢孩子的。你看咱们这游客中心挂了好多锦旗呢，都是本地游客、商户还有居民送来感谢街区的。你想想，要是这地方不好，能有这么多人感谢嘛。

编者说

在现代社会原子化的浪潮下，人与人之间的距离被无形拉大，我们好似一个个孤立的原子，对近在咫尺的"附近"失去了兴趣。我们囿于自己的小世界，难以真切了解其他群体的生存状态。青岛明月·山海间宛如一个鲜活样本，生动诠释着"发现附近、重构周边"的深刻内涵。

编：看来这街区真的给大家带来了很多欢乐和便利，不然也不会有这么多人支持。这就像一个大磁场，把大家都吸引过来了，形成了一种很和谐的氛围。这人气旺了，也带动了周边的发展吧？

姜：那肯定啊，周边的生意都变好了。就说那些小吃摊，节假日的时候都忙不过来。我感觉这街区也提升了咱们城阳的知名度，好多外地游客都慕名而来。

并且这街区狂热爱好者可不少，每天还没开街呢，就有人坐在门口等着了。我还认识一位玩摄影的大爷，人家退休了，每晚都来街区抓拍。他拍的照片都被街区工作人员用了，还上新闻了呢。街区专门给他颁发了一个“最佳市民奖”，让他自豪坏了。

编：街区不仅是一个游玩的地方，还为大家提供了展示自己的平台。街区对居民的肯定，也让大家更有归属感了。这也体现出街区和居民之间那种相互成就、和谐共生的关系。你觉得它给你们生活带来哪些改变？

姜：改变可大了。就说我吧，以前饭后消食没啥好去处，现在有这么个热闹又好玩的地方，而且它把大家都聚在了一起，像过节的时候，大家一起热热闹闹的，感觉这生活都更有滋味了。

比如这位大爷拍的照片让更多人看到了街区的美，吸引了更多游客。感觉他就像一个小小的火种，把街区的活力都点燃了。

编：有意思，一个人的情绪和行为真的能影响周围的环境和人。当游客与居民共享空间时，街区成了双向的“情绪容器”。

编者说

生活哲学作家阿兰·德波顿曾说：“那些专注于晦涩、复杂、抽象理论的哲学是没有天生的读者的，哲学应该始终高度适用于我们当下的生活以及我们所处的世界。”

城市更新的“第三空间”——从物理基建到情感基建

编：你从事高铁相关建设工作，对“基建”二字想必有更深体会。青岛明月·山海间的“基建”，和高铁有什么不同？

姜：高铁是连接城市，青岛明月·山海间是连接人。比如，这里的环境设计，施工时有的地方特意保留原有的自然肌理，连野草都保留着。我以前觉得“基建”就是铲平一切，现在发现它也可以是“生长”。

编：没错，这种生长的状态特别难得。在你看来，青岛明月·山海间街区为啥能这么好地融入咱们的生活呢？

姜：我觉得一方面是它的定位很接地气，有很多传统的民俗文化活动，咱们本地人都很喜欢；另一方面，工作人员也很用心，把街区管理得井井有条，大家在这里玩得开心、住得舒心，自然就愿意多来，慢慢地就融入生活里了。

编：你来街区都喜欢干些什么呢，每天都来不无聊吗？

姜：（笑）当然不会，这里年轻人特别多，一个个都热情洋溢的。我这人就喜欢这种有活力的地方，只要不上班都会来这转一圈，感觉一来这儿心情都变好了。

编：看来热闹的氛围对您吸引力很大。我刚看你和NPC互动得很投入啊，这给您带来了什么样的体验呢？

姜：和NPC互动可太有意思了。就像今天我在跟一个NPC玩骰子，玩得可开心了，而且通过和他们互动，我还认识了好多其他年轻人。大家一起玩游戏，最后游戏积分还能兑换街区纪念品，特别有成就感。

编：你刚提到喜欢这里的氛围和互动，其实我注意到这街区与众不同之处在于演员不仅会跳舞，还会走下台和游客互动，您觉得这种形式怎么样？

姜：我觉得特别好！以前看表演都是在台下干巴巴地看，现在演员走到咱们身边，感觉一下子就亲近了。这种互动其实也是一种文化传播的新方式。它打破了观众和演员之间的界限，让游客更深入地体验到本地文化的魅力。

编：从游客的角度来看，这种近距离的文化体验确实很珍贵。我听说你在街区建设的时候还给工作人员提了不少意见，那你现在觉得街区在展现本地文化方面，还有哪些可以改进的地方吗？

姜：当时建设的时候我就觉得游客休息的地方有点少，逛累了都没地方坐。我就跟工作人员提了这个意见，没想到他们还真听进去了，后来增加了好多座椅。现在我每次来都能看到好多游客坐在那儿休息，感觉还挺有成就感的，而且我跟一些工作人员都处成朋友了，有个工作人员和我还是住同个小区的，等会闭街我们一块回去呢。

现在我觉得街区挺好的，可以在一些细节上再加强。比如说在和游客互动的时候，可以多给游客介绍一下节目背后的文化故事。虽然现在的节目好看，但是有些游客可能不太清楚里面的文化内涵，要是演员们在互动的时候能多科普一下，那游客们就能更好地理解和感受本地文化了。

编者说

在人情味日渐消失的时代里，周边文化在持续产生。周边的人、周边的事物、周边的心态，这一直是一个值得关注的事情，营造周边，构建周边，以及改造周边。

编：有意思，你每天在这遇到五湖四海来的游客，有没有尝试从本地人角度去和游客聊聊，介绍一下咱们青岛呢？

姜：有啊，曾经碰到个从新疆来的游客，在网上看到宣传这边好玩就专门赶过来的。街区这种热闹的氛围和丰富的节目，能让外地游客快速地了解我们青岛的文化特色。我和他们介绍这边表演的文化来源，他们很感兴趣，我觉得这种交流也能让本地文化传播得更远。而且现在网络这么发达，游客们拍拍照、发发文，更多的人就知道我们青岛有这么一个能感受本地文化的好地方了。

编：最后一个问题，如果用一句话形容青岛明月·山海间，你会怎么说？

姜：（望向远方）它像块磁铁，把山、海、人，都吸在了一起。

编者说

从“散步街区”到“精神角落”，青岛明月·山海间的故事，或许正是当代城市更新的另一种答案——不是用钢筋水泥堆砌地标，而是让土地本身，成为连接过去与未来的纽带。

在快节奏、数字化的生活里，孤独感如影随形。然而，当我们将目光从虚拟世界收回，聚焦这些真实的“附近”，孤独感便能得到排解。青岛明月·山海间就是这样一个理想之地，它与本地社区完美兼容，街区的每一处角落都在生动诠释着“发现附近，重构周边”。在这里，年轻人能感受到邻里的温暖、自然的馈赠，重拾对生活的热爱与对周边的好奇。

让我们从青岛明月·山海间出发，带着对“发现附近、重构周边”的理解与感悟，回到各自的生活中，去发现身边的美好，构建属于自己的“轻资产”，驱散孤独，拥抱真实的世界。

跋

破解县域经济的国家叙事

在全球化与城市化浪潮中，县域经济始终是国家现代化进程的“神经末梢”，也是共同富裕战略的“毛细血管”。当“千城一面”的同质化困局与“资源诅咒”的发展焦虑笼罩县域时，《情绪地理学》的实践探索，为县域经济觉醒提供了一条充满东方智慧的突围路径：以轻资产不夜城为支点，用情绪价值重构发展逻辑，让县域从“沉默的大多数”跃升为“高质量发展的新叙事主体”。

轻资产不夜城模式，本质是一场县域经济的“认知革命”。它打破了“文旅必重投”的思维定式，通过情绪场景的工业化生产、文化基因的模块化输出、消费链路的社交化裂变，将县域从“资源洼地”转化为“情绪高地”。

更深远的意义在于，轻资产不夜城正在书写一种“中国式现代化”的县域叙事。它既非对西方主题乐园的简单模仿，也非对传统文化的符号堆砌，而是以“情绪地理学”为理论根基，用科技赋能文化、用场景激活记忆、用共情连接城乡。

这种叙事将县域从“政策执行的末梢”升维为“国家故事的讲述者”，其实践成效深刻印证了高质量发展根基在于城乡融合与资源优化配置，共同富裕的实现路径需依托县域经济活力与公共服务均等化。当情绪价值成为县域经济的“新质生产力”，中国式现代化便有了更温暖、更坚韧、更具生命力的表达。这或许正是《情绪地理学》留给时代的最重要启示——

县域强，则中国强；县域有光，则中国有光。

本书的实践价值，在于打破了传统情绪研究的“室内实验”局限。本书分为“田野镜像”“理论图谱”“破局未来”“寻访笔记”四个部分，在大量一手调研、访谈的基础上，总结了诸如“南宁之夜”“万岁山武侠城”等众多轻资产不夜城项目的成功之道和流量密码。运用扎实理论的抽象方式，归结形成了“情绪地理学”的理论、框架、特点、路径和策略，并谋划了“城市文化乐园”“沉浸式不夜村”“海外中国之夜”三大项目，它们与轻资产不夜城共同编织起“白天＋夜晚”“城市＋乡村”“国内＋国际”的三维立体发展网络。这部作品也正是轻资产不夜城的一次转型宣言，不拘泥于夜，而是适合全时段、全年龄段的县域经济新模式。

情绪地理学以“人地互动”为框架，揭示了情感需求如何驱动区域经济模式创新，而轻资产不夜城的差异化发展又为情绪价值提供了空间载体。这一理论创新，既是对传统地理学中“要素循环”范式的突破，也是对新型城镇化与乡村振兴战略的学术回应。

最后特别感谢参与本书访谈的各位嘉宾、本书幕后的策划和设计团队全体人员，以及所有县域经济的守夜人，正是我们的执拗与创新，构成了中国情绪地理学最生动的等高线。

期待这部跨学科著作能为县域经济的“情感觉醒”提供思想火种，让每个县域都能在国家叙事中找到属于自己的情感坐标。

贾云峰

联合国旅游组织专家

著名品牌策划人

附录　本书思维导图

- **情绪地理学：新商业模式的国家叙事与县域经济觉醒**
  - 序一：共情是县域社会可持续发展的最强黏合剂
  - 序二：不但要锦上添花，还要雪中送炭
  - 第一部分　田野镜像
    - 第一章　情绪场景的县域经济实验
      - 第一节　改名后的武侠城一路开挂
        - 一、传统观光型景区转型为沉浸式文旅目的地
        - 二、“万岁山武侠城”品牌再造工程
        - 三、流量实现裂变的关键机制
        - 四、一子落而满盘皆活——文旅融合及业态创新
      - 第二节　王婆说媒：“有点急事去趟开封”
        - 一、当代年轻人的社交需求破圈王婆现象
        - 二、传统文化IP的现代产品设计
        - 三、青年情绪价值重构消费业态
      - 第三节　表演界的“拼多多”：80元看百余场秀
        - 一、供给侧改革：从“稀缺供给”到“超量覆盖”
        - 二、需求端洞察：从“被动观看”到“主动共创”
        - 三、商业模式迭代：从“门票依赖”到“生态闭环”
        - 四、行业范式革命：从“观看经济”到“参与经济”
      - 第四节　武侠版“迪士尼”：侠之大者，真诚为客
        - 一、文化内核的真诚表达：从“武侠情怀”到“宋风侠骨”
        - 二、产品设计的真诚奉献：超值体验与快速迭代
        - 三、服务体验的真诚联结：从“旁观者”到“参与者”
        - 四、情绪价值的真诚创造：从“文化消费”到“情感共鸣”
        - 五、文旅行业的“真诚经济学”
    - 第二章　轻资产不夜城的点状图谱
      - 第一节　古今映照的情绪多元载点
        - 一、南宁之夜：多民族符号的“烟火叙事”与流量裂变
        - 二、天山明月城：丝路汉唐美学下的边疆治理新范式
        - 三、“平湖山海几千重?”：西游记文化里的赛博场景叙事
      - 第二节　白黑联动的情绪经济链条
        - 一、青岛明月・山海间：山海经IP与三产融合的“夜间GDP”
        - 二、象州梦幻夜：非遗手作、民宿集群与税收增长模型
        - 三、武汉木兰不夜城：乡村旅游的“白+黑”时间经济学
      - 第三节　虚实结合的情绪解决方案
        - 一、东北不夜城：从工业衰退到“国潮流量之城”的逆袭
        - 二、新疆八卦城之夜：民族融合与边疆稳定的情绪空间实践
        - 三、张家界七十二奇楼：AR技术重构山城二元空间感知
    - 第三章　情绪地理学理论的提出
      - 第一节　情绪文旅的兴起
        - 一、哲学与人文地理学的早期铺垫
        - 二、情绪视角下的文旅新形态
        - 三、社会心理与消费需求的迭代
        - 四、情绪文旅的市场逻辑与争议
      - 第二节　情绪驱动的空间生产逻辑
        - 一、情绪驱动空间生产的理论框架
        - 二、轻资产不夜城的情绪生产实践
        - 三、情绪基建与空间进化的新方向
      - 第三节　轻资产模式：情绪体验的门槛降低与普惠化
        - 一、轻资产模式的核心优势
        - 二、降低情绪体验消费门槛的三大路径
        - 三、轻资产模式的实践挑战

- 第二部分 理论图谱
  - 第四章 情绪地理学的理论框架
    - 第一节 学科基因：从边缘到主流的跨学科重构
      - 一、解构传统：经济学的情感祛魅与复归
      - 二、交叉学科的基因重组
      - 三、情绪地理学是时代出现的必然产物
      - 四、情绪地理学突破县域传统治理范式
    - 第二节 价值评估体系：情绪地理学的结构模型
      - 一、理论基础：构建结构模型的支柱
      - 二、情绪地理学价值评估体系的五大维度
    - 第三节 情绪地理学的县域实践逻辑：消费、社交与治理的三维融合
      - 一、情绪消费：从物质交易到情感认购
      - 二、情绪社交：重构县域关系网络
      - 三、情绪治理：公共政策的感官转向
  - 第五章 情绪地理学的五个县域应用
    - 第一节 地方性文化的情绪唤醒
      - 一、非遗活化的情感介入路径
      - 二、节庆仪式的情绪放大器效应
      - 三、乡土方言在导览系统中的应用实验
    - 第二节 产业联动的情绪杠杆
      - 一、第一重杠杆：免费开放策略的情绪资本积累
      - 二、第二重杠杆：商铺联营的情绪共同体构建
      - 三、第三重杠杆：情绪流量向商业价值的转化模型
    - 第三节 社会治理的情绪黏合
      - 一、情绪地理学重构县域治理认知
      - 二、县域治理的深层挑战与创新路径
      - 三、情绪安全阀机制：夜市经济对县域矛盾的隐性疏导
    - 第四节 城乡融合的情绪桥梁
      - 一、城乡融合中的情感断裂危机
      - 二、做好青年返乡创业的情绪引导
      - 三、乡土疗愈体系的轻资产构建
      - 四、数字游民与在地文化的共生
    - 第五节 政策创新的情绪实验
      - 一、对赌协议下的治理革命：青岛明月・山海间的政企协作范式
      - 二、情绪KPI考核体系：将游客满意度纳入县域幸福度考核维度
      - 三、县域政策创新路径：夜经济顶层设计与试点推广
- 第三部分 破局未来
  - 第六章 城市文化乐园：高门票主题公园平价建设
    - 第一节 模块化场景的拼装式开发
      - 一、轻资产不夜城模式的成本控制体系
      - 二、情绪地理学的“空间情感锚点”构建
    - 第二节 文化符号的在地化提炼与低成本复用
      - 一、文化符号在地化提炼的三大核心路径
      - 二、轻资产不夜城的低成本复用策略
  - 第七章 沉浸式不夜村：乡村旅游市场的消费盘活
    - 第一节 乡土IP的现代性重构
      - 一、乡村场域的双重属性：地理坐标与集体记忆的叠加态
      - 二、乡土IP的再生产逻辑
      - 三、乡土IP的现代性重构核心路径
    - 第二节 城乡情绪流动的治理价值
      - 一、文化认同的重塑：从“文化孤岛”到“情感共同体”
      - 二、经济利益的共享：从“资源掠夺”到“共富共赢”
      - 三、生态价值的转化：从“环境焦虑”到“生态福祉”
      - 四、社会参与的机制：从“被动治理”到“共建共治”
      - 五、数字化治理的创新：从“信息孤岛”到“智慧互联”
  - 第八章 海外中国之夜：中国爆款文化符号的创意出海
    - 第一节 文化符号的跨语境转化
      - 一、从“文化折扣”到“熟悉感中的陌生化”
      - 二、文化符号跨语境转化的实践路径
    - 第二节 轻资产模式的国际复制路径
      - 一、沙特案例的核心要点
      - 二、轻资产模式的国际化复制路径要点
      - 三、轻资产模式出海的三大战略逻辑
- 第四部分 寻访笔记
  - 第九章 让爱深深地踩在田埂上
    - 第一节 南宁之夜采访实录
      - 采访南宁之夜项目负责人实录
      - 采访南宁之夜商铺老板实录
      - 采访南宁之夜街区商管实录
      - 采访南宁之夜街区游客实录
      - 采访南宁之夜街区演员实录
    - 第二节 开封万岁山武侠城采访实录
      - 采访万岁山武侠城仙侠奇境运营人实录
    - 第三节 青岛明月・山海间采访实录
      - 采访青岛明月・山海间运营人实录
      - 采访青岛明月・山海间演员实录
      - 采访青岛明月・山海间商户实录
      - 采访青岛明月・山海间本地居民实录